マス・コミュニケーション論
──マス・メディアの総合的視点──

露木　茂・仲川秀樹

学文社

序文

　本書の前身である『情報社会をみる』（2000年）には，つぎのような序文が記されてある。

　マス・コミュニケーション理論研究の本格的な体系化は，アメリカ・イリノイ大学のW・シュラム博士が，1949年に編集した『マス・コミュニケーション』（Mass Communications）にはじまる。1954年，清水幾太郎博士らによって日本語訳『マス・コミュニケーション―マス・メディアの総合的研究―』（東京創元社）が出版された。そのあとがきには，「この書がマス・コミュニケーションの研究にとって最高の文献である」と記されてあった。あれから50年が過ぎ去った現在も，なおこの文献の位置は新鮮であり，当時と何ら変わっていない。

　2004年，シュラム博士の研究から55年，われわれはあらたに『マス・コミュニケーション論―マス・メディアの総合的視点―』の執筆を試みた。われわれの基本的な問題意識は，『情報社会をみる』と変わることはない。それはマス・コミュニケーションという言葉が各種のメディアを踊らない日のない今日の社会を，人間生活のパースペクティヴでよみとることにあるからである。人間生活の視点は，マス・コミュニケーション過程にあるさまざまな単位をミクロ的な人間の行為から探り，さらにマス・コミュニケーションという大きな世界をマクロ的な社会構造からよみとることでもある。

　本書は多様で複雑なマス・コミュニケーションの世界を体系化することに力を注いだ。マス・コミュニケーション研究の体系化は，構造・機能・変動の過程を基礎理論重視のスタイルによって明らかにし，現場を中心とする実証・応用研究へと展開していくことにある。

　第1章では，マス・コミュニケーションの前提であるコミュニケーションの

基礎からスタートした。コミュニケーションの類型を正確に知らせることに専念した。コミュニケーション類型のなかで，社会的コミュニケーションの一つにマス・コミュニケーションが存在していることの理解は，不可欠であるという認識に立った。

第2章では，社会的コミュニケーションであるマス・コミュニケーションを構造と機能の側面からとらえた。マス・コミュニケーションのシステム論的理解から研究の試みや方法論の確立，さらに受容過程と効果分析という中心概念を総括的に論じた。本章の構造と機能は，次章以降の研究に入るための理論的前提となっている。

第3章では，マス・コミュニケーション研究史上，長いあいだにわたり議論が続いている効果論の基礎を紹介している。とくに，マスコミ強力効果論の出発点となるW・リップマンの『世論』を最初に取り上げた。そして今日，その研究成果が見直されて注目を浴びるE・N・ノイマンの『沈黙の螺旋理論』などにもふれた。もう一方では，マスコミ強力効果論に対抗すべく限定効果論として，E・カッツとP・F・ラザースフェルドの『パーソナル・インフルエンス』へのアプローチも見逃せない。

第4章では，マス・コミュニケーションの流れ研究に欠くことのできない「2段階の流れ仮説」を登場させた，ラザースフェルド，B・ベレルソン，H・ゴーデッドの『ピープルズ・チョイス』，そしてマス・コミュニケーション研究史に残る金字塔といわれた『パーソナル・インフルエンス』を集中的に取り上げた。

この理論からマス・コミュニケーションの流れと，その内容が人びとへ影響をおよぼす過程が鮮明に浮かび上がってくる。「2段階の流れ仮説」はいまなお，マス・コミュニケーション研究のみならず，受容過程や流行，そしてコミュニケーション行動など多岐にわたってその成果は継承し続けられている。

第5章では，マス・コミュニケーションと並び日常頻繁に登場する情報社会について社会学的な概念化を試みた。情報と情報社会の成立過程はD・ベルの『脱工業化社会の到来』に依拠している。そして，情報という概念が自然科学

から人文・社会科学で用いられるようになった状況と，そこから乖離する部分を知識という問題と結ぶことによって，新しい情報社会論が誕生する背景をたどった。

第6章では，近年新しい名称として登場したメディア・コミュニケーションについて，マス・コミュニケーションとの理論的相違を論じた。メディア・コミュニケーションの正確な意味を提示し，整理することでマス・コミュニケーションの存在を再認識させた。さらに，今後のメディア・フレーム再構成の可能性などにも踏み込んだ。

第7章では，情報環境の受け手から世論の問題をあつかった。説得的コミュニケーションには，R・K・マートンによる古典的な実証研究を取り上げながら，世論と人びとの影響過程を具体的に論じてみた。そして大衆説得と世論操作の関係をプロパガンダと結びつけた。

さらに，説得的コミュニケーションとして広告をあつかった。プロパガンダである政治宣伝と，消費社会において登場した商業宣伝を，広告とのかかわりを中心に取り上げてみた。この政治宣伝と商業宣伝，そして広告との関係性を理解することで，われわれはマスコミに対する情報認知と情報内容の正確なよみとりが可能となると判断した。

第8章では，コミュニケーションにおける個人間コミュニケーションとパーソナル・コミュニケーションによって生じた流言とうわさの問題に，情報環境の側面から接近した。コミュニケーション・ネットワークの多様な状況を映し出す流言とうわさの区別を行いながら，情報の信頼性などに迫った。とくに流言から都市伝説をたどることは，情報環境の世界そのものを知る十分な機会となろう。

第9章では，マス・コミュニケーションの総括として，その社会的責任論を再考した。そこには1950年代当時にシュラムらがシカゴ大学から出版したプレスの自由をめぐる提言の数々が，いまなお色あせていない現実がみえる。そしていま，マス・コミュニケーションの役割とは，メディア環境をめぐり人びとのなすべきことは何かを，あらためて考える契機としたい。

第10章では，マス・コミュニケーションとテレビ・メディアの関係を考える。ワイドショー，ニュースショーの創設期から今日までの経緯を論述しながら，テレビ・メディアの多様化を探っている。テレビ創設期に登場した番組を当時の関係者の声をもとに振り返り，ワイドショー番組の現場に直接携わった共著者の体験から，今日のワイドショーとの差異も述べられている。

第11章では，マス・コミュニケーションと政治の問題を，「テレビは政治を変えられるか」と題して，政治番組を中心としたバトルを岩見隆夫，田原総一朗の両氏と共著者によって行った。さらに共著者による「テレビ・メディアからみた政治家像」のロングトークを記した。最後に現場からみた「政治とテレビの現状」を語り，まとめとした。

本書は，「マス・コミュニケーション論」として，マス・コミュニケーションの総合的な体系化をめざすことを目的としている。単なるマスコミの問題をあつかった書ではない。もちろんマス・コミュニケーションにかかわる外延的な内容もカバーしている。とくに最近では，メディア・コミュニケーションとか，メディア文化などと称して，既存のマスコミをカバーする動きも盛んになっている。そうした領域も本書ではマス・コミュニケーション論の位置づけのなかで展開している。

今日，メディア環境が拡大し，マス・コミュニケーション論の重要性を見直す時機に差しかかった。それを念頭におきながら，もう一度マスコミ研究の基礎理論を再考したい趣旨こそ本書全体の流れでもある。その結果，今日のマスコミをめぐるあらたな取り組みも理解しやすくなるし，そこからさらなるマスコミ研究の世界が広がっていくことを期待したい。また本書の各章は連続していながらも，逆に各章の専門分化的研究の方向性も定まるよう心がけた。

本書の執筆担当章は，つぎのとおりである。

第1章「コミュニケーション」（仲川秀樹），第2章「マス・コミュニケーションの構造」（仲川秀樹），第3章「マス・コミュニケーションの効果論」（仲川秀樹），第4章「マス・コミュニケーションの流れ」（仲川秀樹），第5章「マス・コミュニケーションと情報社会」（仲川秀樹），第6章「マス・コミュニケ

ーションとメディア・コミュニケーション」(仲川秀樹)，第7章「マス・コミュニケーションと説得的コミュニケーション」(仲川秀樹)，第8章「マス・コミュニケーションネットワークと流言/うわさ」(仲川秀樹)，第9章「マス・コミュニケーションの社会的責任」(露木　茂・仲川秀樹)，第10章「マス・コミュニケーションとテレビ」(露木　茂)，第11章「マス・コミュニケーションと政治ジャーナリズム」(露木　茂)。

　本書執筆にあたりわれわれ共著者は，マス・コミュニケーション論というテーマの一貫性をもつために何度となく調整を行った。それでもそれぞれの専門性の思考により不十分な箇所が存在していると思う。その点は機会あるごとに，ご指摘やご教示を願えれば幸いである。

　本書の発行にあたり，とくに第11章「マス・コミュニケーションと政治ジャーナリズム」のバトルトークに参加いただきその再掲載をご了承くださった，毎日新聞東京本社特別顧問の岩見隆夫，ジャーナリストの田原総一朗の両氏に感謝申し上げる。本書の編集と出版にあたっては，学文社の田中千津子社長ならびに編集部の方々に大変お世話になった。ここに厚く感謝の言葉を記したい。

2004年5月

露木　茂

仲川秀樹

目 次

序 文 …………………………………………………………………… i

基礎理論編

第1章　コミュニケーション …………………………………………1
第1節　コミュニケーションの前提 ……………………………………1
 1　シンボル・メディア・情報 ………………………………………1
 2　コミュニケーション的行為 ………………………………………3
第2節　コミュニケーションの基礎 ……………………………………5
 1　人間関係を媒体する基本 …………………………………………5
 2　人間関係とシンボル ………………………………………………6
 3　コミュニケーションとシンボリックの世界 ……………………8
第3節　コミュニケーションの構造 ……………………………………10
 1　コミュニケーションの概念 ………………………………………10
 2　心理学的コミュニケーションの概念 ……………………………11
 3　社会学的コミュニケーションの概念 ……………………………13
第4節　コミュニケーションの類型 ……………………………………15
 1　システムのレベルによる類型 ……………………………………15
 2　システムの機能による類型 ………………………………………18
 3　メッセージの特性にもとづく類型 ………………………………19
 4　チャンネルの特性にもとづく類型 ………………………………19
 5　送り手・受け手の次元にみる類型 ………………………………20
第5節　コミュニケーション研究 ………………………………………21
 1　コミュニケーション研究の領域 …………………………………21

2　社会学的アプローチとしてのコミュニケーション研究 …………22

第2章　マス・コミュニケーションの構造 …………………………25
第1節　マス・コミュニケーション研究の視点 ……………………25
　　1　マス・コミュニケーションの世界 ………………………………25
　　2　マス・コミュニケーション研究の視点 …………………………26
第2節　マス・コミュニケーションの構造 …………………………27
　　1　マス・コミュニケーションの概念 ………………………………27
　　2　マス・コミュニケーションの特質 ………………………………30
第3節　マス・コミュニケーションの機能 …………………………31
　　1　マス・コミュニケーションの過程における機能 ………………31
　　2　マス・コミュニケーションの社会的機能 ………………………33
第4節　マス・コミュニケーションの受容過程 ……………………35
　　1　受容過程研究の系譜 ………………………………………………35
　　2　マス・コミュニケーション受容過程研究の過程 ………………37
第5節　マス・コミュニケーションの効果分析 ……………………38
　　1　受け手調査から効果分析へ ………………………………………38
　　2　マス・コミュニケーションの効果分析の過程 …………………39
　　3　マス・コミュニケーションの効果分析 …………………………40
　　4　マス・コミュニケーションの接触行動 …………………………41

第3章　マス・コミュニケーションの効果論 ………………………46
第1節　強力効果論と「世論」 ………………………………………46
　　1　W・リップマンの「世論」 ………………………………………46
　　2　ステレオタイプ ……………………………………………………48
第2節　強力効果論と「議題設定機能」 ……………………………50
　　1　強力効果論の再評価 ………………………………………………50
　　2　議題設定効果 ………………………………………………………51

第3節　強力効果論と「沈黙の螺旋理論」……………………………52
　　　　1　強力効果論の再生 ……………………………………………52
　　　　2　沈黙の仮説 ……………………………………………………53
　　　　3　世論とは公然と表明できる意見 ……………………………55
　　第4節　強力効果論と「第三者効果」「社会依存モデル」…………56
　　　　1　第三者効果 ……………………………………………………56
　　　　2　沈黙の螺旋から第三者効果へ ………………………………56
　　　　3　社会依存モデル ………………………………………………57
　　第5節　限定効果論の背景 ……………………………………………58
　　　　1　限定効果論の誕生 ……………………………………………58
　　　　2　限定効果論の定着 ……………………………………………59

第4章　マス・コミュニケーションの流れ ……………………………62
　　第1節　マス・コミュニケーションの流れ研究 ……………………62
　　　　1　ニュースの流れ研究が源流 …………………………………62
　　　　2　コミュニケーションの2段階の流れ仮説 …………………63
　　第2節　「ピープルズ・チョイス」と2段階の流れ誕生 ……………64
　　　　1　「ピープルズ・チョイス」の成果 ……………………………64
　　　　2　「ピープルズ・チョイス」の成果と応用社会調査研究……65
　　　　3　マス・メディアとオピニオン・リーダー …………………66
　　第3節　「パーソナル・インフルエンス」と2段階の流れ定説 ……68
　　　　1　「パーソナル・インフルエンス」の意味 ……………………68
　　　　2　ディケーター研究の前提 ……………………………………69
　　　　3　買い物行動のリーダー ………………………………………70
　　　　4　流行のリーダー ………………………………………………72
　　　　5　社会的・政治的問題のリーダー ……………………………75
　　　　6　映画鑑賞のリーダー …………………………………………79
　　第4節　マス・コミュニケーションの流れ研究の発展……………82

1　2段階の流れ仮説の発展段階 ……………………………82
　　　2　マス・コミュニケーションの流れに関する研究 ………83
　第5節　マス・コミュニケーションの流れ研究の再考………………87
　　　1　マス・コミュニケーション受容過程研究の記念碑 ……87
　　　2　2段階の流れ仮説の理論と結果の乖離 …………………88
　　　3　マス・メディアの影響力 …………………………………89
　　　4　「パーソナル・インフルエンス」再考……………………90

第5章　マス・コミュニケーションと情報社会 …………………93
　第1節　情報社会の社会学的基礎………………………………………93
　　　1　情報の概念化 ………………………………………………93
　　　2　情報は自然科学が源流 ……………………………………94
　　　3　自然科学における情報概念 ………………………………96
　第2節　情報化のステップ………………………………………………97
　　　1　情報化と情報社会 …………………………………………97
　　　2　情報はニュース ……………………………………………98
　　　3　情報は情報処理の機能をもつ ……………………………99
　第3節　情報社会の概念化……………………………………………100
　　　1　情報社会……………………………………………………100
　　　2　情報社会という概念の定式化……………………………101
　第4節　情報社会のあらたな問題……………………………………102
　　　1　情報社会の現状……………………………………………102
　　　2　情報社会の予期せぬ問題…………………………………103
　第5節　情報社会のゆくえ……………………………………………105
　　　1　情報と知識の相違…………………………………………105
　　　2　情報は知識ではない………………………………………106
　　　3　情報社会から知識社会へ…………………………………108

第6章　マス・コミュニケーションとメディア・コミュニケーションのフレーム……111

第1節　メディアの源流……111
1　メディア・フレーム……111
2　メディア・フレームの修正……112

第2節　パーソナル・メディアとパーソナル・コミュニケーション……113
1　パーソナル・メディアの登場……113
2　コンピュータ・メディアとしてのパーソナル・メディア……114

第3節　マス・メディアとパーソナル・メディア……116
1　メディア・コミュニケーションの台頭……116
2　メディア・フレームの暫定3分類……117

第4節　マス・コミュニケーションとパーソナル・コミュニケーション……119
1　マス・コミュニケーションの概念再考……119
2　マス・コミュニケーションとパーソナル・コミュニケーション……120

第5節　メディア・フレームの再構成……121
1　パーソナル・コミュニケーションの流行……121
2　コミュニケーションの分化……122
3　メディア・フレームの社会学的再構成……123

第7章　マス・コミュニケーションと説得的コミュニケーション……127

第1節　世論から考える……127
1　情報環境の受け手……127
2　世論の形成……128

第2節　世論操作とプロパガンダ……130
1　大衆説得と世論操作……130
2　世論操作とプロパガンダ……131

第3節　政治的プロパガンダ……………………………………132
　1　政治宣伝の意味……………………………………………132
　2　政治宣伝の特徴……………………………………………133
第4節　説得的コミュニケーションと大衆説得…………………135
　1　説得的コミュニケーション………………………………135
　2　R・K・マートンの実証研究……………………………136
第5節　説得的コミュニケーションと広告………………………138
　1　消費社会と広告の誕生……………………………………138
　2　説得的コミュニケーションと広告………………………139
第6節　広告の分類と分析…………………………………………141
　1　目的別の広告………………………………………………141
　2　広告の分析…………………………………………………143
　3　広告の類似概念……………………………………………145

第8章　マス・コミュニケーションネットワークと流言/うわさ
………………………………………………………………………148
第1節　ネットワークとしての流言/うわさ……………………148
　1　流言/うわさ………………………………………………148
　2　流言/うわさの類似概念…………………………………149
　3　流言/うわさの分類………………………………………151
第2節　流言/うわさの構造………………………………………153
　1　流言/うわさ発生の社会的背景…………………………153
　2　流言/うわさの発生条件…………………………………154
　3　流言/うわさによる弊害…………………………………156
第3節　流言/うわさ研究の多様性………………………………157
　1　都市伝説としての流言……………………………………157
　2　社会構造と社会変動における流言/うわさ……………160
　3　子どもたちの都市伝説……………………………………161

第4節　流言/うわさの相違 ·· 163
    1　流言のイメージ ·· 163
    2　流言とうわさの相違 ·· 165
  第5節　マス・コミュニケーションと流言 ···························· 166
    1　情報環境の拡大と流言 ·· 166
    2　マス・コミュニケーション世界と流言 ······················ 167

第9章　マス・コミュニケーションの社会的責任 ·············· 171
  第1節　テレビニュース番組の検証 ····································· 171
    1　ニュース番組の性格 ·· 171
    2　テレビニュース番組の検証 ······································ 173
  第2節　テレビニュース番組の評価 ····································· 176
    1　キャスターコメントおよび記者レポート ··················· 176
    2　PRIMACY EFFECT（第1次的効果のあるニュース）············ 177
    3　映像表現 ·· 179
  第3節　情報の送り手の責任 ·· 180
    1　イエロー・ジャーナリズム ······································ 180
    2　欠陥報道とジャーナリズム ······································ 182
    3　情報の送り手の責任 ·· 183
    4　情報の受け手における「知る権利」 ·························· 184
  第4節　マス・コミュニケーションの社会的責任 ·················· 188
    1　マス・コミュニケーションにおける社会的責任 ··········· 188
    2　自由で責任のあるプレスをめざして ·························· 190
    3　マス・コミュニケーションの表現の自由と責任 ··········· 192

現場実証編

第10章　マス・コミュニケーションとテレビ ··················· 194
  第1節　ワイドショー ·· 194

1　ワイドショーのルーツ……………………………………194
　　　2　アメリカに範を求めて……………………………………196
　第2節　ニュースショー……………………………………………198
　　　1　ニュースショーの誕生……………………………………198
　　　2　日本経済成長とテレビ……………………………………199
　第3節　ワイドショー競合時代の到来……………………………203
　　　1　初期はキャラクターショー………………………………203
　　　2　ワイドショーブーム到来…………………………………206
　第4節　ワイドショーの多様化……………………………………208
　　　1　レポーターの誕生…………………………………………208
　　　2　ワイドショーの多様化……………………………………212

第11章　マス・コミュニケーションと政治ジャーナリズム ……214
　第1節　テレビと政治を語る………………………………………214
　　　1　テレビは政治を変えられるか……………………………214
　　　2　テレビ政治のショー化……………………………………218
　　　3　テレビの役割………………………………………………221
　第2節　テレビ・メディアを語る…………………………………223
　　　1　テレビ・メディアからみた政治家像……………………223
　　　2　政治家のテレビ発言………………………………………224
　　　3　テレビと有権者……………………………………………227
　第3節　政治とテレビの現状………………………………………230
　　　1　ネバー・オン・サンデー…………………………………230
　　　2　テレビの波及効果…………………………………………232
　　　3　何を伝えられるか…………………………………………233
　第4節　テレビと政治のゆくえ—テレビ・ニュース研究を振り返って—
　　　………………………………………………………………236
　　　1　テレビにおけるニュース研究……………………………236

2　テレビにおけるニュースの映像表現……………………237
　　3　テレビ・ニュースに関する調査……………………………238
　　4　テレビ・ニュース研究のゆくえ……………………………241

索　引……………………………………………………………………243

基礎理論編

第1章　コミュニケーション

第1節　コミュニケーションの前提

☞ 1　シンボル・メディア・情報

（1）コミュニケーションを可能にするシンボル

　コミュニケーションを可能にするのは，シンボル（symbol）である。

　シンボルとは，客観化された意味を担っている記号であり，意味解釈の一つである。シンボルとしてもっとも重要なものは言語（language）であるが，言語以外には，音・造形・身振り・映像などの非言語的シンボル（non-verbal symbol）がある。

　言語によって表現される文化は，第1に，認知的文化システムとしての科学・技術・哲学・思想・イデオロギー・宗教・神話などがある。認知的文化は人間相互においてさまざまな思索を抱かせ，その内容を受け入れるとともに会話などを駆使し，精神世界や物質世界に広大な進歩を促す条件提示や価値判断を伝えるスタイルである。

　第2に，表出的文化システムとしての小説・詩・戯曲，さらに音楽・美術・演劇・舞踊・写真・映画などがある。表出的文化は，主に芸術的な構造と機能をもち，そこに内在している観念を内的外的に人びとに伝え合い，感性などの有無によって相互に理解し合うスタイルである。

第3に，評価的文化システムとしての法・規範・道徳がある。評価的文化は，人間社会において物事などにある一定の価値基準を，文書や形あるいは理性によって示し，その善悪を判断しあうスタイルである[1]。

人間社会にはつねにシンボルが存在し，その相互の伝達過程にシンボルは重要な役目を果たす，コミュニケーションの基本的な媒体の一つである。

（2） メディア

メディア (media) とは，個人から個人へシンボルを運ぶ伝達の媒体である。言語はシンボルであるとともに相互行為を媒介するメディアでもある。

メディアを狭義に解釈すれば，話し言葉のメディアは音声，書き言葉のメディアは文字である。書き言葉が登場したのは，人間生活が農業社会の段階に到達した以後である。書き言葉の登場は，人間や人間社会そのものを大きく変革するにいたらしめた。人間は，書くことによって文章の作成が可能になった。それは仲間から集団や組織，ひいては国家的規模の基盤となる行政的な組織を完成させる道をつくった。

メディアは，複数の過程を経ることによって発展を繰り返している。最初に，この発展のもっとも大きな契機になったのが，近代産業社会に入ってからの印刷技術の普及である。印刷技術の進歩によってメディアの中心となった活字が，活字文化の主流となる印刷製本本や雑誌として遠距離の地に運ばれる下地が完成することになった。

つぎに，音声が電話やラジオやテレビなどの電波メディアによって，瞬時に情報が遠隔地に流されるようになった。その流れは情報化革命の流れから，コンピュータが複雑な計算の役割を担い，コンピュータ・ネットワークによる人間相互のコミュニケーションを結ぶ重要な道具となっていった。今日の社会では，コンピュータを駆使した媒体がコミュニケーション・メディアの中心位置を占めている。

当時のコンピュータ・メディアはデジタル・メディアであった。コンピュータ出現直後は，書き言葉という文字を中心に送るメディアであった。それが音声や画像も瞬時に送信できるようになった。それが，マルチ・メディア化の到

来となる。

いまは言語的・非言語的シンボルを問わず，テレビやラジオ，新聞や雑誌，手紙や電話，ファクシミリ，さらには電子メールなどのコミュニケーション・メディアによって近距離・遠距離を問わず，瞬時にその内容と情報は送られているコミュニケーション・ネットワーク社会である。

(3) 情報

情報（information）とは，シンボルを用いて伝達された事実の生起についてのニュースである。情報はシンボルを用いて伝達されるが，シンボルを用いて伝達されるものは情報ではない。実際，認知的文化システムや表出的文化システムの伝達をみればそれが理解されよう。たとえば教室で科学を学習することや，劇場でオペラを鑑賞することは情報を得るとは一般にはいわない。

なぜなら学問は知識の体系で，知識は反復され，記憶され，蓄積されるのに対し，情報は1回限りで必要なくなれば捨てられ，それは蓄積されることはない。オペラは繰返し観て味わうものであるのに対して，情報は一度聞いてわかってしまえば繰返し聞こうとは思わない。この事例こそ情報がニュースであることを示している。(2)

☞ 2　コミュニケーション的行為

(1) コミュニケーションは意味理解

ここでいうコミュニケーションとは，社会システムにおいてシンボルをメディアとして用いることで，ある行為者の内面で主観的に思われた意味が，他の行為者に伝えられ理解されることである。つまり伝達され理解される。

「自我」対「他者」のあいだで，言語に媒介された相互行為を通じて，それぞれの主観と主観のあいだで意味理解されることが，ここでいうコミュニケーションにほかならない。つまり人間相互間の意味理解である。

(2) コミュニケーション的行為

ここでは，社会学において論じられてきた相互行為はコミュニケーションと同質のものと考えておきたい。両者は，コミュニケーションと相互行為の関係

を人間関係から考える上で切り離せない概念でもある。つまり行為そのものが個人の欲求を満たすなかで考えると，他者とのやりとりから生じるコミュニケーションは，「行為」という概念にはじめから含まれるわけではない。

しかし，個人と個人のあいだでなされる行為と，行為の相互作用としての結果である相互行為は，J・ハーバーマスがコミュニケーション的行為という用語であらわした相互的コミュニケーションである(3)。したがって，コミュニケーション行為とマス・コミュニケーションのような一方向的なコミュニケーションとは区別している。

（3）　コミュニケーション的行為の理論は言語を媒介

通常，行為の概念を用いて，行為を意味づける時，行為者は何かの目的を指向しながら，それを達成すること，つまり成果をあげることをめざすことでもある。

それがコミュニケーションの場合は，行為者が他者とのあいだにある合意をつくりだすことをめざす。コミュニケーションは行為であるから，それに準じた行為をコミュニケーション的行為と呼んでいる。すなわちコミュニケーション的行為は成果を求めるのではなく，他者との合意に到達することを求める行為を意味している。成果から合意へという意味のコミュニケーション行為は，単なるコミュニケーションに比べ一歩踏み込んだ相互行為でもある。

コミュニケーション的行為とは，基本的には言語を媒介としながら理解し，了解を求め合う相互行為である。その本質は，日常的なコミュニケーション行為にあり，それを可能にしている規範的な了解事項，あるいは価値規範の相互承認という合理性の原理を再構成することによっている。

それによってドグマ的な規範主義（行為に内在する社会的な価値的・規範的要素に着目し，行為の規範に過度の強調がおかれ原理的にこれを同調してのみ行為が行われ，行為の自発的な創造性が失われる）や非合理的な決断主義を超える倫理や規範の合理的な基礎づけの可能性を探る一方，批判理論自体の合理的な根拠づけをめざしていく(4)。

第2節 コミュニケーションの基礎

☞ 1 人間関係を媒介する基本

（1） コミュニケーションは人間関係の基本

　人間は日常生活をはじめとして，社会一般のどの領域やどの階層においても，均一化・画一化された情報のやりとりが成立している環境に帰属している。また，人間は望みさえすればどのような情報もキャッチし，充足することが可能である。そのような社会で，もっとも基本となる人間関係は，コミュニケーション（communication）をおいてほかはない。

（2） コミュニケーションの基本的性質

　コミュニケーションという用語は，一般社会のいたる場面で登場している。その意味は多様である。むしろコミュニケーション自体が意味する内容から離れた状態によって，この用語が使用されることも多い。

　そこでまず，本来，用いるべきコミュニケーションの意味を正確におさえる（概念規定をめざす）ことから出発したいと思う。

　日常，情報という言葉が頻繁に飛び交う社会的な背景同様に，コミュニケーションという言葉も，人間が生成する環境全般にわたり浸透を続けている。多様なエリアで，送り手から多くの情報が受け手である大多数の人びとに伝達されている。つねに人びとが望む情報をキャッチする環境は整っている。多くの人びとがこうした情報を受け入れた過程において，もっとも基本的なシステムを支えているのはコミュニケーションそのものである。

　そのコミュニケーションの基本的な性質を考えるために必要なものとして，記号（sign），信号（signal），象徴（symbol）の3つをあげたい。

　最初の記号とは，その社会で意思伝達のために用いられた「しるし」である。その事象が存在していなくても，人間がその物事と同じような反応を引き

起こさせる刺激をその事象の記号という。つまり記号は，事象に代わるものとして，事象の性質を指示（designate），あるいは意味（signify）する機能をもつ。一般的に，記号と事象との関係は複数の有機体のあいだに成立している共通の了解ないし，約束に基づいている。記号がコミュニケーションの有効な媒介物になるのは，この共通性によるからである。広義において記号は，信号と象徴の上位概念に位置づけられる。

つぎの信号とは，一定の形・音・色・光などを用い，相手側に意思を通じさせる方法（合図）である。通常，人間の使用する記号の意味作用は，その状況や人間の主観において変移する。この変移の幅が大きくなると象徴になる。標識や案内板などは，一つの記号作用に対し一つの意味として結合している。その意味作用は固定的であり，ほとんど変移しない。広義の意味では，記号の一種（含まれる）とされる。

最後の象徴・シンボルは，日常何らかの観念や事物に代わってそれらを意味する。そのものには何の意味はないが，そこから意味解釈（連想・イメージ形成）することによってシンボルとしての機能が成立する。象徴という概念は，社会学の領域でも人間間の相互作用の媒体になり，重要な役割を担っている。シンボルと並列に表記され，使用されることも多い。

☞ 2　人間関係とシンボル

（1）言語の意味

情報は，人間間の意思伝達を円滑にする媒体物でもある。ここでは人間関係における情報を管理するもっとも重要なものである言語から人間行動を考えてみよう。

一般に言語とは，人間間における意思伝達を行う手段の一つであり，音を利用した記号の体系である。つまり言語は，自然・社会・歴史・文化などを与えられた条件として，生を営む人間のもっとも基本的な生存手段でもある。人間は，社会的存在であるため社会生活の上で情緒や態度や思考，知識や情報，そして意思を伝達するという役割を担っている。そのため言語は，固有の論理・

普遍・抽象性による思考過程そのものと考えられる。

通常,言語には3つの機能が存在している。第1に,コミュニケーション過程の社会的機能である。人間関係における意思伝達のもっとも基本となる機能である。第2に,言語の表出とカタルシス (catharsis) である。カタルシスとは心のなかのしこりを吐き出すことで感情浄化を意味する。個人が内的にめぐらす意思の数々を他者に話すことは,相手に要件を伝えるのみならず,心のしこりを表出する作用にもなる。ストレス解消の原動力にもなっている。第3に,思考における言語ゲーム(言語の認識関係より人間関係や社会関係をみる)としての機能をみる。

言語ゲームとは,言葉の慣用を学習するゲームという考え方がある。言語ゲームの特徴は,複数の人びとの相互行為がかかわるということである。相互行為にある言語の意味解釈によって行われる活動が言語ゲームであり,子どもが言葉を学びとるのもまた言語ゲームである。

また言語ゲームの本質は,相手の出方によって自分の出方を決めるという相互行為における依存関係でもある。結局,言語ゲーム論として考えられた場合,言葉を話す,または書くという行為が,相互行為を通じての他者への意味伝達であるともいわれている。[5]

(2) 記号環境

言語と同様に人間行動におけるコミュニケーション上,必要不可欠なものが記号である。記号のもつ意味から派生するものとして記号環境 (sign environment) という概念がある。記号環境とは,人間が社会生活という「現実」のなかで形成される環境である現実環境 (real environment) と,周囲の情報や記号によって影響を受け,人間の内面に抱かれた想像によってつくられた環境と融合させた擬似環境 (pseudo environment) と呼ばれるものをいう。そこでは情報や記号を「現実」の代替物とするため,現実環境に対する擬似環境の領域が拡大してしまった。したがって,メディア,情報,記号のつくる擬似環境は必ずしも現実の代替物ではないとされてきた。

ところが今日のメディアがつくる記号環境は,リアリティという点で五感が

とらえた現実環境を超えることが多い。たとえば，テレビ・カメラ，現実の過程を再現する取材，伝達，表現体制が提示する記号環境は，本来，現実環境と同格でなくてはならない。それは個人がメディアから離れている場合であっても，そのものを現実のものにすることで，擬似環境も現実環境と同格にあつかわれることもある。それはメディアのなかに存在している環境を個人の想像力から発生させ，そこにある生活様式や行動様式といった文化的側面を日常生活に結びつけることである。

（3）象徴・シンボル

社会生活のなかで人間行動は，単に行為そのものが個人の意思によるものだけではない。個人が他者と相互作用することにおいて人間行動は成立していく。そこには意思決定手段としての言語や記号によるコミュニケーションの媒体物が存在していた。この媒体物を言語や記号という人間の相互作用におけるシンボルという概念から考えてみたい。

シンボルは一般に象徴と表記されているが，その概念は記号のもつ象徴性の意図的な駆使によって成立し，何らかの観念や事物に代わりそれらを意味するものとして用いられる。単に広義で使用される記号とは異なり，意味解釈を含んだ象徴である。それ自体は，特定のなにものをも意味していないが，ほとんどのものと結びつくことができる。それが象徴作用と呼ばれ，シンボルは単なる記号でなく，知・情・意を含む人間の精神作用全体を喚起し方向づけるものとしての意味をともなっている。

☞ 3 コミュニケーションとシンボリックの世界

（1）シンボリック相互作用論

コミュニケーション行為の中心に位置するのは言語や記号，そしてシンボル・象徴である。なかでもシンボルはそのものには何の意味もないが，その背景にある意味解釈によってはじめてシンボルの機能が成立する。

このシンボルのもつ意味を人間行動のなかで作用させたのが，H・ブルーマーの提唱したシンボリック相互作用論（symbolic interactionism）である。ブ

ルーマーによるシンボリック作用論とは,「社会生活における人間の行為は象徴(シンボルのもつ意味の解釈)を媒体にした相互作用」と考える。それは日常,人間が間接的になす他者との相互行為は,象徴を媒体にして,間接的に接触することである。つまり,人間のすべての行為は,対象とその背景にある意味をやりとりすることにほかならない。

ここでいう行為世界とは,社会的相互作用をとおして絶えず構成―再構成されていく意味世界を指している。この意味世界における対象の解釈過程(自己相互作用)が個人の主体的行為からなると考え,行為者の観点から行為の内的側面を明らかにし,活動的・主体的人間像と,過程的・動的社会のイメージを浮き彫りにしようとした。[6]

(2) シンボリック相互作用論成立の前提

シンボリック相互作用論が成立する前提を,ブルーマーはつぎの3点からとらえた。[7]第1に,人間の行為はものごとの意味に基づいてなされる。ここでのものごとは,人間が自分の世界のなかで気にとめるあらゆるものを含む。つまり,木や椅子といった物理的な対象,母親とか店員とかいった他者,友人とか敵といった他者のカテゴリー,学校や政府などの制度,日常生活の出来事などの状況を含んだものである。第2に,意味は他の人間との社会的相互作用において形づくられる。第3に,その意味は人間によって解釈される。

このブルーマーによる3つの前提は,シンボリック相互作用論がものごとの意味は社会的相互作用の文脈のなかで形成され,人びとによってその文脈から引き出されるものであることによっている。つまりここに存在するのが解釈の過程であった。

この解釈の過程は第1に,行為者は,それに対して自分がもつ行為しているものごとを自分に対して指示する。つまり行為者は,意味をもつものごとを自分に対して指摘しなくてはならない。それは自分自身とのコミュニケーション過程にかかわっている個人という実例である。第2に,この自分自身とのコミュニケーションの過程によって解釈は,意味をあつかうという問題になる。意味は自己との相互作用(self interaction)の過程をとおして,行為のなかでそ

の役割を果たすものと考えなくてはならない。そしてその結果，シンボリック相互作用論はいくつかの基本アイデアのもとで「ルート・イメージ」(root image) に立脚していることを指摘する。このルート・イメージは，人間集団や社会，社会的相互作用，対象，行為者としての人間，人間行為，そして行為の相互連携のなかでシンボリック相互作用論が人間社会と行動をどのようにみるかということを表現している。

人間関係のなかで生じるシンボリック相互作用論の前提は，コミュニケーション成立にも欠かせない。コミュニケーションの有無やその度合いにかかわるシンボリックな側面こそ，コミュニケーションを理解する鍵ともなる。

第3節 コミュニケーションの構造

☞ 1 コミュニケーションの概念

(1) コミュニケーションとは

コミュニケーションを日常的にとらえるならば，人びとがさまざまな記号を使いメッセージしたことを伝達・交換する過程を意味することになる。つまりコミュニケーションとは，「伝達」である。そこでここではコミュニケーションを，「身体の身振りや言語，文字，視覚などによる記号を媒体として，感情・意思・情報などを伝達し合う人間の相互作用過程」と定義しておく。

具体的には，毎朝自宅を出る時に家族や近隣の人と挨拶を交わす。途中，顔見知りの人びとに会えばそこで会話をする。また駅に着いて電車に変更などがあれば掲示板などによってその内容を確認する。電車内での新聞や雑誌の見出しをみて，その日のトップニュースを知ることもある。ニュース内容からその日の行動に何らかの方向性を示すこともある。通勤や通学の途中，クラスメートの言葉や感情に反応を示したり，昨夜のテレビ番組の内容やスポーツの試合結果に一喜一憂したりするであろう。学校内やオフィス内などでも同じである。

日常的にも多くの記号が飛び回っており，その記号に人びとは意思決定の条件を見出したりする。コミュニケーションは，状況に応じてさまざまな形態に分類されている。

つぎに，これまで社会学者などによって提示されたコミュニケーションの諸概念からコミュニケーションの多様な意味を探っていきたい。

☞ 2　心理学的コミュニケーションの概念

(1) C・I・ホヴランドの概念

心理学的コミュニケーションの特徴としては，コミュニケーションの受容過程，あるいは影響過程，または説得的コミュニケーションの性格が強い。代表的なのは，ホヴランドの概念である。ホヴランドはコミュニケーションを，「送り手である個人が，受け手とする他の個人への行動を変えるために，刺激（言語）を伝達するプロセス」と規定。[8]個人が相手（他者）へ，ある行動や意思決定を下すための刺激を伝達するプロセスとしてコミュニケーションをとらえている。この概念は，個人間の伝達過程として，きわめて心理学的な意味をもつコミュニケーション影響過程として考えられている。

また，ホヴランドは仮眠効果（sleep effect）という概念を提示した。これはコミュニケーションによる説得が一時的には個人の意見を変えたりする効果があるものの，時間の経過とともにその効果が低減する傾向にあること。またこれとは反対に，コミュニケーションの効果は一定期間おいてから高まることもある。こうした現象の要因として，コミュニケーションの発信源と内容が時間の経過とともに送り手と受け手を分離させると考えられた。

さらに説得的コミュニケーションとしてのクライマックス順序と反クライマックス順序を提示する。この概念は，コミュニケーションの一面的な説得が複数の論点からなる内容によって展開される場合の順序を意味する。

クライマックス順序は，前座からメインイベントという具合に，もっとも重要な論点が最後に登場することであり，コミュニケーションの受け手にとって身近で関心の高い問題の詳細を知る上では最適である。

反クライマックス順序は，試合結果や判決など最初に重要な論点を提示することであり，コミュニケーションの受け手にとって一刻も早く知りたい情報に適している。

今日のメディアで流される報道においても，クライマックス順序と反クライマックス順序は効果的に用いられている。スポーツニュースにおける試合内容の結果や，ドラマとCMのあいだにみる引っ張りなどもそうであるし，裁判の判決における主文を冒頭におくか，最後に述べるかなどに象徴されている。いずれにしろ，マスコミであれそれ以外であれ，送り手側の事情によってこの順序は入れ替わる。必ずしも受け手側に都合よくならないことも知っておきたい。

（2） C・E・オズグッドの概念

言語心理学者であるオズグッドのコミュニケーションの概念は，「源（source）としてのシステムが，到達地点としてのシステムに，両システムを結ぶチャンネルをとおして，体質を変質（alterative）させるシグナルによって影響を与える」これをコミュニケーションと呼んだ。[9]

この概念は，システム間の影響過程として，個人だけではなく機械，社会，文化などの社会システムのレベルでの伝達過程としての色彩が強い。つまり，あるものが他のものを変えようとする過程（送り手から受け手へ）にコミュニケーションを位置づけた概念である。

またオズグッドは，SD法（semantic differential）を考案したことでも有名である。SD法はさまざまな種類の記号を情緒的・内包的意味で測定する尺度的方法である。刺激対象のものごとの知覚や判断を意味論的に分析することができる。

たとえば，おいしいとまずい，きれいときたない，甘いと苦いなどの両極性をもつ形容詞を用意し，個々人がもつイメージなどをこの尺度で段階づける手法である。オズグッドは言語行動における「意味」の重要性などにも注目した。SD法は，今日のアンケート調査などにそのスタイルをみることができる。視覚的に数字の羅列よりも理解しやすい。統計的な理解がなくても視覚的

に何がどうなっているのかを判断するには格好の方法の一つでもある。

☞ 3 社会学的コミュニケーションの概念

(1) C・H・クーリーの概念

　社会学的コミュニケーションの概念は，コミュニケーションを人間の相互作用あるいは人間関係，社会関係という視点によってとらえることに特徴をみることができる。その代表的なものがクーリーの概念である。クーリーはコミュニケーションを，「人間関係はコミュニケーションを通じて形成され発展していくメカニズムである。それを可能にするものは空間をとおしてのシンボルの伝達と，時間をとおしてのそれの保存」[10]であるとした。

　クーリーのコミュニケーションは，それによって人間関係が成立し，発達するメカニズムを意味している。そしてコミュニケーションとは，空間と時間の克服であるといい，そのための手段として表情・態度と身振り・声の状態・言葉・書くこと・印刷（活字）・交通手段（鉄道）・電信・電話などをあげた。印刷メディアとしての新聞・雑誌から通信手段までの事例は，これまでのラジオやテレビなどのアナログ・メディアとコンピュータ・ネットワークによるデジタル・メディアに適応される。こうした媒体は，近代以降におけるコミュニケーション・テクノロジーの発達そのものを示している。

　また，表情や態度，身体的な身振り，それに声の状態，実際に話したり書いたりすることなどは，第一次的な社会環境におけるコミュニケーションとして，一般的には個人間コミュニケーションまたはパーソナル・コミュニケーションのように区別されている。

　それに対して印刷や交通・通信手段におけるコミュニケーションは，空間と時間を克服するものとして取り上げた。コミュニケーションが人間関係成立の基礎としてとらえられ，記号作用を媒介として成立する。コミュニケーションには表現と伝達の二面があり，伝達に関してはさらに記録という機能も期待されている。

　クーリーによるこれらの考え方は，社会学的視点から人間関係や個人の相互

作用における機能を含んだ伝達過程としてとらえ、かなり多面的にコミュニケーションを規定しようとする包括的なものである。

(2) W・シュラムの概念

マス・コミュニケーションを専門とするシュラムの概念は、きわめて社会学的である。シュラムは、「コミュニケーションとは、人びとのあいだに共通性を成立させる。つまり、情報・思想・態度を共有しようとする」ものと規定する。[11]

シュラムの概念は、コミュニケーションにかかわる社会の動向に沿った社会関係の成立、社会体系の形成を示唆している。つまり、コミュニケーションの意味するところは、人びとがお互いに理解しあうための相互作用であり、それによって社会関係が成立するメカニズムそのものであるという社会学的な視点がポイントである。

(3) 竹内郁郎の概念

わが国のマス・コミュニケーション研究者である竹内郁郎の概念を紹介しておきたい。竹内はコミュニケーションを、「情報の処理と伝達のプロセス」とし、社会的コミュニケーションを「人間の個体ないし、集合体のあいだにおける情報の処理と伝達の過程をさすもの」と規定した。[12]

ここでは、コミュニケーションが情報の概念を中心として取り上げられているのが特徴である。実際、コミュニケーション過程を情報の次元でとらえることは、人間間におけるやりとりとは異質のものになる可能性もある。機械的な制御によって情報が処理される場合と、人間関係の相互作用によって処理される場合は根本的に異なっている。

これはコミュニケーション類型の問題ともかかわってくるが、むしろ社会的コミュニケーションの位置づけを鮮明にすることで、社会・文化的な社会システムの伝達過程としての色彩が強調されることになる。社会的コミュニケーションがどのようなコミュニケーション形態を生むかは、つぎのコミュニケーションの類型をまとめることで理解を深めていきたい。

第4節　コミュニケーションの類型

☞ 1　システムのレベルによる類型

（1）　個人システムのレベルによる類型

①　個人内コミュニケーション（intra-personal communication）

　個人が自分自身につぶやいたり，自己の思いや考えを内的にめぐらしたりする。たとえば，ある男の子が今日こそはこころに抱いている女の子に自分の気持ちを伝えたい。学生なら講義が終わったらクラスメートとどこかに出かけたいとか。サラリーマンであれば，自分で作成した企画書類が会議で評価されるだろうかとか，自分の担当したプロジェクトの進行具合はどうなっているのかなど，通学や通勤途中などでさまざまな思いを内的にめぐらすことなどである。個人内コミュニケーションは，日々の生活のなかで人間がもっとも多く行うコミュニケーションである。

②　個人間コミュニケーション（inter-personal communication）

　この形態は，日常よくある自己と他者とのやりとりである。今週のあの雑誌読んだとか，今朝のあのニュースどう思うとか，基本的な個人個人の相互行為で，自己がメッセージの送り手になったり，受け手になったりする。相手が存在すればいつでもどこでも実現可能なコミュニケーション形態である。一般的な社会生活を送る人間であれば多かれ少なかれ，必ず行うコミュニケーションである。これを拒否するなら人里離れた場所で，一人孤独に生活していくしかないほど個人間コミュニケーションは，現代社会のオーソドックスなコミュニケーションとなっている。

　近年では，くちコミュニケーション（くちコミ）という表現が流行しているが，このくちコミは個人間コミュニケーションのスタイルに沿ったものと考えられよう。

③　パーソナル・コミュニケーション（personal communication）

　個人が動作や音声などの身体的手段および媒体物などを用いたコミュニケーションである。具体的には，個人間における電話や手紙などによるスタイルを指す。この形態は，年齢や職業などの社会的属性によっても相違がみられる。ビジネスの世界から若者の通信手段まで，今日主流になっているケータイ電話や電子メールなどを常用している人間であればその回数も多い。かつて女子高生が注目させたPHSや伝言メールなどは，パーソナル・コミュニケーションをより増長させるきっかけをつくった。

　また，日常生活において手紙を書くことが好きな人びとにとってこのスタイルは，重要なコミュニケーション手段となっている。このパーソナル・コミュニケーションは職業や年齢，趣味や人間関係によって使用される頻度に格差の高いコミュニケーション形態となっている。

（２）　社会システムのレベルによる類型

①　集団内コミュニケーション（intra-group communication）

　家族・友人・近隣関係という基礎集団をはじめとするスモール・グループから，学校・企業の部課内での会議や打ち合わせなどのやりとり，さらにはサークルや各種の趣味のクラブでの会話，そして町内会の寄り合い的なものなど広い社会集団内にみられるコミュニケーションである。

②　集団間コミュニケーション（inter-group communication）

　ある規模の人間集団どうしのあいだでのコミュニケーションをいう。国会などで行われる政党間の議論は集団間コミュニケーションの典型である。また公共団体の地方ブロック単位ごとの会議，業種別の代表による会議などもこの形態である。この他には，規模の大小によるものの大学のゼミナールやサークル間での討論のようなスタイルにもみられる。

③　国際コミュニケーション（international communication）

　国連や先進国首脳会議（サミット）などの国際会議を代表とする，国家的レベルの単位によるコミュニケーション形態。国家間の議題に応じて召集される各国の代表団どうしでの会合やレセプションなども含まれる。人種・民族など

の分化されたブロックどうしではつねに国際間のやりとりが存在している。政治以外でも万国博覧会や文化的イベントなど国際的な行事を中心として多岐にわたっている。

④　マス・コミュニケーション（mass communication）

情報の送り手が原則として一つに対し，受け手は不特定多数の人びとにわたる伝達過程をいう。つまり，特定の内容（情報）がテレビ・ラジオ・新聞・雑誌などを媒体として人びとへ送られるコミュニケーションをいい，大衆伝達ともいわれる。マス・コミュニケーションは，現代社会における影響力，規模においても最大のコミュニケーション形態である。マス・コミュニケーションの概念については，本書第2章であつかう。

（3）　文化システムのレベルによる類型

①　異文化間コミュニケーション（intercultural communication）

異なった生活様式や行動様式の環境にあるものどうしのコミュニケーションである。慣習や風習，生活水準が違う文明社会と未開社会のあいだでの伝達過程などを意味する。たとえば，現地調査のため社会構造の異なる地域に入った調査隊などが現地人とコミュニケーションすることなどが，それにあたる。近年ではマス・メディアのドキュメンタリー番組制作のために国内外を問わず，異文化の人びととのコミュニケーション機会も増えている。

カルチャーショックのような言葉に象徴されるように，外的環境からの刺激と，相互による影響のおよぼし合いの効果が反映されるコミュニケーションでもある。

②　世代間コミュニケーション（generation communication）

世代の異なる人びとどうしによるコミュニケーション。必ずしも文化の異なる世界にいるものどうしではないが，出生時期などコーホート（同時出生集団）などにみる思考の違いは，文化的スタイルや生活スタイルを区別する意味では重要である。世代間格差や価値観の相違などを説明する上で判断材料となるコミュニケーション形態である。物事の判断基準の違いが明確になるとともに，社会システムのゆがみを埋める共通要因を導き出すこともあり，重要なや

りとりにもなる。

☞ 2　システムの機能による類型

（1）　システムの基本的機能による類型
　①　道具・手段的コミュニケーション（instrumental communication）

　送り手・受け手相互の意図する目的を達成するための手段となるコミュニケーションである。個人と社会の基本的システム機能として，そのシステムの目標達成のための道具的・適応機能に対応する契機ともなるコミュニケーション形態である。この形態は，人間の心理的で精神的な内的状態と結びつきがあり，かつ認識・思考などの内的過程の手段としての条件にもなる。

　道具的・手段的コミュニケーションは，とくに広義の社会的関係にある人びとに伝わっていく過程にもなる。人間が文化とそのコードを相互に共有する限りにおいて，表情や身振り，そして言語にいたるまでの記号を利用しながら実行されるコミュニケーションである。

　②　自己完結的コミュニケーション（consummatory communication）

　自己の欲求充足にともなうコミュニケーション。自己が他者に何かを伝えたいことを表現することを目的としている。通常のコミュニケーションは他人へ何かを伝達することを目的とするが，自己完結的コミュニケーションは単なる伝達ではなく，芸術的作品などにみられるような自己の成果を相手へ伝達・表現することが重要となる。

　③　表出的コミュニケーション（expressive communication）

　その社会のシステムを維持するための表出的・統合的機能をもつコミュニケーション。システムの存続を維持するためにシンボル化したものを内面化し，その社会の成員の欲求不満を表出させる。自己の内面にあるものを他者に表現（伝達）することにおいて自己の欲求は満足される。単に話したり伝えるという行為よりも，感情的側面を表出させるものであり，一種の感情浄化に近い機能も存在しているといえよう。

　自らを表現するためにある種の表出行動（芸術などの展示・発表）を行い，

それが解読（人びとに受容・認知）されて伝達が可能となり，コミュニケーション行動へと進んでいく伝達機能をもつ。自己完結的コミュニケーションに比較して連続的な性格をもっている。

☞ 3 メッセージの特性にもとづく類型

(1) メッセージを構成する記号・きまり（code）による類型

① 言語コミュニケーション（verbal communication）

言語は思考や表現の手段であり，言語から派生した物語や小説・詩などを構成するメディアでもあり，個人や社会のアーカイブにもなる。

② 非言語コミュニケーション（non-verbal communication）

一般的には，身体的な部分を用いながら身振りなどによる意思の表現や伝達を行う手段である。身振りや表現には，社会的な相互行為を行う上での共通の理解や前提などが必要となる場合が多い。

(2) メッセージの画像性・映像性による類型

① 画像コミュニケーション

写真や絵画，静止画の解釈により成立するコミュニケーション。シンボリックな意味合いの強い形態である。

② 映像コミュニケーション

画像に「動作・動き」の要素が加わったものを動画あるいは映像と呼ぶ。この動きを記号としてとらえることによって，多様なコミュニケーションが成立するようになった。

☞ 4 チャンネルの特性にもとづく類型

(1) チャンネルの方向性による類型

① 一方向的コミュニケーション（one-way communication）

受け手と送り手へいずれかのみによって行われるコミュニケーション形態。

② 双方向的コミュニケーション（two-way communication）

受け手と送り手の役割が交替でき，フィードバックが可能なコミュニケーシ

ョンである。

③ 相互的コミュニケーション (reciprocal communication)

双方向的コミュニケーションに準ずる形態であり，お互いの意思が確認できるコミュニケーションとなっている。

(2) チャンネル方向性の組み合わせによる類型

① 対面的コミュニケーション (face-to-face communication)

相互的・直接的なパーソナル・コミュニケーション。とくに親しい関係などに結びつけられることが多い。意思が正確に伝えやすく，きわめて第一次的なコミュニケーション形態の意味をもつ。

② 社会的コミュニケーション (social communication)

代表的なのがマス・コミュニケーションである。一方的・媒介的（マス・メディアによる媒体）で，もっとも社会学的に取り上げられるコミュニケーションである。

☞ 5 送り手・受け手の次元にみる類型

(1) 送り手の意図にもとづく類型

① 意図的コミュニケーション

人間の日常的な活動における行為レベルと行動レベルでなされるコミュニケーション。主体の是非や積極的な意思によって行われる。

② 無意図的コミュニケーション

無意識，偶発的な状態時に瞬間的になされることが多いコミュニケーション的なスタイル。主体が消極的でも可能な形態である。

(2) 受け手の変容を目的とした類型

① 説得的コミュニケーション (persuasive communication)

受け手の意見・態度・行動を送り手が意図する方向に動かそうと試みるコミュニケーションである。一般的には，政治宣伝，商業宣伝，CM，広報・PR活動などをいう。

② 非説得的コミュニケーション (non-persuasive communication)

送り手は受け手に対して直接的なメッセージは行わず、受け手自身の意思によって判断させる間接的なコミュニケーションをいう。暗示的なものから模倣や共感を得るような環境を形成させるようなコミュニケーションを行う。

(3) 次元的類型

① 垂直的コミュニケーション（vertical communication）

組織内や集団内の上下関係においてなされるコミュニケーション形態。通常、指示・命令的なコミュニケーションのスタイルをとることが多い。集団や組織の維持には不可欠の形態。

② 水平的コミュニケーション（horizon communication）

組織内や集団内で平等関係の次元において行われるコミュニケーション形態。社会的な意識が身分や階層の区別を必要としない場面においては、上下関係のない平等関係にもとづく水平的なコミュニケーションが有効となる。

第5節 コミュニケーション研究

1 コミュニケーション研究の領域

(1) 一般的な研究領域

コミュニケーション研究があつかわれる領域は、主として社会学、心理学、社会心理学、哲学、言語学、情報科学、文化人類学、生物学、社会システム理論などがある。一概にコミュニケーション研究と呼んでも、その対象や方法論は大きく異なっている。

とくに本書では、社会学、社会心理学の研究領域を中心として論じる社会的コミュニケーションそのものを対象とする。社会的コミュニケーションとは何か、それは本章で類型づけたように、それはマス・コミュニケーション研究を指すことになる。

（2） コミュニケーション研究

　今日のコミュニケーション研究は，複数の領域にわたりながら，関連領域を統合し，体系化する志向としての性格が浮上している。この方向は，コミュニケーションがマス・コミュニケーションやマス・メディアとのかかわりから，あらたに独立したメディアとして位置づけられる研究が盛んになったことにも裏づけられる。一言でコミュニケーション研究というものから，マス・コミュニケーション研究，マス・メディア研究，メディア研究という具合に何が違うのかは明らかでない。それはまたコミュニケーション論であり，マス・コミュニケーション論，マス・メディア論，メディア論と多彩である。

　ただ，コミュニケーション研究の基本的姿勢は，日常生活における人間の重要な意思・伝達手段を前提にした研究スタイルをとることには変わりはない。むしろあらたなコミュニケーション形態や，コミュニケーション・メディアを取り込むことでより体系的なコミュニケーション研究が可能となる思考を導き出す指針は尊重したい。

☞ 2　社会学的アプローチとしてのコミュニケーション研究

（1） 人間相互の伝達過程としてのコミュニケーション
① ミクロ社会学からのアプローチ
　　社会的行為，相互行為，コミュニケーション的行為の理論。
② マクロ社会学からのアプローチ
　　社会的状況のなかでの社会集団，制度・組織，社会体制など。

（2） 意味解釈としてのコミュニケーション
① 社会的相互行為，シンボリック相互作用論
② 現象学的社会学

　現象学的社会学は一般的には，社会を人びとの構成した意味的な世界としてとらえる。そこでの主観的な意味付与と，すでに構成されている世界（所与としての世界）とのかかわりという視点から社会現象を解明していく。とくに人間の行為について，人間存在の契機として位置づけた。そこには社会的世界と

して意味を導き，人びとの生活のなかで意味付与され意味解釈される過程を明らかにしていく。当然そこには，自己理解や他者理解としてコミュニケーションの存在に踏み込むことが必要となっていく。

③　ドラマトゥルギー

人間生活における行為者を演技者（performer）または観客（audience）とみなす。人間の日々の生活と行為は劇場における演劇と同じものと考え，そこからさまざまな現象を記述しながら分析する。

（3）マス・メディア研究の原点としてのコミュニケーション

活字・電波の各メディアを分析するにはコミュニケーション理論がその原点になると考える。伝達・媒体という関係にメディアがおかれ，それがコミュニケーションによって拡大される社会状況の理解にも必要不可欠な視点となっている。

つまり，マス・コミュニケーション研究とはコミュニケーションの一つであることを認識して，その媒体となるマス・メディアとの関係性から論じることで体系化をめざす科学である。

◆注
（1）　富永健一，1997，『環境と情報の社会学―社会環境と文化環境―』日科技連出版社，27-28ページ，210-211ページ
（2）　同上書，27-28ページ
（3）　Habermas, J., 1981, *Theorie des Kommunikativen Handelns*, Bde.1-2, Suhrkamp, Verlag, Ffm.（河上倫逸・M. フーブリヒト・平井俊彦訳，1985，『コミュニケーション行為の理論（上）』未来社）
（4）　同上訳書，143-144ページ
（5）　富永健一，1997年，前掲書，93-95ページ。（橋爪大三郎，1985，『言語ゲームと社会理論―ヴィトゲンシュタイン・ハート・ルーマン―』勁草書房）
（6）　Blumer, H., 1969, *Symbolic Interactionism : Perspective and Method*, Prentice-Hall，（後藤将之訳，1995，『シンボリック相互行為論―パースペクティヴと方法―』勁草書房）
（7）　同上訳書，2-3ページ
（8）　Hovland, C. I., 1965, Social Communication, in Berelson, B and Janowitz, M (ed.), *Reader in Public opinion and Communication*, The Free Press, pp.

181-189.
(9) Osgood, C. E. and Sebeok, T. A. (ed.), 1965, *Psycholinguistics*, Indiana University of Press, 1965, p. 1.
(10) Cooley, C. H., 1966, *The Siginificant of Communication*, in Berelson, B and Janowitz, M (ed.), op. cit., pp. 145-153.
(11) Schramm, W., 1954, How Communication Works, in Schramm, W (ed.), *The Process and Effect of Mass Communication*, University of Illinois Press, 1954, pp. 3-26.
(12) 竹内郁郎「社会的コミュニケーションの構造」内川芳美・岡部慶三・竹内郁郎・辻村　明編，1973,『講座　現代の社会とコミュニケーションⅠ―基礎理論―』東京大学出版会，105ページ

参考文献

W・シュラム編，学習院大学社会学研究室訳，1954,『新版マス・コミュニケーション―マス・メディアの総合的研究―』東京創元社
清水幾太郎，1951,『社会心理学』岩波書店
南　博，1957,『体系社会心理学』光文社
岡部慶三編，1972,『社会心理学』新曜社
水原泰介・辻村　明編，1984,『コミュニケーションの社会心理学』東京大学出版会
池内　一編，1977,『講座　社会心理学3―集合現象―』東京大学出版会
内川芳美・岡部慶三・竹内郁郎・辻村　明編，1973,『講座　現代の社会とコミュニケーション1―基礎理論―』東京大学出版会
林　進編，1988,『コミュニケーション論』有斐閣
船津　衛，1976,『シンボリック相互作用論』恒星社厚生閣
船津　衛・宝月　誠編，1995,『シンボリック相互作用論の世界』恒星社厚生閣
H・ブルーマー，後藤将之訳，1991,『シンボリック相互作用論―パースペクティヴと方法―』勁草書房
橋爪大三郎，1985,『言語ゲームと社会理論―ヴィトゲンシュタイン・ハート・ルーマン―』勁草書房

第2章　マス・コミュニケーションの構造

第1節　マス・コミュニケーション研究の視点

☞ **1　マス・コミュニケーションの世界**

（1）マス・コミュニケーション

① マス・コミュニケーションの存在価値

　最初にマス・コミュニケーションのオーソドックスな価値を考えてみよう。ひとことでいうとマス・コミュニケーションの存在価値は，「社会の緊急要請に対応する有効な手段」としての機能である[1]。

　これまで人間はいかなる時も自己の環境や，自己の周囲を安全に維持し続けることに神経を配ってきた。また，人間は自己に危険や危機的状況が生じることを予測し，伝達してくれる何かを必要としてきた。その結果，人間はさまざまな意見や事実，自己の決定に判断を下す情報をマス・コミュニケーションの存在に求めることになったのである。

② マス・コミュニケーションの多様性

　今日，マス・コミュニケーションという用語は，テレビ・ラジオ・新聞・雑誌という通称マスコミ4媒体に，映画や広告など，その媒体を総合的に表示する意味をもつものとして一般に浸透してきた。そして，マス・コミュニケーションの媒体を意味するマス・メディアは，本質的には組織された一つの集団としての性格をもっている。この集団は，同一の内容をほぼ同時に大多数の人びとに流布するための役割を担っている。

通常，マス・コミュニケーション研究と呼ばれながらも，その意味解釈や方法論は多岐にわたって複雑なものである。それを認識し，マス・コミュニケーションという世界を構造と機能の側面からアプローチすることがまずは不可欠である。

(2) マス・コミュニケーションの集団・組織性

たとえば，新聞は新聞社というなかで多くの人びとがその任務に従事する一つの集団によって成り立っている。新聞は記者から配信されたニュースを記者自らが編集し，それに論説が加わり紙面は完成する。記事以外にも新聞には，新聞紙面の広告を売ったり事業面を取り扱ったりする広告局の存在がある。完成した新聞は，一般読者に流通される過程，配達・搬送から新聞販売店までの一連のルートには大勢の人びとがかかわっている。

テレビ局という集団は，ニュースや娯楽などを制作し，編成・提供するスタッフ，番組スポットを販売し事業部門を取りあつかうスタッフ，放送を技術的な側面で支えるスタッフなど，局のソフトやハードの部分などを含めると多様な人びとからなる一つの集団である。とくに大都市のテレビジョン・ネットワークは，膨大で複雑な組織によって構成されている。出版や映画配給会社などにおいてもほぼ同様な組織構成によっている。

☞ 2 マス・コミュニケーション研究の視点

(1) 大規模で複雑な社会をカバー

現代社会のマス・コミュニケーションの特徴は，大規模で複雑な社会をカバーしていることである。かつての部落や集落規模の社会では，それぞれの集落ごとの全体を総括する長老や代表，災害安全面をみる見張り番，幼児や子どものしつけを行う両親，さらに子どもたちの教育を施す教師役がいた。娯楽面では，旅芸人や旅商人たちがその役割を担ったりしてきた。

しかし今日，こうした集落ごとのこうした仕事を各個人に課すにはあまりに大きな負担を強いることになってしまった。もはや集落ではない地域社会の規模の拡大は都市的世界を生み，これまで個人が行ってきたおのおのの役割を個

人でカバーするには，不可能な環境にと発展していった。人びとが依存し，満足させる対象はより拡大している。その現状に応えられるものも限られてくる。これまでと異なり社会の役割も大きく分化されていく時代に入った。そこで登場したのが個人に代わる役割を果たす，マス・コミュニケーションの存在であった。

(2) マス・コミュニケーション研究の視点

　W・シュラムいわく，現代社会のコミュニケーションは，一人の個人がゲートキーパーとして十分に役立ち，一人の流しの歌手が娯楽を十分に提供することができた時代からみれば，とてつもなく遠くへだたったところまで来ている。これら現代のコミュニケーション組織があまりにも大きく複雑で強力であるために，それらが果たそうとしていることや，とろうとしている手段を知ることが重要になってくる。ゲートキーパーや流しの歌手を検討することよりも，マス・メディアを検討する方がはるかに困難である[2]。

　マス・コミュニケーションの巨大化は，ある意味で社会の役割分化に適したスタイルを備えるのに十分であった。今日のマスコミは，強大で複雑な組織をもって構成されているのをみてもそれがわかる。それゆえマスコミが人間生活におよぼす影響は多大である。このような複雑な構造と多岐にわたる機能をもつ，マス・コミュニケーションの世界を研究対象として検討する意義は，多方面から求められている。マス・コミュニケーション研究は，そうした課題に応えるべく視点を担っているといえよう。

第2節　マス・コミュニケーションの構造

☞ 1　マス・コミュニケーションの概念

(1) マス・コミュニケーションとは

　第1章では，コミュニケーションの意味を考え，その類型化を行った。本章

では，本格的にマス・コミュニケーションの構造を明らかにしていきたい。

マス・コミュニケーションをひとことでいうと，「大衆伝達」である。一般的には，「送り手が不特定多数の受け手を対象に，マス・メディア（テレビ・ラジオ・新聞・雑誌など）を通じて，大量に記号・情報が伝達される過程」と概念化したい。これはきわめてオーソドックスな概念であるとともに，マス・コミュニケーションの本質を明確に表示しているといえよう。

一般社会においてマス・コミュニケーションは，大多数の人びとに記号や情報を伝達するプロセスそのものとして考えられている。そして，それを媒体しているのがマス・メディアなのである。

（2） マス・コミュニケーションの伝達過程

マス・コミュニケーションの伝達される過程研究のために，H・D・ラスウェルは，つぎのようなアプローチを試みた。[3]

「誰が」すなわち送り手について研究する学者は，コミュニケーション活動の発生と，かつそれを方向づける諸要素の研究に従事している。この研究領域分野をコントロール分析と呼ぶ。

「何に」ついてに，焦点を向ける学者は，その内容分析に従事している。

「通路」として，ラジオ・新聞・映画その他のコミュニケーションを対象として研究する場合，これをメディア分析と呼ぶ。

「誰」に向けられた研究なのかは，それがメディアを通じて受け取った人間に対して関心を向けることになった時点で，その研究を受け手分析と呼ぶ。

「効果」を知るには，受け手に与える影響や衝撃に論点が向けられる時，それは効果分析となる。

つまり，マス・コミュニケーション研究のプロセスとは，「誰が」（送り手），「何について」（内容），いかなる「通路」（チャンネル）を用いて，「誰に」（受け手）対して，どんな「効果」（結果）をめざしているのかを解明することでもある。このラスウェルの指摘は，マス・コミュニケーション研究の方法論としても歴史的な評価を得ることになった。

ラスウェルのマス・コミュニケーション過程を整理すると，「誰が」は，情

報を流す送り手をあらわし、「何について」は、その情報の内容と意味を指している。「通路」とは、情報を媒体するものである。「効果」は、まさにその情報を受容した時点の受け手の影響度合いを示すことになる。ラスウェルはこのような区分の有効性については、科学的に取りあつかうための目的に応じて決定されるとしている。

また、コミュニケーション・プロセスによるモデルからみた伝達過程としてつぎの考え方もある。(4) 人間社会におけるコミュニケーション状況では、第1に必ず送り手・受け手の図式による複数の集団が存在する。ここにある何らかの観念なり欲求が送り手と受け手によって共有される場合、情報やコミュニケーションの目的が成立する。第2に目的遂行のためにはメッセージが必要となる。当然送り手の目的はメッセージによってなされる。そして第3に送り手の目的はある記号、ある言語に変換されるか、記号化体が必要となる。記号化体は送り手である発信体の考えを受け取り、それを記号におきかえて、発信体の目的をメッセージの形式に表現する役割を担っている。第4にチャンネルの存在がある。チャンネルは複数の異なった見方でとらえることができる。チャンネルの選択は多くの場合、コミュニケーションの効果を生む重要な要因となっている。基礎的なコミュニケーションの要素は以上であるが、第5に記号解読体というものがある。発信体が自分の目的をメッセージに変換するため、すなわち目的を記号で表現するために記号化体を必要とするように、受信体はメッセージを解読し、それを受信体が使用できるような形式にするために、メッセージを再変換する記号解読体を必要とする。最終は、第6のコミュニケーション受信体によって送り手・受け手のプロセスが完成する。

D・K・バーロのコミュニケーション・プロセスをまとめると6つの要素が含まれると考えられる。

① コミュニケーション発信体
② 記号化体
③ メッセージ
④ チャンネル

⑤　記号解読体
⑥　コミュニケーション受信体

　複雑なコミュニケーション・プロセスにおいてこの6要素を整理することで，マス・コミュニケーションの伝達過程そのものに応用できるバーロのモデルは，プロセス研究において活用されている。

☞ 2　マス・コミュニケーションの特質

（1）マス・コミュニケーションの一般的特質

　つぎにマス・コミュニケーションの特質として，送り手（ここではテレビ局，ラジオ局，新聞社，出版社，プロダクションなど）はみな専門的な組織集団であることがあげられる。どの組織も分業的な協同作業によってメッセージ内容を生産・伝達している。メッセージ内容は誰にでも受け取られ理解されるように公開的で一般的性質の意味をもっている。メッセージ内容の伝達機会が定期化（テレビ番組欄や新聞の宅配制度）されている。送り手と受け手の役割が固定化され，フィードバック過程が極度に限定的である。

　近年では，メディアの技術的発達が，テレビや新聞・雑誌などのマス・メディア以外に，個人のパーソナル・コンピュータによる通信（電子メール，インターネット環境），ファクシミリや移動携帯電話の端末使用，衛星通信などに代表されるコミュニケーション・メディアの普及によっていちじるしい進歩を遂げている。コミュニケーション・ネットワーク上には，送り手と受け手が複雑に絡み合い，パブリックからパーソナルな側面が重視されるようになり，マス・コミュニケーションの性格も大きく変化している。

（2）マス・コミュニケーションの一般的活動

　マス・コミュニケーションの一般的活動としては，つぎのようなものがある。

　一つ目は，報道活動である。報道活動は，マス・コミュニケーションの中心的や役割を担う。各種の事件やトピックについて発生や推移，背景などの経緯に関する情報をリアルに客観的に伝える。

2つ目は、評論活動である。客観的に報道された情報内容に、ある一定の主張や意見を加えて伝える。一つのトピックにバランスを配置した識者のコメントや送り手側の論説委員などが総合的な見解を述べる。送り手側のもつ立場が明確に受け手に伝わればいいが、評論内容がそのまま受け手の理解となる場合も考えられる。

3つ目は、教養活動である。各種の文化的な企画を取り上げ、教育や啓蒙的内容を伝達する。各種の教室・サークルの運営などマスコミ主催・協賛のイベントは数多い。趣味・嗜好などの領域から教養活動と絡んだ企画も多い。

4つ目は、娯楽活動である。余暇・レジャー情報や、スポーツなどのエンターティンメント的内容のメッセージを多数提供する。余暇時間の増加と結合し、マスコミの娯楽活動の役割は高くなっている。

5つ目は、宣伝・広告活動である。原則として、マスコミは利益を求める企業でもある。さまざまな活動を維持していく上で、スポンサーの重要性は高い。各企業や団体などのPR・広報活動は、マス・メディアを利用して、特定の政治的あるいは商業的な意図を多くの人びとに伝達している。

第3節 マス・コミュニケーションの機能

☞ 1 マス・コミュニケーションの過程における機能

(1) H・D・ラスウェルの分類

最初に、ラスウェルの3分類からみていこう。ラスウェルは、マス・コミュニケーションの機能を過程から論じている。[5]

① 環境監視の機能

この機能は、社会や集団における人びとの生活環境を監視する役割である。村落的な社会であれば、その集団のなかで決められた役割の人間が見晴らしのきく場所で、住民たちの環境を絶えず監視できる。天候や危機管理的部分を含

んださまざまな情報を住民たちに流すことができる。しかし，今日のような都市化が進展した社会状況では，村落社会のような次元で住民の生活環境を監視することは物理的に不可能である。それに代わって，マス・メディアが情報を提供することになった。

② 環境に適応する場合の構成要素間の相互作用

この機能は，その社会に所属するメンバーたちが自分たちの生活環境に対し，自ら話し合い，意思決定を下すことである。村落社会では，その村の長老や実力者が中心となり，そこでの政策を決定する。国家レベルであれば，政府と世論との相互関係によってその方向が定まるであろう。今日では，人びとに直面するそうした政策への意見や論評などの判断材料を提供するのがマス・メディアとなった。

③ 世代から世代への社会的遺産の伝達

この機能は，集団や国家などで決定された政策を世代をとおして伝達する役割である。これは，家庭のしつけから学校や企業での教育的な指導も意味する。しかし現代では，そうした役割もマス・メディアが果たすことが多くなっている。とくに近年のアーカイブ系のソフト維持や市販などにみるように，かつての記録は多様なスタイルで継承されていく様子をみることができる。ますますマス・メディアの果たす役割が重要になった典型的な機能である。

ラスウエルのマス・コミュニケーションの機能は，社会的コミュニケーションの過程において成立する。環境の監視によって，地域社会の共同体を構成する単位の安全を維持するとともに，その地域発展の機会を担うはたらきをもつ。環境に反応する場合の構成要素間の相互作用での人びとのかかわりが連続的であることを証明する。そして社会的遺産の伝達においてはまさしく，人間であることの事実を明らかにし，同時に安全防衛と進化に必要な資源を後世に残すことになる。

(2) W・シュラムの分類

つぎに，シュラムの3分類である。シュラムは，マス・コミュニケーションの機能という側面からラスウェルに近い意味で論じている。[6]

① 見張りの機能（watcher）

　この機能は，日常人びとが新聞・テレビ・ラジオなどの報道によって受ける多くの情報のなかから，その内容が正しいか否かの判断材料もマス・メディアが提供することである。同時に新聞・雑誌・テレビなどの解説は，報道というスタイルをとりながら人びとに対し，見張りの役割を担っている。

② 討論の機能（forum）

　この機能は多くの情報から得た問題点や論点，状況などを総合的に判断し，それにどのような対応をとるべきかを検討する場をマス・メディアが提供することである。各メディア機関における主張や論評などがこれにあたり，問題提起などの形で世論に投げかける。その反応として人びとの集合的見解が世論を形成し，それに対する別の見解が登場する。多様な問題に討論や話し合いなどの環境を促進させるのがマス・メディアである。

③ 教師の機能（teacher）

　この機能は，日常の出来事のなかで発生したさまざまな問題，情報，課題などを人びとに解説しながらその内容を伝達することである。その場合，解説記事や特集記事などはその時勢に沿った内容が多い。いちばんホットな内容を伝えることは人びとの知識を高めることにもなる。マス・メディアの教養番組や教育機関向け番組，プログラムの提供などがその中心となる。

2　マス・コミュニケーションの社会的機能

（1）P・F・ラザースフェルドとR・K・マートンの分類

　ラザースフェルドとマートンは，マス・コミュニケーションの社会的機能としてつぎの3分類をあげた。[7] この機能は，現代社会のマス・メディアを象徴している機能でもある。

① 地位付与の機能

　この機能は，マス・コミュニケーションが社会的な問題，人物，組織および社会的活動にある地位を付与することである。マス・メディアは，それぞれの状況に応じた個人や集団の地位を正当化し，彼らに威信・プレステージを与え

彼らの権威を高める。たとえば，これまで大衆のなかでは無名だったある個人にスポットをあてた新聞やテレビなどのニュース，あるいは雑誌などによって取り上げられる。ところがその選び出された個人は一夜にして重要な人物になる。そして選ばれた特定の個人の行動や意見は大多数の人びとから注目の的になってしまう。こうしたマス・メディアのスポットは，一般の人びとにその人物は高い地位を占めていると思わせる。巨大で強力なマスコミの世界からただ注目を浴びることで地位は高められるのである。

② 社会規範の強制の機能

この機能は，ある個人や集団などが公の道徳や規範に背いた時，マス・メディアはその出来事を明るみに出す。そして組織的な社会的行動としての口火を切る。各個人や集団にとって社会規範に逸脱した事実が表出するということは，その他の人びとの欲望や衝動を抑止する役目を果たすことでもある。

通常，多くの人びとはこうした規範を煩わしく思い，自分や他人に対してもある程度配慮されることを望んでいる。したがって，現実に逸脱行為が生じても個人的にはそれを許してしまうことが多い。しかし，どうしてもその人間が社会の規範に従うか否か，自己の立場を公にしなければならなくなった時，これまでの態度を続けることはできなくなる。社会規範の逸脱が明らかになるということは，その集団のメンバー内に違反が起こったことを強制的に公表することになる。公表されるということは，「個人的な態度」と「公の道徳」とのあいだにギャップがあることを許さない。

社会的規範の強制というこの機能は，大衆社会であれば多数のマス・メディアによって制度化されている。新聞や雑誌などでは，すでに世間に知られている違反の事実を，公衆の前に暴露する。暴露されることで，個人的に許容されたと信じ込んでいる人でも，そうしてはいられず公の対応をせざるを得なくなってしまう。その結果，あらゆる個人は自己の立場を明確にする観念にかられることになる。

③ 麻酔的悪作用の機能

この機能は，一般の読者や視聴者がマス・メディアによる情報の洪水にさら

されると，単に情報をキャッチすることよりもその情報過多に麻痺させられてしまう。情報の波に日常追われることが多くなるほど，自己のプライベートや組織に割り当てられる時間が少なくなる。

　人びとは，関心のあるさまざまな問題に関する記事に触れる。その内容には人びとがどのような判断をし，対応していくかの行動パターンも論じられることも多い。この場合，特定の情報から正確な内容をよみとることが不可能になることもある。とくに，政治やイデオロギーに関する問題などの判断は重要である。マス・メディアから送られた情報量だけで満足してしまうことは危険でもある。与えられた情報量によって個人が選択し行動したという錯覚に陥ることも少なくない。結局，マス・メディアからキャッチした情報は，現実の社会問題に対する2次的な接触であり，直接的な1次情報ではない。多くの人びとは情報の洪水に覆われた2次的内容で実際の行動を行ってしまう。

　ある意味この麻酔的悪作用の機能こそ，マス・コミュニケーション効果を最大限象徴しているようにも思える。その効果は，マスコミによって麻痺させられてしまった人が，自分でそれと気がつかないほど完全だという。マス・メディアによって多くの人びとは，入手する情報の質は高まった。しかし，受け手側の意図とは関係なく，マス・コミュニケーションから受容するものが増加するほど，それが無意識のうちに人びとの主体的な行動や判断を鈍らせてしまう懸念は大きいといえよう。

第4節　マス・コミュニケーションの受容過程

☞　1　受容過程研究の系譜

(1) マス・コミュニケーションの受け手調査

　マス・コミュニケーションの受容過程研究に欠くことができないのは，受け手調査（audience research）である。受け手調査研究は，1940年代のマス・コ

ミュニケーション理論研究，とくに受容過程研究の領域で多大な成果をなし得た古典研究でもある。受け手調査は，コロンビア大学応用社会調査研究所のラザースフェルドによって，ラジオ・リスニング調査や嗜好番組のリスニングパターンを調べるものとして実施された。[8]

本調査では，受け手の階層や好みといった個人の行動パターンを知る上で貴重な成果を得た。ラジオから始まった受け手調査は，つぎに新聞へとメディア全般の嗜好を知る上でもその効果を発揮していった。今日でもテレビ視聴率調査などは，単に番組評価をみるだけではなく，視聴者の背後に存在する個人個人の行動や消費嗜好や選択パターンなどを理解するための重要な資料となっている。

受け手調査の最大の特徴は，マス・コミュニケーション内容から人びとがキャッチするものを具体的に探ることである。送り手・受け手というマス・コミュニケーションの相互過程から得た人びとの考えこそ，送り手側にとって有効な情報になることがより明確になり，この研究領域が発展していく大きな要因となった。

(2) 受け手調査の研究方法

受け手調査の研究方法は，現実に行われている人びとのマス・コミュニケーション行動事実を観察するという手法でもある。具体的には調査票を用意してその各設問に対する質問紙調査や面接や事例インタビューなどによっている。そこから得た知見としての資料を，統計的な処理を施したり，記述的方法によって分析を行う。

受容過程研究の本質が説得的コミュニケーションの性格をもつために，送り手側による受け手の意図を知ることが何よりもまして重要になってくる。マス・メディアにとってばかりでなく企業などマーケターの世界でも入手したい情報が盛りだくさんである。組織維持のためにも目的を達成するためにも相手の出方を知るためにも受け手調査の意味はますますその比重を増している。

受け手調査の最初の研究成果は，1940年のアメリカ大統領選挙における投票行動の過程分析である。続いて1955年に実施された日常生活にみるコミュニケーションの影響の流れ分析などがあげられる。

2 マス・コミュニケーション受容過程研究の過程

(1) D・カートライトの過程

　受容過程研究はマス・コミュニケーションに対して，人びとが感情面でどのような誘発を受けるかという心理的過程も興味の対象となる。その過程をミシガン大学のD・カートライトは，説得を意図したコミュニケーションが効果をもたせるため，人びとの内面に一連の心理的状況を誘発させる状態が発することと明らかにした。[9]

　具体的な誘発過程をみると，第1に特定の認知構造の形成である。これは受け手に送り手の対象モデルを知らせることである。第2に特定の動機的構造の形成である。これは，受け手を送り手の対象モデルに向かわせることである。第3に特定の行動的構造の形成である。これは，受け手に送り手の対象モデルを選択させることである。

(2) マス・コミュニケーションの受容過程

　カートライトの指摘した説得的コミュニケーションは，個々人の内面にある心理状態をある一定の方向に誘い出すことにある。とくに，認知・動機・行動とする図式は，マス・コミュニケーションの受容過程そのものといえる。人びとの行為は，最初にその内容を彼らが認知することからはじまる。それには何らかの動機が存在するわけで，その動機には人びとの社会環境や準拠集団などの影響が絡んでいる。それらが影響をもたせながら実際の行動へと展開していくことになる。

第5節 マス・コミュニケーションの効果分析

☞ 1 受け手調査から効果分析へ

(1) マス・コミュニケーションの効果分析

　受け手調査は，効果分析（effect analysis）を生んだ。つまり受け手調査がコミュニケーションの受け手側を対象とするように，効果分析はコミュニケーションの受容過程を送り手側からとらえる立場である。送り手側は受け手の事情を理解することで，マス・メディアの有効性と説得的コミュニケーションとしての役割をより鮮明にすることができる。マス・コミュニケーションの受容過程研究は，受け手調査と効果分析の両アプローチを中心としながら，今日まで発展を続けてきた。

　受容過程研究における受け手調査は，マス・コミュニケーションの内容から人びとが何を得て，それが人びとの行動パターンにどのような影響をおよぼしているかというきわめて現実的な問題の解明をめざしている。したがって，その結果に注目するのはマス・コミュニケーションの送り手であることからも，受け手調査は両者にとって興味深いものとなっている。

(2) 効果分析の目的

　効果分析は，エール大学のホヴランドが中心となり実施した。ホヴランドは，効果分析の目的を説得的コミュニケーションからとらえた。[10] 受け手分析とは，対称的に送り手の側からどのような意図をもちコミュニケーションの伝達を行おうとしているのか，その目的は何なのかを明らかにしようとする。受け手側の具体的な効果を知ることは，送り手側のコミュニケーション意図がどの程度進んでいるのかを計るバロメーターでもあり，送り手としては貴重な資料となる。

　効果分析の研究スタイルは，厳密に制御された実験室において，効果形成の

過程に関連ありとされる変数を取り出す。つぎに，他の条件を一定にした変数にさまざまな値を与え，そのはたらきを観察することにより，説得的コミュニケーション効果を規定する要因を探り出すものであった。

2 マス・コミュニケーションの効果分析の過程

（1） L・W・ドゥーブの過程

　ドゥーブは送り手の意図する方向に，受け手の意見・態度あるいは行動を変容しようと動く，送り手・メッセージ・媒体・受け手・状況などの諸要因をあげている。[11]

　これらの要因からとくに説得的コミュニケーションの効果を媒介とする宣伝効果が形成される過程をつぎのように提示した。第1は，人びとが知覚される段階である。最初の段階は，送り手が受け手に具体的なモデルを示すことである。第2には，宣伝がめざしている最終目標に人びとが何らかの形で関連をもち，かつそれに先行すると考えられる反応の起こる段階である。この段階では送り手が示したモデルに関心をもち，そのモデルをもっと深く知りたいと思うことである。第3は，宣伝内容を学習しそれを承認する段階である。この段階では送り手の示したモデルに対し，受け手がこれはいいと判断することである。そして第4は，外面的な行動として結果を出す段階である。これは，送り手によって示されたモデルを受け手が直接入手することである。

　ドゥーブの場合，受容過程の構造を宣伝の面から論じながら，最初に人びとの知覚によって反応したその効果に注目した。つまりその効果を人びとが学習し承認すれば，外面的な行動を起こすことになる。宣伝という説得的コミュニケーションそのものの効果をみるための段階を，受け手側の動きに沿って追っていく方法である。具体的にプレゼンテーションされた商品が送り手から離れて受け手へと伝わっていくプロセスを理解するこの過程は，わかりやすい指摘となっている。

（2） C・I・ホヴランドの過程

　ホヴランドは，マス・メディア相互間の効果性を比較する場合から効果分析

の過程を論じた。多くのマス・メディアに共通している関心は，送り手の望む内容がいかに多くの受け手によって選択されるかである。その実現にホヴランドは，つぎのような過程を示した。第1に，相手の注意を惹きつける。第2に，情報や知識を理解させる。第3に，意見や態度を変化させる。第4に，特定の行動を誘引することである。[12]

マス・メディア相互間にある比較から述べたものの，実際，ホヴランドの提示した内容はオーソドックスな受け手効果論である。人びとの関心は，そのコミュニケーションに対して注意が惹きつけられることにある。注意がおよばないなら，その情報を認知することにはならない。コミュニケーションに注意が向けば，あとはその情報を認知させることだけである。その情報を理解すればその内容に対して人びとは意見を述べ，各人の態度を表明する。そして選択された行動体系を示す。受容過程の構造を明らかにする上でも，ホヴランドの効果分析の過程は，今日のコミュニケーション過程そのものの理解に最適な研究となっている。

☞ 3 マス・コミュニケーションの効果分析

(1) 効果分析は受容過程の最終的段階

マス・コミュニケーションの効果分析は，受容過程の最終的な段階に位置している。つまり人びとの行動において生じたさまざまな状況の結果こそ，人間の反応行動の具現化である。マス・コミュニケーションの内容が人びとにインパクトを与えるようなものの具体的な姿でもある。

これは，H・ブルーマーが集合行動論のなかで論じた循環性の反応（circular reaction）と呼ばれる社会的相互行為の形態に近いものである。[13] 人間内部で個人の勢いに刺激され影響を受けた一個人が，自己の再生に反応する状態で，これに沿った感情が個人の行動に反映される。ブルーマーは相互行為における結果を重視しているが，マス・コミュニケーションの影響下で生じる人間の相互刺激現象の先には，特定の社会現象が発生することも見逃せない。具体的に「ミリング」「集合的興奮」「社会的感染」という過程を経ることからみること

ができる。

(2) J・T・クラッパーの5分類

　マス・コミュニケーション効果分析の代表的なのがクラッパーの5分類である。[14]

　第1は，創造である。これは最初に何の意見ももたなかった人びとのあいだに，あるトピックについて新しく意見や態度をつくりだすことである。無関心から関心の状態へ誘い出すことである。

　第2は，補強である。これは，人びとがすでにもっている既存の態度が補強されることである。いかに新しいものを提示しても人びとは一向に動じることはなく，むしろ既存の態度をよりかたくなにしてしまうことである。

　第3は，小さな変化である。これは人びとがすでにもっている既存の態度は変わらないにしても，その態度を以前より弱くして，新しいものを受けつける期待をもたすことである。

　第4は，変改である。これは人びとがすでにもっている既存の考えを捨てて他の新しい考えを採用する。送り手がめざすもっとも大きな結果である。

　最後の第5は，効果なしである。少なくても理論的に考えられる無効果である。いくら努力しても結局は受け手の考えを送り手側に向けることは不可能であること。効果なしには送り手がかたくなに既存の態度に固執することや，信念をもって既存の商品やモデルを愛用している場合などにみられる。

　クラッパーは，効果分析のなかで人びとの行動や態度に変化をもたらす要因を明らかにし，受容の際の傾向やその場合の人びとの背景や準拠集団の問題まで踏み込んでいる。こうしたとらえ方は，マス・コミュニケーションの流れ研究などの関連からの研究成果も多い。

4　マス・コミュニケーションの接触行動

(1) マス・メディア接触のパターン

　すなわち接触という行動は，受容過程の初発的な局面を構成する。人びとがマス・メディアに接触し，その内容を見て，耳にするところからはじまる。あ

る一つのメディアに対して，平均以上の接触をする人は，他の種類のメディアに対しても平均以上の接触をする傾向があるとの説にもよる。

　コミュニケーション内容との接触もそうである。そこには，社会的属性と嗜好の関係が浮かび上がる。どんな種類の内容が，どのような特性をもった人びとに選択され，または嗜好されているかの実態は，多くの分析結果から社会的属性によってみることができる。社会的属性とは，性別，年齢，職業，学歴，経済的地位，社会的地位，そして居住地域などをいう。彼らが接触ないし，嗜好しているマス・コミュニケーションの内容とのあいだに，かなり明確な結びつきがみられる。

　また，後天的な環境からの影響のおよぼし合いとして先有傾向（predisposition）と接触行動があげられる。先有傾向とは，人びとが過去の経験にもとづいて蓄積されてきた意識・関心・意見・態度などの産物である。先有傾向は具体的なコミュニケーション行動に際して，これに見合った内容を受け入れ，これと異質的な内容を拒否するはたらきをもつ。

　そしてある人がマス・コミュニケーション内容のなかからある部分を選びとるという行動は，その人の欲求を充足させてくれると期待される手がかりをその内容のなかに知覚する。それに対して動機づけられた時に起こるものと解釈される。コミュニケーションの接触行動による機能的要件充足の意味合いをもっている。

（2）　マス・コミュニケーションの意味解釈行動

　マス・コミュニケーション内容においても受け手側の諸条件によって，その意味づけにさまざまなバリエーションが生ずる。マス・コミュニケーションの内容について，各個人でシンボリックな解釈性が発生する。これは，意味解釈の多様性でもある。つまり人びとに選択された内容が，それを選択した限り人びとすべてによって，均一的な理解と解釈が行われていることはありえない。コミュニケーション内容を受け手が認知する場合，受け手個人の生理的・心理的欲求や期待によって変化することは，社会心理学的に考えても明らかである。

この意味解釈行動においてもう一つの注目は，受け手のもつ先有傾向の強さである。コミュニケーションの理解や説得内容の承認，それを受ける人びとの既存の態度や見解（自己の見解を裏づけるデータ）などの先有傾向の如何によって大きく結論づけられる。それは，後天的な社会環境などの影響をあげながら学習された結果でもある。

人びとの先有傾向は，おのおのが過去の長い生活体験にもとづいて蓄積されてきた環境処理のための準拠枠でもある。人びとはこれに頼って行動し生活している限り，これまでもその環境に安心して対処することができてきたし，これからもできると信じている。経験の積み重ねが数を増してくれば増してくるだけ，準拠枠は安定性を獲得し，構造化され，動かしがたいものになる。

人びとがマス・コミュニケーション環境における行動のなかで示す先有傾向は，個々人が生活してきた社会特有の文化的スタイルに共有されたものでもある。その社会はかなり第1次的な関係をもつ集団で支持されてきたスタイルである。第1次的な社会に特有な文化パターンが存在し，その社会で生活する個々人の行動によって形成されてきたものである。その社会のメンバーに分担され伝達されることを通じて社会の統合と存続を可能にする役割を果たしているものである。

人びとの先有傾向は，もっと直接的な社会的支持の源泉をもっている。人びとが日常そのなかで具体的な生活を営み，メンバー相互が親密な関係をもっている小集団の支持が背景に存在している。[15]

（3） マス・コミュニケーションの効果

マス・コミュニケーションの効果は接触行動，意味解釈行動に続いて，受容過程の最終的段階を構成する反応行動である。マス・コミュニケーション内容のインパクトによって，人びとの心理的（外的）システムの上に生じた何らかの形での変化の様相である。

効果が改変されるのは，通常，補強効果に寄与することの多い媒介的諸要因が機能しなくなり，マス・コミュニケーション効果が直接的になる場合である。つまり要因自体が補強よりむしろ改変を促す要因として機能することであ

る。そこには，個人の行動や意識を変える衝動や衝撃のような要因があげられる。個人間の社会的相互作用より，マス・コミュニケーションの強力的な機能が効果として発揮されることにもなる。

また，個人が帰属し影響を受けている準拠集団が存在しているにもかかわらず，先有傾向を支持する源泉，とくに人びとが直接その信念や態度を負っている集団規範が，組織内における人間関係の不信や混乱によるゆがみ，外的環境などから受けるインパルスによってその支持機能を失っている時，人びとはマス・コミュニケーションによって比較的意見や態度の変容を受けることが多くなっている。

◆注
（1） Schramm, W. (ed.), 1949, *Mass Communications*, University of Illinois Press.（学習院大学社会学研究室訳，1954，『新版マス・コミュニケーション研究—マス・メディアの総合的研究—』東京創元社，64 ページ）
（2） 同上訳書，65 ページ
（3） 同上訳書，66 ページ
（4） Berlo, D. K., 1960, *The Process of Communication an Introduction to Theory and Practice*, Holt, Rinehart and Winston.（布留武郎・阿久津喜弘訳，1972，『コミュニケーション・プロセス』協同出版）
（5） Schramm, W. (ed.), 1949, 前掲訳書，67 ページ
（6） Schramm, W., 1964, *Mass Media and National Development*, UNESCO.
（7） Schramm, W. (ed.), 1949, 前掲訳書，276—282 ページ
（8） Lazarsfeld, P. F. & Kendall, P. L., 1948, *Radio Listening in Amelica*, Pentice Hall.
（9） Cartwright, D., 1549, *Some Principles of Mass Communication*, Human Relations, pp. 253-267.
（10） Hovland, C. I., 1954, *Effect of The Mass Media of Communication*, in Lindzey, G. (ed.), Handbook of Social Psychology, Mass, Addison Wesley.
（11） Doob, L. W., 1948, *Public Opinion and Propaganda*, New York.
（12） Hovland, C. I., 1954, op. cit. 1062-1103.
（13） Blumer, H., 1975, *Outline of Collective Behavior, readings in Collective Behavior*, (ed. Evans, R. R.), Rand Mcnally College Publishings Company, pp. 22-23.
（14） Klapper, J. T., 1960, *The Effect of Mass Communication*, Glencoe, Free

Press.（NHK放送学研究室訳，1966，『マス・コミュニケーションの効果』日本放送出版協会）
(15) 竹内郁郎，1964，「マス・コミュニケーションの総過程Ⅱ―受容過程―」『東京大学新聞研究所紀要第12号』東京大学新聞研究所，38-79ページ

参考文献

W・シュラム編，学習院大学社会学研究室訳，1954，『新版マス・コミュニケーション―マス・メディアの総合的研究―』東京創元社
清水幾太郎編集，1955，『マス・コミュニケーション講座1―マス・コミュニケーションの原理―』河出書房
城戸又一編集代表，1974，『講座 現代ジャーナリズムⅠ―歴史―』時事通信社
吉田民人・加藤秀俊・竹内郁郎編，1967，『今日の社会心理学4 社会的コミュニケーション』培風館
日高六郎，1967，『マス・コミュニケーション入門』有斐閣
清水英夫他，1997，『マス・コミュニケーション概論』学陽書房
竹内郁郎，1964，「マス・コミュニケーションの受容過程」『東京大学新聞研究所紀要第12号』東京大学新聞研究所
竹内郁郎他編，1987，『リーディング日本の社会学20―マス・コミュニケーション―』東京大学出版会
阿久津喜弘編集・解説，1976，『現代のエスプリNo.110，コミュニケーション―情報・システム・過程―』至文堂
佐藤 毅・竹内郁郎・細谷 昂・藤竹 暁編，1972，『社会学セミナー4 社会心理，マス・コミュニケーション』有斐閣
内川芳美・新井直之編，1983，『日本のジャーナリズム―大衆の心をつかんだか―』有斐閣
J・ハーバーマス，河上倫逸・M・フーブリヒト・平井俊彦訳，1985，『コミュニケーション行為の理論（上）』未来社

第3章　マス・コミュニケーションの効果論

第1節　強力効果論と「世論」

☞　1　W・リップマンの「世論」

（1）マスコミ強力効果論の誕生

　1922年，リップマンは『世論』（*public opinion*）を世に送り出した。マス・メディアが人びとに与える効果を「ステレオタイプ」という言葉で表現した。マスコミ強力効果論の誕生であった。(1)

　リップマンによれば，マス・メディアによって行われた報道は，現実の環境とは異なった環境，つまり擬似環境を形成するという。マス・メディアによってもたらされたこの環境は，多くの人びとを集合的見解（世論）に誘導する。その結果は，画一的なステレオタイプを生み出し，世論は固定化したコピーを社会に発信することになる。ラザースフェルドの麻酔的悪作用などは，その典型でもあった。

（2）擬似環境と頭のなかで描くイメージ

　擬似環境とは，人びとが観念や想像によって描かれたその環境に対するイメージである。現実の環境と人間の行動のあいだには，頭のなかに映っている環境のイメージが介在しており，人間の行動はこの環境のイメージ，つまり擬似環境に対する反応である。(2)

　『世論』の冒頭には，下界と頭の中で描く世界として，2ヶ月に一回だけしか郵便船が訪れない離れ小島が取り上げられている。彼らにとって郵便船に積

まれているメディア情報がすべてであった。自分たちの生きている基盤としての世界像こそが現実の世界であることに少しの疑いももっていなかった。島の人間は自分たちの頭の中で描かれた世界像を信頼しているのだった。多くの人間は、自分たちがそのなかに暮らしているにもかかわらず、周囲の状況をいかに間接的にしか知らないかに気づく。その社会にかかわる情報が届くのがあるときは早く、あるときは遅いことはわかっている。しかし、自分たちがかってに実像だと信じているに過ぎないものを、ことごとく社会そのものであるかのように処理されているのに気がついていないのである。

人びとが実際行為するのは現実環境によるが、その行為を刺激するのは擬似環境である。ゆえに擬似環境は、人間の思考や情緒、想像力という世界をどれだけ実現させられるのかが大きな課題であった。

（3）擬似環境の構造
① 直接環境

直接環境とは日常生活の範囲内にあり、人びとの移動によって処理できる環境である。ほぼ現実環境に近く、把握さえすれば現実環境に等しい正確な情報をもたらす。多少のタイムラグが生じても生活範囲内でカバーが可能であればそれは直接環境となる。第一次的に認知され接触が可能な人びとの環境をいう。いかなる状況においても第一次的な信頼関係を生むには十分な環境であり、物事の判断や意思決定を果たすにも満足される場でもある。

② 間接環境

マス・メディアによってしかとらえきることのできない環境である。一般的には特派員配信による世界各国での出来事、国内における各種の事件や催事などがあてはまる。いずれもその場所に遭遇し直接的にキャッチしていなければ、そこでの原事実はマス・メディアのニュースによってしか知り得ない。物理的にその情報認知が不可能な多くの受け手は、マス・メディアによる情報に疑いをもたず、それを受け入れる場合が多い。しかし、現実を把握する観点からみれば、それは正確な情報とはいえない。ゆえに、マス・メディアの報道と信頼性の問題へと発展する概念でもある。今日の社会をみる限りつねに人びと

は自らが陥りやすい環境のなかで活動している。まさに頭のなかで描く世界にすっぽりと帰属してしまうことにもなる。

（4） リップマンによる『世論』

リップマンは世論を,「人びとの脳裏にあるさまざまなイメージ,頭のなかで思い描く自分自身,他人,自分自身の要求,目的,関係のイメージ」ととらえた。社会的には,集団の名の下に活動する個人が頭のなかで描くイメージである。その結果は,出来事の真の空間,真の時間,真の重さが失われ,出来事はステレオタイプのなかで凍結させられる。世論はステレオタイプによって汚染されているという。[3]

リップマンの指摘では,人とその人を取り巻く状況のあいだに一種の擬似環境が入り込んでいるという。人間の行動はこれに対する一つの反応であった。もしそれが実際行為である場合には,その結果は行動を刺激した擬似環境にではなく,行為の生じる現実の環境に作用することになる。人間はイメージをつくる際に,みてから定義しないで定義してからみるというようにある種の固定観念をもつことでイメージが左右されるといえる。

☞ 2 ステレオタイプ

（1） ステレオタイプはマス・メディアによる

人間がイメージを抱く時,それに対してある種の固定観念をもつ。それがそのイメージを左右することでもある。ステレオタイプとは,「その社会であつかう対象をある一定の固定した考え方で単純化するとらえ方」である。

とくに,人間の知覚作用に必然的にともなう固定した習性を意味する。人びとがバラバラに知覚したものをステレオタイプによって一つに寄せ集められる過程を強調している。ステレオタイプは一般に,単純化され固定化した紋切型の態度,意見,イメージなどを指す概念として用いられている。

多くの人びとに擬似環境を提供しているもっとも大きな媒体がマス・メディアであり,現代社会において人間はマス・メディアが提供する擬似環境に多くを依存している。その結果がステレオタイプになる。

（2） ステレオタイプにみる客観的事実と事実

　ステレオタイプが固定化されている場合，人びとの関心はステレオタイプを支持するような事実に向かい，それを矛盾する事実から離れやすい。これでは合理的な意見形成の必要条件とされていた「客観的事実」は，自明ではなくなった。

　ニュースは，一つの出来事が起こったことを知らせる合図に過ぎない。それに対して真実の機能は，隠された事実を表面に出し，それらを相互に関連づけて，人間がそれにもとづいて行動できるような現実の情景をつくることである。その努力は人間社会でつねに求められている。

（3） マス・メディアの強大さ

　このようにマス・メディアから生じるステレオタイプの流れは，マス・メディアがあつかっている対象のイメージを容易に造成し，偏見を生じさせる危険性をも存在させている。未知の事物や状況に直面すると人びとは自己が所属する組織や社会集団，社会的に正当性を勝ち得た観念（既成の価値や社会規範など）に依存し，その判断によって行動しようとする傾向がある。その結果，マス・メディアは人びとに対して，単純化・画一化された偏見の形成が促進されやすい環境を生ませる状況をつくることになる。

　リップマンの『世論』にはマス・メディアから送られた内容が直接人びとに受容され，何の疑いもなくそれを認知した行動に出ることを検証した。逆にいえば，世論の意味を正確にとらえ日常の行動に支障のない環境をつくるのもマス・メディアの役割である。それを理想としながらも『世論』にみる現実は，マス・コミュニケーションの強大さを認識させた提言ともなった。

第2節　強力効果論と「議題設定機能」

☞　1　強力効果論の再評価

（1）　マス・メディアの議題設定機能

　M・E・マッコームズとD・L・ショーは，1972年に，マス・メディアの「議題設定機能」（agenda-setting function）を提示した[4]。この研究は，リップマンの『世論』以降のマスコミ強力効果論の再評価をなすことになった。

　議題設定機能とは，その時勢でタイムリーな論点に対し，「いまの争点はこれである」「重要な問題はこれである」「いまの話題はこれである」というように，マス・メディア自らが特定の議題を受け手である人びとに提示することである。新聞の社説・論説記事のみならず，テレビニュースでの特集やキャスターコメントなどにその本質をみることが多い。

（2）　受け手に与える影響

　この議題設定機能における主張は，その時点における送り手側の公式な見解に対する「YES，NO」の態度を単に受け手に求めるだけではない。マス・メディアが特定の争点やキーパーソンに注目すればするほど，多くの受け手にとり，それが重要な問題だと認知面に影響を与えることになるのだ。国際的な政治問題におけるメディアの主張に登場するゲストやコメンテーター一人をとっても，彼らがその問題にどのような立場に立つ人間であるのか，これまでの活動や趣旨はいかなるものであったのか，そうした背景による議題設定は，一般の視聴者に対して正確な争点から乖離する場面を多くつくってしまうことになる。対象の物事の是非を問う前に，マス・メディアの情報内容そのものに大きく左右されてしまう。

☞ 2 議題設定効果

(1) 議題設定機能の効果

マス・メディアの議題設定機能における効果面は，つぎの3点にみられる。第1に，個人的な状況において重要な争点である。これは個人が置かれている状況にタイムリーな内容であり，生活に直接かかわるような問題に適している。受け手が潜在的に知りたいような情報が争点になることで，送り手側も設定しやすい。第2に，集団内で重要と受け取られる争点である。家族から学校，企業や国家までそれぞれの組織や集団にかかわる問題には敏感になる。ましてそれが集団の母体を揺るがすような，デリケートな内容を含むものに対して関係者は乗りやすい。第3に，個人間の話題にみる争点である。話題になるということは，その話題はその時々のトピックでもある。共通の認識をもつということは人間関係にも影響するから，当然その内容に沿った問題に人びとの関心は集中しやすい。

(2) 議題設定と受け手の関心

議題設定の効果にもあるように，マス・メディアから提示された内容は受け手の関心度に強い結びつきを示す。たとえば，議題設定の争点でも人びとに身近なものかそうでないものかによって受けとめ方は異なる。身近な問題であれば親しみや関心をもちやすい。そうでない疎遠な問題であれば接近しにくいが，逆に知らないことを知るという認知面の効果も期待できる。受容過程同様，受け手の帰属や社会的属性によっても効果が異なる。

さらに個人や集団が多く接触しているマス・メディアの影響によるところも大きい。活字メディアである新聞や雑誌と電波メディアであるテレビでは，その効果にも差があらわれる。新聞や雑誌であれば記録・保存性という性格から長期にわたりその効果があらわれる。テレビなどはその速度・瞬時性によって素早い対応が可能となる。近年の各種世論調査結果を見る限り，瞬時の瞬間的映像による視聴者への直接効果は顕著に数字にあらわれている。

(3) 議題設定と争点のレベル

　議題設定効果にみる争点の違いが浮かび上がった。送り手はいかようにも，受け手の関心に沿うような議題を設定することが可能となる。さらに，その内容も受け手の影響の度合いによって差異が生じる。

　たとえば，争点の性質が多くの人びとにとって，なじみやすく，自己のスタイルや知識の側面から影響度が判断しやすい時は，送り手の情報量に関係なく，争点の議題としての重要度は決定されやすいことも事実である。ファッションのような趣味の世界などは，個人の嗜好が前提となるために，いかにマス・メディアが集中的に取り上げても，争点の重要度は個人の嗜好によって判断される。その争点は，ほとんど影響面から左右されることは少ない。

　逆に，争点の性質が自己のスタイルや知識などから影響度を判断しにくい時は，送り手の情報に相関して，議題の重要度は決定されやすい。自らの選択にも争点となる議題を中心に行われやすい。情報量と関心度の関係が個人の価値観と密接であることの証でもある。マス・メディアへの接触度が多く，その争点への関心が高い場合には，争点に対するマス・メディアの議題設定機能は効果があるともいわれている。

第❸節　強力効果論と「沈黙の螺旋理論」

☞　1　強力効果論の再生

（1）『沈黙の螺旋理論』

　1980年，E・N・ノイマンは，マス・メディアから発せられた効果は受け手にどのような影響を与えるか，受け手のもつ意見を変えることはできないにしても，反対意見を封じ込めることは可能，つまり変更しないまでも受け手を沈黙させる有効な手段になるとした。これがマスコミ強力効果論の再生としてマス・コミュニケーション研究に大きな影響を与えた，『沈黙の螺旋理論』(the *spiral of silence*）である。

つまりノイマンいわく，マス・メディアが人びとを取り巻く社会環境に関する情報の提供を一手に引き受け，また多数のチャンネルを通じてほとんど同様の内容を報道し，日々これ累積し続けるならば，それが人びとの意見形成，ひいては世論の形成に影響をおよぼさないはずはないとする。[5]

（2） 沈黙の螺旋

たとえば，何かの集まりのなかで，マス・メディア中心の論議が多数を占めている。この時自分が少数意見であった場合を考えよう。多くの個人は，自己の孤立を恐れ，自己の意見を抑制するためにあえて沈黙を守る行為に走る傾向がある，この状態こそ沈黙の螺旋である。

沈黙の螺旋は，一般社会のあらゆる領域で生成している。とくに，コミュニケーション環境におけるマス・メディアの提示に対する環境形成では，そこに集う人びとの質によって行われる会話の次元にもかかわる。それが友人どうしの水平的コミュニケーションである場合と，上司や得意先関係者という垂直的コミュニケーションになる場合によって，沈黙の螺旋度合は異なるであろう。それ以外の状況下でも社会性を維持したい人びとにとっては，周囲にいる人間の発言内容や意見の動向に沿った対応は目新しいものではない。自ら意図していることに背いていたとしても，人間関係優先の社会であれば自己の意思に反したとしても避けられない態度になってしまう。

☞ **2 沈黙の仮説**

（1） 孤立への恐怖

沈黙の螺旋の代表的なのが人びとの孤立への恐怖である。[6]選挙キャンペーンを例にみると，「誰が声をあげ，誰が沈黙を守るかによって意見風土が変わる」という。個人がある一定の候補者である環境にいた場合，個人は周囲にあわせて，選挙で応援していたその陣営のバッジをつける。しかし逆の場合，個人は周辺と異なる候補者を応援していても，その候補者の陣営のバッジを怖くてはずしてしまう。

つぎに，孤立におかれている人，自分には知人のいない人は選挙キャンペーンにおいても最後の瞬間に勝ち馬に乗るということ。勝ち馬効果は通常，誰もが勝者でいたいと思い，勝者に属したいと願っていると考えられているが，果たしてそうであろうか。つまり，自己の孤立を回避したいという，多くの人の抱く願望が，知人がほとんどいない孤立した人にも関係しているのか否かである。結果としては，他者から相対的に孤立した人が，選挙における投票のなだれ現象にもっとも陥りやすい人である。さらに相対的に自分に自信がなく，政治に関心の低い人も最後に投票意図を変える傾向にあることも判明した。

（2） 孤立への恐怖という動機

つぎに，調査を駆使した仮説テストである。この仮説では，沈黙の螺旋を決定づける孤立への恐怖という動機を検証した。[7]

最初は，列車テストである。列車内において子どものしつけや子育てについての議論である。母親Aは，「基本的に子どもの体罰はいけないこと，たたかなくても子どもは育てられるもの」と述べた。主婦の40％は，この意見に賛成した。つぎに母親Bは，「子どもの体罰は子育ての一部だと思う，子どもに有害なことは決してなかった」と述べる。この意見に主婦の47％が賛成した。残りの13％はどちらともいえないと答えた。

ノイマンが指摘するのは，これに続く重要な質問である。まず，「あなたが列車に乗って5時間の旅をしていると想像してください。あなたのコンパートメントにはある女性が乗っていてこんな意見を持っていたと考えて下さい」と状況設定する。ここで質問は二手に分かれる。最初に体罰反対であった主婦には，列車の女性は体罰賛成派だといい，逆に体罰賛成派の主婦には体罰反対派の女性と同席したと仮定してもらう。つまり，いずれの場合も自分とは反対意見の人と同席したことになる。そして全員に，「彼女と話して，その意見をもっと知りたいと思いますか，その必要はないと思いますか」とたずねた。ここでチェックすべきは，立場によって自分の意見や信念を弁護する積極性がどれだけ違うかという点であった。自分の立場を積極的に表明する人ほど，他人に対してより大きなインパクトをふるうであろうし，それゆえに大きな影響力を

持ち，賛同者を増やす可能性があるとノイマンはいう。

　もう一つは脅威状況テストである。これは非喫煙者の前でたばこを吸う調査である。たばこを吸わないAの発言，「たばこを吸う人は，まったく無分別だと思います。健康の害になる自分の煙をまわりに人に吸い込ませているのですから」，これに対してたばこを吸うBの発言，「ウーン，私は……」。この状況からよみとれることは，喫煙者が非喫煙者の強い反対意見に出会って脅威を感ずる状況である。ここにある反対意見の脅威が，喫煙者の意見を公然と主張するか否かに影響するかを測定することになる。

　沈黙の仮説の列車テストでは，孤立の危険を感ずれば沈黙する。つまり社会的支持の存在は非喫煙者の口をなめらかにするとノイマンは指摘する。この問題が状況によっては，主題が逆の場合もある。これは，子どもの子育ての問題にも共通している。

3　世論とは公然と表明できる意見

　固定化された伝統や道徳，規範の領域でも，世論という意見や行動は，孤立したくなければ口に出して表明したり，行動として採用したりしなければならない。既存の秩序は，一方で人間の孤立への恐怖と受容されたいという要求に守られ，他方では人びとが確立された意見や行動に従うべきだという法廷の判決ほどの重みをもつ強い公衆の欲求によって守られている。

　ノイマンによれば公的意見としての世論は，「論争的な争点に関して自分自身が孤立することなく公然と表明できる意見」であるとする。世論が強まったり弱まったりするのを実感できる能力，この実感に対して，発言したり沈黙したりする反応，大勢の人を他人の意見に積極的に留意させる孤立への恐怖などという世論の操作的定義によって，ノイマンの示唆する世論の効果が導き出され研究が進められていった。

第4節　強力効果論と「第三者効果」「社会依存モデル」

☞ 1　第三者効果

（1）　第三者効果とは

　マス・メディアに設定された議題に対し，本人の判断とは別に周囲の人びとたちから受ける影響によって，特定の行動が誘発される。これを1983年，W・P・デイビソンは，「第三者効果」(the third person effect) と名づけた。つまり，マス・メディアからの影響力は自分ではなく周囲の人びとによって起こされていると思わせることができるとした。[10]

（2）　多元的無知

　これは「多元的無知」ともいわれている。多くの受け手は「第三者効果」によって，実際の意見の分布状態とは別に，マス・メディアが強調する意見は，多数意見と見誤りやすい状態に置かれているという。こうした状況下では，多数派からの孤立を恐れるという心理的傾向がはたらき，少数意見と思われる人は沈黙を守ったり，自分の行動を抑制したりする。

　マス・メディアの論調が多数を占め，結果的にはマス・メディアの情報と同じ意見に流されてしまう。マス・メディアと同じ意見の人は，自分の意見が認められているという感覚から，多くの場面で自分の意見を表明しやすくなる。そして自分の意見を決めかねている人は，最終的に多数派意見と思われる方向に同調してしまう結果となる。

☞ 2　沈黙の螺旋から第三者効果へ

（1）　マス・メディアの中心的論調

　マス・メディアに送られた論調に対して，人びとはどのような態度を示しているのか。つぎのような沈黙の螺旋と第三者効果の共通性もみられる。[11]

第1に補強効果として，自分の意見がマス・メディアの中心論調と同じである人は，その意見が活性化されて，周囲の人にも意見を主張しはじめる。

　第2に沈黙化効果として，自分の意見が異なると認識したものの賛成の人は，多数派からの孤立を恐れるという心理過程から，意見を変えないまでも自分の意見を主張することに対し抑制効果，すなわち沈黙しがちとなる。

　第3に第三者効果として，自分の意見を決めかねている人は，マス・メディアの情報は自分の周囲の人には影響ないが，多くの他者には影響を与えていると思う。それでマス・メディアの論調と同じ意見の人が主張するため，多数派からの孤立を恐れるという心理傾向から，多数意見と思う方向に自分の行動を適合させていく。

（2）　マス・メディアの論調に迎合

　結果的に人びとはおかれている組織などでは，他者依存の状況を無視できない時の自己の意見や主張は，上司や協調関係にある人びとと同一のものとなってしまう。一般的な話題であればあるほど，それも第一次的な情報認知が不可能であれば，マス・メディアの報道と同じ意見の人が多くなる。何を意思決定の判断材料にするかと問われた場合，マスコミを第一にあげる人びとのあいだに根づくものこそ，そこに迎合する何ものでもない。沈黙の螺旋理論と第三者効果のそれぞれの見解から，マスコミ強力効果論の視点が浮かび上がることになった。

☞　3　社会依存モデル

（1）　もう一つの強力効果論

　1976年，M・デフリュとS・ボールロキーチは，沈黙の螺旋理論と第三者効果から連続したもう一つの強力効果論として，「社会依存モデル」（dependency model）を提示した。[12]

　人間生活において重要な判断や意思決定を行うにあたり，何を判定基準にするか。判断するに十分な材料がそろっていても，何かに頼ることは自然の流れでもある。その過程を一般社会から解明しようとするのがこの社会依存モデル

である。

(2) 社会依存モデルのメカニズム

社会依存モデルのメカニズムとして,最初に社会の構造的要因をあげる。これは社会の基本的価値観のゆらぎが起こると,社会の側が人びとの価値観を一律に強制できなくなる。そこでは,当然のように人びとの価値観は多様化せざるを得ない。人びとは問題が生じるたびに,自分の意見をみつけだしていかなくてはならない。社会の価値強制力の衰退でもある。

つぎに,受け手の情報入手要因である。第一次的人間関係とコミュニティが消滅すると,地縁・血縁の人間関係の情報に多くを依存していた状態に変化が起こる。それはゲゼルシャフト的な工業社会に移行し,生活圏が拡大すると,大多数の人びとはマス・メディアを通じての情報に依存する機会が増大する。個人情報の多くをマス・メディアに依存し,受け手側の情報入手ルートも偏向するのを余儀なくされる。

最後に,マス・メディアの伝達機能要因である。積極的なメディア報道に個人は無意識に誘発され,接触依存度が高まる。自己の意見形成が不可能な受け手は,沈黙の螺旋に巻き込まれる。マスコミ4媒体といったメディアが工夫を凝らし,受け手のニーズにあった争点に対し,関心を惹くような報道を行うと,人びとは無意識にもマス・メディア報道に接する機会を増加させることになる。マス・メディアの伝達機能と報道中心性の増大である。

第5節 限定効果論の背景

☞ 1 限定効果論の誕生

(1) 限定効果論の背景

マス・メディア報道においては,その内容が受け手である個々人に直接的な効果がおよぶのではない。それぞれの集団内でとくに情報に多く接し,関心も

高いオピニオン・リーダーがその集団内のそれ以外のメンバーに情報内容を伝えていく過程こそ重要であるとする。つまりその伝達の中心は，きわめてパーソナルなコミュニケーション過程によっているのである。

ここに共通しているのは，オピニオン・リーダーが関心をもつ情報である。彼らの意見に沿うことは，マス・メディア報道から選択された内容が多いため，マス・メディアそのものの影響力はゆるめられている。

(2) 限定効果論の誕生

1944年，『ピープルズ・チョイス』(the people's choice) において，P・F・ラザースフェルド，B・ベレルソン，H・ゴーデッドらは，「2段階の流れ仮説」(two step flow of communication) を発見する[13]。

この仮説はマス・メディアから発した影響力は，最初にオピニオン・リーダーに達し，つぎにオピニオン・リーダーがもつ情報の数々を日常生活で交際している相手に伝えていく。その交際相手は，オピニオン・リーダーから影響を受けている人たちである。

オピニオン・リーダーの登場は，マス・メディアとの影響の度合いを競い合う契機となった。大多数の人びとの行動だけに絞ることなく，具体的にマス・メディアとの接触行動をもつ特定の人間を導き出すあらたな研究課題を生むことにもなった。

☞ 2 限定効果論の定着

(1) 限定効果論の定着化

1955年，『パーソナル・インフルエンス』(personal influence) において，E・カッツとラザースフェルドは，2段階の流れ仮説を日常生活に適応させた[14]。

人間を取り巻く多様な観念は，各種のマス・メディアからまずオピニオン・リーダーに流れる。さらに，オピニオン・リーダーから一般に活動の少ない人びとへと伝わっていく。パーソナル・インフルエンスとは，人びとの態度や行動を方向づける上でのはたらきかけがもっている影響力である。

(2) マス・メディアよりオピニオン・リーダー

2段階の流れ仮説に存在する要因から，個人的な意思決定にかかわる判断は，マス・メディアよりもむしろその個人に影響を与える人物によるところが大きい。その人物は，通常，マス・メディアにも多く接し，その時々のトピックに強い個人である。ここでは，そうした人物をオピニオン・リーダーと呼んだ。限定効果論の代表である，『ピープルズ・チョイス』と『パーソナル・インフルエンス』については，第4章のマス・コミュニケーションの流れにおいて詳しく論じる。

◆注
(1) Lippman, W., 1933, *Public Opinion*, The Macmillan Company.（掛川トミ子訳，1987，『世論』上巻，岩波書店，172ページ）
(2) 同上訳書（上），264ページ
(3) 同上訳書（下），294—295ページ
(4) McCombs, S. and Shaw, D., 1972, The Agenda—setting function of Mass Media, *Public Opinion Quarterly*, 36, pp. 176-187.
小川恒夫，1988，「受容過程研究の展開と今後の課題」『マス・コミュニケーション研究 No.53』日本マス・コミュニケーション学会，18—33ページ
(5) N-Neumann, E., 1984, *The Spiral of Silence : Public Opinion*, The University Chicago Press.（池田謙一・安野智子共訳，1997，『沈黙の螺旋理論—世論形成の社会心理学—』，ブレーン出版）
(6) 同上訳書，26ページ
(7) 同上訳書，18—19ページ
(8) 同上訳書，46—52ページ
(9) 同上訳書，68ページ
(10) Davison, W. P., 1983, The third-person Effect in Communication, *Public Opinion Quarterly*, 47, pp. 1-15.
(11) 小川恒夫，1988，前掲論文参照
(12) Defleur, M. L. and Ball-Rokeach, S., 1975, A Dependency Model of Mass media Effect, *Communication research*, Vol. 3. No. 1, pp. 3-21.
(13) Lazarsfeld, P. F. and Berelson, B. and Gaudet, H., 1944, *The People's Choice, How the voter makes up his mind in presidential campaign*, Columbia University Press.（有吉広介監訳，1987，『ピープルズ・チョイス—アメリカ人と大統領選挙—』芦書房）
(14) Katz, E. and Lazarsfeld, P. F., 1955, *Personal Influence : The Part Played*

by People in the Flow of Communications, The Free Press.（竹内郁郎訳，1965，『パーソナル・インフルエンス―オピニオン・リーダーと人びとの意思決定―』培風館）

参考文献

W・リップマン，掛川トミ子訳，1987，『世論』上下，岩波書店
J・T・クラッパー，NHK 放送学研究室訳，1968，『マス・コミュニケーションの効果』日本放送出版協会
W・シュラム編，学習院大学社会学研究室訳，1954，『新版マス・コミュニケーション―マス・メディアの総合的研究―』東京創元社
K・カッツ，P・F・ラザースフェルド，竹内郁郎訳，1965，『パーソナル・インフルエンス―オピニオン・リーダーと人びとの意思決定―』培風館
P・F・ラザースフェルド，B・ベレルソン，H・ゴーデッド，有吉広介監訳，1987，『ピープルズ・チョイス―アメリカ人と大統領選挙―』芦書房
E・N・ノイマン，池田謙一・安野智子訳，1997，『沈黙の螺旋理論―世論形成過程の社会心理学―』ブレーン出版
水原泰介・辻村　明編，1984，『コミュニケーションの社会心理学』東京大学出版会
竹内郁郎・岡田直之・児島和人編，1987，『リーディングス日本の社会学20―マス・コミュニケーション―』東京大学出版会
城戸又一編集代表，1974，『講座　現代ジャーナリズムⅥ―ジャーナリスト―』河出書房
竹下俊郎，1998，『メディアの議題設定機能』学文社

第4章　マス・コミュニケーションの流れ

第1節　マス・コミュニケーションの流れ研究

☞　**1　ニュースの流れ研究が源流**

(1) 情報の流れ

　マス・コミュニケーションの流れとは，送り手から発せられた内容が受け手へ伝達される過程をいう。とくに重要なのは，コミュニケーションにおける「情報の流れ」(flow of information) である。情報の流れは，ニュースの流れ研究において指摘されたのがはじまりである。

　一般に受け手が情報を認知するにあたり，重要な内容は第1次的にはマス・メディアを通じて人びとに伝達される。その結果，情報の流れはその最初の情報認知段階によって知ることになる。たとえば，国際的政治問題の大事件が発生した時，多くの人びとは何からその情報を得るだろう。人びとが直接その場に居合わせて，その内容を知ることは不可能である。通常，そうした事件をキャッチするのは，マス・メディアの特派員や，その関係者である。

　情報の多くはマス・メディアがその最初の認知段階になり，それ以外の人びとに情報が伝達されていく。このような情報にある命令や指示，または報告などのように人間の社会環境において制御される情報の動きを，情報の流れという。

　一般に，1次情報と呼ばれるものは当人が直接コミュニケーション・キャッチするもので，もっとも信頼性のある情報ということになる。それが間接的に

2次，3次情報として流れると，その情報の信頼性は薄くなり，その結果が流言やうわさとして社会に拡散していくことになる。

（2） 影響の流れ

もう一方で社会において人びとの意思決定を左右するコミュニケーションの力（影響力）が浸透していく過程を「影響の流れ」（flow of influence）という。通常，影響の流れは，マス・メディアの発する情報が有力な媒体となっている。

しかし，社会における影響の流れの多くは，影響を受けた個人が影響を受けていない個人に対し，影響を与えることによってはじまる。そこで影響を与えるような個人を「オピニオン・リーダー」という。

そして，コミュニケーション内容にオピニオン・リーダーがいかにかかわるかの程度で，その情報の性格や価値まで左右されることになる。単なる情報といえども，オピニオン・リーダーの存在いかんでその度合いも変わってしまうのが影響の流れである。

2　コミュニケーションの2段階の流れ仮説

（1） 2段階の流れ仮説

マス・コミュニケーションの流れ研究のなかで，もっとも優れたものとしてマス・コミュニケーション研究史に残るのが，「コミュニケーションの2段階の流れ仮説」（two step flow of communication）である。[1]この仮説は，マス・メディアから発せられた影響力は，最初にオピニオン・リーダーに達し，そのつぎはオピニオン・リーダーが日常生活で影響を与えることができる交際相手に伝わっていくというものである。

（2） マスコミ強力効果論に対する限定効果論

この考えは，人間関係におけるコミュニケーション媒体がマス・メディアではなく，特定の個人に影響を与えるオピニオン・リーダーの存在にスポットが当ることから，しばしばマスコミ強力効果論に対する限定効果論と呼ばれている。

つまり個人に及ぼす情報の影響過程は，マス・メディアの力よりもオピニオン・リーダーの出方によることが大きいということが，いくつかの実証研究によって明らかにされたことを受けて登場した考え方である。

第2節 「ピープルズ・チョイス」と2段階の流れ誕生

☞ 1 「ピープルズ・チョイス」の成果

（1）『ピープルズ・チョイス』

　P・F・ラザースフェルド，B・ベレルソン，H・ゴーデッドは，アメリカ大統領選挙をとおした人びとの選択にかかわる研究を行った。1940年，アメリカ大統領選挙（ルーズベルトとウィルキー）における投票行動分析をオハイオ州エリー郡で実施，「エリー研究」とも呼ばれている。この研究は，ジャーナリズム研究史上に永遠に残る見事な成果となった。[2]

　『ピープルズ・チョイス』の分析過程から得た結果として，マス・メディアから発した影響力は，まずオピニオン・リーダーに流れ，続いて他の交際相手に受け継がれていくことにあった。その結果，交際相手の意思決定はそれにかかわったオピニオン・リーダーによるものであることが判明した。「コミュニケーションの2段階の流れ仮説」が誕生した瞬間であった。

（2）3つの要素の発見

　ラザースフェルドらによる『ピープルズ・チョイス』の分析結果から新たに発見されたのは，つぎの3つの要素であった。[3]

　一つ目は「個人的影響力のもつ力」の配慮である。『ピープルズ・チョイス』のなかでも，大統領選挙運動期間中の終了直前に候補者の誰に投票するかをすでに決めた人びと，および選挙期間中に投票する意図を変えた人びとは，いずれも彼らの投票に関する意思決定に際し，投票にかかわる他人からの個人的影響が強く働いたことを意味している。

第4章 マス・コミュニケーションの流れ 65

　2つ目は「個人的影響の流れ」として人びとの相互関係への影響である。オピニオン・リーダーはその時勢のトピックに対し，たえず関心が強いと考えられる。『ピープルズ・チョイス』ではそれが大統領選挙であった。オピニオン・リーダーは，あらゆる階層と職業をとおして各層に分布しており，社会のあらゆるレベルに見出され，それぞれの層で影響を発揮した。

　3つ目は「オピニオン・リーダーとマス・メディア」の関係である。オピニオン・リーダーは他の人びとに比較し，テレビ・新聞・雑誌というマス・メディアに多く接触するという。また行動的ともいえる。結果的に他の誰よりもトピックに関する情報量の高いことがあげられた。

☞ **2 「ピープルズ・チョイス」の成果と応用社会調査研究**

（1） 世論の動向と態度

　世論調査の信頼性の観点を探ると，どんな世論調査に対しても多くの人びとは何らかの疑問を抱いている。疑問というのは世論調査の結果への信頼性であり，調査結果にある数字への誤解である。

　もう一つの見方をすれば，人びとは世論調査の結果のみに満足しているともいえる。『ピープルズ・チョイス』の序文において，ラザースフェルドらが注意を促したのがつぎの点である。世論調査はしばしば誤解されている。一般の人びと，そして社会科学の他の分野の研究者たちでさえ，雑誌や新聞に発表された世論調査の結果をみて，このような調査研究は，人びとがある特定の時点である争点についてどのように感じているかを述べることで満足していると指摘している。つまり，ある対象の主題についての肯定か否定かの判断を，数字の動向に頼りきることで人びとは自分の関心を充足させているというのだ。

　それに対して『ピープルズ・チョイス』の成果は，世論の動向によって人びとの態度がどのように形成されるのかを明確にしようとしている。すなわち世論の形成，変化，および周囲に注意を向けることを理解することが重要なのである。ラザースフェルドたちの意図はそこにあった。

（2） 意見の変化の過程

エリー郡調査は，1940年5月から11月にかけて，オハイオ州での大統領選挙キャンペーン中に実施された。調査対象者はこれまで各自がもっていた政治的な意見を，選挙期間中のさまざまなイベントによって，その意見を変えたか変えなかったかという点の検証にあった。

調査結果は，キャンペーンが終わるまで支持政党などの政治的な意見を変えた人，いまだ未定の人などの多様なタイプの人間を分析することになった。どのようなキャンペーンが行われてもまったく意見を変えない人，確固たる意見をもつ人たちと，多くのマス・メディアに接し，社交的な人間関係をもつ人びととの比較である。その比較の調査領域には，ラジオや新聞への接触と，他者との交際状況などが組み入れられた。ここではそれぞれの意見をまとめるという研究ではなく，各個人の意見がどのように形成されていくのかという過程を分析したのである。

☞ 3 マス・メディアとオピニオン・リーダー

（1） 大統領選挙とプロパガンダ

大統領選挙におけるプロパガンダは大変な量である。キャンペーン期間中マス・メディアの多くは政治的なプロパガンダとなり，投票日直前にそれはピークを迎える。

エリー郡の調査では，キャンペーンの終わり12日間をみると，調査回答者の54％が，面接調査直前の数日間に放送された5つの主要な政治演説のうち少なくとも一つは聴いていた。その51％の人びとは，面接調査の前日に愛読する新聞の第一面に掲載されたキャンペーン記事を少なくとも一つは読んでいた。そして26％の回答者は，当時はやりの大衆誌に掲載されたキャンペーン記事を一つは読んでいた。[5]

しかし，逆に言えばキャンペーンピーク時には，約50％の人びとは，新聞や雑誌の第一面の記事を無視し，政治演説すら聴くことはなかった。そして約75％の人びとは選挙関係の雑誌メディアにはタッチしなかったのである。こ

うした数字をみる限り，6割以上の人びとは選挙関係の記事に見向きもしなかったということになった。であれば，マス・メディアのプロパガンダには影響を受けなかったことになるのであろうか。

（2） マス・メディアとオピニオン・リーダー

『ピープルズ・チョイス』で重要なことは，6割以上の人びとは何らかのマス・メディアに接触していないかのようである。しかし逆に，コミュニケーションの媒体が各個人別であることに注目する。ラジオは聴かなくても新聞や雑誌は読むこともあり，新聞や雑誌を読まなくてもラジオを聴いているかもしれない。

ところが結果は，ラジオを聴く人は新聞や雑誌を読み，数多くのマス・メディアにも接していた。一つのメディアによる情報に限らず，複数のメディアによる情報を取り入れ，自らの立場を確認する。このような個人は，多くの情報に接している特殊な個人である。この特殊な個人こそ，大統領選挙キャンペーンで大量のプロパガンダ攻撃を受けても，大した影響を受けなかった大多数の人びとに，多大な影響を与えた個人である。その個人こそ，後のオピニオン・リーダーである。

（3） パーソナルな流れの再確認

『ピープルズ・チョイス』では大統領選挙に関心が低い人びとの情報源として，マス・メディアに依存するよりも他の人びとの情報源に頼る場合が多かった。この過程からみえてくるのは，社会においてある情報がマス・メディアよりもパーソナルなネットワークによっておのおのの人びとに流れていく様子を再確認することでもある。

これは情報が人びとに流れるだけでなく，その情報が受け手である人びとの意思決定を左右させるにいたる時，それは情報のみならず影響も流れていることにほかならない。このようにパーソナルな情報を左右するコミュニケーションの力が社会に浸透していく過程に，影響の流れそのものをみることができよう。

さらに通常，影響の流れは，マス・メディアの発する情報が有力な媒体にな

っている。しかし，社会における影響の流れの多くは，影響を受けた個人が影響を受けていない個人に対して影響をおよぼすことによってはじまっていく。そこで影響を与えるような個人としてオピニオン・リーダーの存在が浮上してきたのであった。

第❸節 「パーソナル・インフルエンス」と2段階の流れ定説

☞ 1 「パーソナル・インフルエンス」の意味

(1) 『パーソナル・インフルエンス』

『ピープルズ・チョイス』の成果を受けて，1955年にE・カッツとラザースフェルドは，『パーソナル・インフルエンス』のなかで，2段階の流れ仮説を検証した。ここでカッツらは調査対象として，日用品の買い物行動，流行，社会的・政治的問題，映画鑑賞の4領域を選び，オピニオン・リーダーと人びとの意思決定過程の実証研究としてまとめあげた。

この研究は，通称「ディケーター研究」とも呼ばれ，『ピープルズ・チョイス』で発見した2段階の流れ仮説を定説化する研究となった。『パーソナル・インフルエンス』は，マス・コミュニケーション理論研究史上のなかでもっとも輝かしい研究成果といわれている。

(2) オピニオン・リーダーと人びとの意思決定

『パーソナル・インフルエンス』の意義は，1940年のエリー研究で思いがけなく発見された，2段階の流れ仮説の検証にあった。エリー研究では，思弁的に「マス・メディア」……「オピニオン・リーダー」……「フォロワー」という流れは推測できたが，かんじんの「リーダー」と「フォロワー」の関係を実証的に明らかにするだけのデータを得ることはできなかった。これを考慮に入れた上であらたに設計されたのがディケーター研究である。

2段階の流れ仮説が投票行動以外の意思決定に関して妥当なものかどうかを

検証する。そのため対象も日常的で誰もが親しんでいる行動領域を選んで実施した。

☞ 2 ディケーター研究の前提

(1) マス・メディア媒体の接触と人びと

　まず日常的な事柄における影響の流れを探るために3つのポイントをあげている。第1にパーソナルな影響が伝達される場合のキーポイントを探り出す。第2に意見形成のリーダーの傾向を探る。第3に日常的な場での影響者を探り出し知見を得る。

　この研究でオピニオン・リーダーと呼んでいるのは，フォーマルな集団であるよりも，むしろインフォーマルな集団のリーダーである。この種のリーダーは，人びとの行動を直接に指導するよりは，むしろ人びとの意見と変容にあたって案内役となる場合が多い。オピニオン・リーダーシップと呼べるにしても，ごく単純なかたちのものである。友人や家族や近隣といったきわめて小さな集団である。それゆえに，ディケーター研究は日常的な場での影響者を探り出して，何らかの知見を得る試みとしては最適な方法を選択した。

(2) ディケーター調査

　『パーソナル・インフルエンス』における調査対象地のディケーターは，イリノイ州にある。ディケーターはアメリカ中西部の中規模都市の典型とされていた。調査対象の選定にあたっては，8000のサンプルで，20世帯中1世帯以上，人口約6万の都市が必要となった。それに大都市の影響を強く受けている町は除外した。

　調査地選定の過程では，最初に中西部の7州（オハイオ，ミシガン，インディアナ，イリノイ，ウィスコンシン，アイオワ，カンサスの各州），人口5万から8万の28都市を選び，大都市の影響のあるものを除いて18都市に絞られ，さらに残り3都市（イリノイ州ディケーター，インディアナ州テル・オール，オハイオ州スプリングフィールド）から最終的にイリノイ州ディケーターを選定した。[6]

調査対象者は，各層を代表する16歳以上の800人の女性たちで，面接調査をすることからはじめた。面接のテーマは，「買い物，流行，社会的・政治的問題，映画鑑賞」のそれぞれの行動場面において，個人が影響を与えた人，また影響を与えられた人をたずねることにあった。

☞ **3 買い物行動のリーダー**

（1） 買い物行動におけるリーダー

最初に買い物行動におけるリーダーシップについてである。多くの女性たちにとって日用品の買い物は絶えず繰り返される日常的慣習である。女性たちは新しい商品やいろいろなブランドの品質，また掘り出し物については，お互いに意見を交換し合う。その場合，どのような条件によってリーダーが生まれるのであろうか。これらの過程について，彼女たちの生活歴・社会的地位・社交性の3要因から検証を行った。[7]

（2） 買い物行動と生活歴

一般に買い物行動に苦労しているのは育ち盛りの子どもたちをたくさんかかえている主婦に特徴的な現象である。それに比べて未婚女性は既婚者よりも家庭の日用品に関心をもつことは少ない。まして年長の婦人が未婚女性に日用品の買い物について相談をもちかけることは少ない。

結果的に日用品の買い物行動におけるリーダーシップは大世帯主婦という生活歴のタイプである。大世帯の主婦たちは，買い物に大変強い関心をもっているので彼女たち相互のあいだで助言を求め合うことが多い。この生活歴タイプの女性たちのあいだにリーダーが集中している。それは家事処理の重責の結果として生まれてくるものである。大世帯の主婦が買い物行動のリーダーになる可能性は，他の生活歴タイプの婦人たちを平均した場合の約2倍である。

（3） 買い物行動と社交性

つぎに社交性と買い物行動のリーダーシップをみていく。社交性の高い女性たちは，たくさんの友人をもち，複数の組織にも所属している。社交性の低い女性たちに比べて，彼女たちが買い物行動のリーダーになる可能性は約2.5倍

といわれる。つまり社会的接触の程度が大きければ大きいほど、彼女が買い物行動のリーダーになるチャンスも多い。

　社交性は買い物行動の一つの特性でもある。何よりリーダーとして行動するためには、少なくとも潜在的にフォロワーとの接触が必要不可欠。そうした接触が増加するほど、リーダーシップへの機会もそれだけ大きくなる。買い物行動におけるリーダーの社交性の高さは、こうした予想を裏づける。

　結果的に、社交性と買い物行動のリーダーシップとの関連性は、生活歴上のいずれのタイプにもみられることになる。未婚女性であろうと年配婦人であろうと、また小世帯の主婦であろうと、大世帯の主婦であろうと、社交性の高い婦人は、同じ生活歴タイプの他の婦人よりもリーダーシップをとるチャンスがつねに多いと考えられる。

　しかしこのことから、社交性だけが買い物行動のリーダーシップに関連をもつと断定できない。買い物行動におけるオピニオン・リーダーシップのもっとも重要な決め手になるのは、何といっても彼女が生活歴の上で、大世帯の主婦という位置を占めているからである。大世帯主婦の場合には、社交性のもっとも低い人たちでさえ、買い物リーダーになり得るチャンスを平均以上もっている。ただ生活歴上の限界ゆえにそうなるのが難しいこともある。

（4）　買い物行動と社会的地位

　最後に、社会的地位と買い物行動のリーダーシップとの関係である。基本的に買い物は、同じ社会的地位の境界内部に限定されていると考える。つまり、買い物の情報交換は同じ地位レベルの人たちによってなされている。商店や商店街に集まるのはだいたい同じ地位レベルの人たちである。商店や商店街はだいたい特定の地位向きになっている場合が多いため、婦人たちが買い物をしながらよく顔を合わせる相手も、異なった地位の人たちよりは、同程度の地位の人たちだということになりやすい。

　結果的に、買い物行動のリーダーは、どの社会的地位のなかにも同じくらいの割合でいる。それらのリーダーシップに助言を求めるのは、彼女自身と同じ地位の女性である。買い物行動のリーダーは彼女と同じ社会的地位になるとい

える。

（5） 日用品の買い物行動における影響の流れ

　買い物行動にみるリーダーシップの問題を総括してみたい。まず，買い物という仕事に対する身の入れ方の強さが婦人をリーダーにしている。大世帯主婦が買い物行動のリーダーのもっとも有力なプールである。そして婦人の社会的接触の範囲が広いことにもかかわっている。

　ただ，社会的地位は買い物行動のリーダーシップの決定要因とはなっていない。むしろ買い物行動のリーダーは，どの社会的地位レベルにも平均的な割合でみられるということである。

　影響の流れという点では，社会的地位が明白な境界線を構成してはいないこと。助言を受けたものと助言を与えたものとは，同じ社会的地位に属していた。社会的地位に関しては同一地位の人から助言を求めようとする傾向がみられるが，年齢に関しては年長者から若年層へと下降的な影響の流れをうかがわせている。

☞　4　流行のリーダー

（1）　流行に関するリーダー

　人間行動のなかでも流行はつねに変動を続けている。流行に関して誰もが抱く共通の思いは，流行に遅れないことにある。ディケーター研究でも流行に関する対象のほとんどは，衣服や化粧品などの装飾品にかかわることを指していた。ここに流行研究の本質もあるし，長いあいだ流行を論じる場合，ほぼ「流行」イコール「服装」の図式によって述べられてきたことがそれをものがたっている。

　そんな性質をもつ流行を分析する時にまず考えられることは，誰もが流行に遅れをとりたくない，流行を早くキャッチしたいという受け手の心理状態である。まさに流行に関するリーダーを探ることは，そんな多くの人びとの願望に答えてくれるようなキーパーソンをみつけることである。

　カッツたちの意識も流行のリーダーはどこに集中しているのかという観点に

注目していた。『パーソナル・インフルエンス』において，流行に関するリーダーはどんな生活歴のタイプに多いのか。それともリーダーは社会的地位の高い女性なのか，彼女たちは社交的なのだろうか，そんな基本的な要因を探りながら分析は進められていった。

（2） 流行と生活歴

最初に流行のリーダーを生活歴上の位置から探っていった。カッツたちは，流行のリーダーシップが年配婦人よりも未婚女性において典型的であるという期待をもった。なぜなら若い女性たちは独身であり，その多くはデイトに結婚にと目下売り出し中という。そんな彼女たちにとって，流行に遅れないことがこうした取り引きにおいて有利な条件となる。たとえ，流行が全女性にとって重大関心事であるとはいっても，子どもをもった母親たちのあいだであるよりも，未婚女性のあいだの方が，ずっとその支配力は強いものと考えられる。それは未婚女性の場合には，時間的，精力的，財政的な面で流行に比較し得るような別の関心が，ほとんどないという見解に立ってのことである。(8)

つまりこの見解では，若い女性たちが流行を選択する目的は結婚というゴールによって一応実現されることになる。そのため流行への関心やリーダーシップは，結婚を境にして減少し，さらに流行以外に競合する関心や活動が生じてくる母親ともなると，流行のリーダーになることはますます少なくなる。この結果，流行の圏外に出てしまう年配婦人にいたっては，流行について助言者になる可能性はもっとも少なくなるという。

生活歴上の位置が上になるにしたがい，リーダーになるものの割合は順次減少している。未婚女性の場合には，10人中ほとんど5人までが流行のオピニオン・リーダーであるのに対し，年配婦人の場合には10人中1人にすぎない。流行のリーダーシップと生活歴とのあいだにみられるこの直接的な関係は，女性が流行という舞台でリーダーになるチャンスに対して，年齢，結婚，母親になることといった要因が相乗的な効果をおよぼしているからである。

（3） 流行と社交性

流行のリーダーシップを考える場合にも，買い物行動で明らかになった生活

歴と社交性に関する指標があてはまる。社交性が高いグループにおける流行リーダーの出現率は，社交性の低いグループにおけるそれのほぼ2倍であった。社会的接触の範囲が広い婦人は，人びとに影響を与えるチャンスがそれほど大きいということだけでも，流行のリーダーになりやすい。

　もう一つの理由は，社交性そのものはその婦人がもっている対人的接触の度合いでもあり関心の性質も示している。高い社交性をもった婦人は，彼女が他人にどのような印象を与えるかということにも敏感であると考えられる。彼女は，多くのグループや個人と良好な相互行為することに気をつかっている。その一つに流行に遅れないことがあげられる。当然，社会的に孤立している人に比べて社交的な婦人たちは，流行に関して助言を求められる機会は多い。しかも助言を望んでいる人たちとの接触機会が多いだけではなく，彼女らが流行のマーケットにおいてつねに心を配り，積極的でなければならないようなある意味一種の強迫観念のような圧力のもとにあることも背景にあろう。この背景は，流行理論研究においても取り上げられている。

（4）流行と社会的地位

　ここまでみた限り，流行のリーダーシップを理解するにも生活歴と社交性が大きなポイントになることが明らかになった。それではもう一つの要因である流行と社会的地位との関係を考えてみる。

　ここでは，一般的な流行のリーダー像が魅惑的な女性であるといったタイプを指して論じるのではない。カッツらが関心をもつのは，そのような魅惑的なタイプの女性ではなく，人間関係の場における影響者なのである。人間関係の場では，流行のリーダーが必ずしも魅惑的な婦人であるとは限らない。むしろ助言を必要としている女性にとって個人的な知り合いであり，気軽に助言を求めることができるような婦人である可能性の方が強いのである。彼女らはふつうの社会圏で生活していることの方が多い。

　こうした事実は，助言を求める女性が彼女と同じ地位レベルの流行リーダーに依存する可能性を高めている。この見解に従うのであれば，流行のリーダーはどの社会階層のなかにも存在し，階層を超えて影響が流れることは稀であ

る。

（5） 流行に関する影響の流れ

　流行に関するリーダーシップも買い物行動の場合と同じように，何よりもまず生活歴のタイプに依存していた。ただ買い物行動の場合には，大世帯の主婦にリーダーシップの集中がみられたのに対し，流行の場合には，未婚女性が主要な影響者になっていた。

　買い物行動の場合には，生活歴とならんでオピニオン・リーダーシップを規定する要因は社交性だけであった。また流行では，社会的地位も考慮に入れなければならない要因があったものの，高い社交性と高い社会的地位は，リーダーシップを予想より低下させる方向に働く。

　この事実は，最上層と中層の地位レベルとでは流行のリーダーの出現率は変わりないことでもある。他方，最下層の地位レベルでは，上層中層に比べてリーダーの出現率は少ない。

　最後に流行に関する影響が年齢層を超えて流れる場合には，若い者から年長者へという方向性は証明されなかった。影響が社会的地位の枠を超えて交換される場合には，どこの地位にもまして中層の地位の婦人が影響源になることが多く，社交性のレベルを超えた影響交換においては，高い社交性をもった婦人が影響源になる場合が多いとカッツらはいう。

☞ 5　社会的・政治的問題のリーダー

（1）　社会的・政治的問題に関するリーダー

　社会的・政治的問題については，これまで対象とした買い物行動や流行の問題とは明らかに異質のものだ。一般に，女性たちは特別この領域に関心をもつ必要はないからである。社会的・政治的問題の対象が女性というだけに関心の認識は低いとされることが多い。ディケーター研究でも男性と比べて女性たちは，社会的・政治的問題に参加していないことや，特定の意見をもたないからと気にはしていない。むしろ自らの関心の低さを求めている。

　しかし，だからといって女性たちにこの領域の関心を皆無とするのではな

い。このなかから政治的なニュースに関心が高く，その内容もよく知っており，誰からか助言を求められるオピニオン・リーダーを探ることが必要である。

カッツたちの努力は，女性の社会的・政治的問題のリーダーというのは，政治的あるいは市民的な直接活動の側面よりは，むしろトピックについての知識や意見の側面からのリーダーを選んでいる。

それは最近ニュースになったそれらの問題をめぐって，誰からか助言を求められたことがあると述べた婦人。現在，社会的・政治的領域で起こっていることがらをよく知っており，かつ他の婦人たちからそれについての情報や意見の相談を受けることの多い婦人たちを指している。

(2) 社会的・政治的問題と社会的地位

社会的・政治的な問題へ参加する女性たちの環境は，どのような社会圏にもっとも多く集まっているかを考えた。そして浮かび上がったのが，つぎの3つの要因であった。[9]

第1は，教育である。一般的に学歴の高い人は本や雑誌を多く読んでおり，時事的な問題をあつかったラジオ番組や討論会をよく聴いている。さらに教育によって刺激された関心や洞察力は政治問題への関心を促す要因となっている。カッツらの調査でも，社会的地位の高さにある教育程度は，ここでも生きている。女性の地位が高ければ，社会的・政治問題への関心も高いのであり，それだけオピニオン・リーダーとしての資質になると考えられる。

第2は，社会的環境である。基本的には政治的な思想や知識の面において活動的であるような他の人びととの相互作用がある。政治的な問題への関心が高いということはその女性の周囲には政治的に活動する人びと，たとえば，政治家，弁護士，教師などと接触することが容易な社会的地位に立っている女性である。彼女たちはまた，社会的・政治的問題にかかわる争点や事件，人物などの知識も豊富である。高い地位にいることは，それだけ情報や意見に対して最低限の接触を維持しなければならない。

第3は，余暇時間の割合である。女性の家庭での家事に費やす時間と自己の

事由を処理する時間的余裕である。一般的に，地位の高い人はこの点でも恵まれている。それに地位の低い人たちよりもずっと社交的であるということもあげられる。これらの社会的接触が彼女をその地域における知的な風潮のなかにさらす程度に応じて，地位の高い婦人は社会的・政治的な問題についての考えや意見交換の場に参加するように刺激される機会が多いという。

以上から予想されるのは，社会的・政治的要因を重ね合わせると，社会的・政治的問題におけるリーダーは社会的地位の高い婦人たちのあいだに多いということである。

(3) 社会的・政治的問題と社交性

社会的地位の高さと社会的・政治的問題のリーダーシップの比率を相関する大きな理由は，地位が上がるにつれて社交に費やすことのできる余暇時間の量が増えていくことと関係がある。とすれば社交性の高い婦人は低い婦人に比べて，社会的・政治的な問題のリーダーになる機会は5倍もあるとカッツらは指摘する。社交性がこれほどの相関をもつのは，この領域以外にない。したがって，社交性の低い婦人が社会的・政治的問題に関してオピニオン・リーダーになるのは稀である。

結果的に，社交性の高い婦人は知識が高い。社交性の高い婦人たちは低い婦人たちに比べて，社会的・政治的な問題について知識度という点では等しい水準にあっても，あるいは知識度が低い場合さえも，リーダーになる確率は高い。逆に社会的地位が低くても，高い社交性をもつならば，彼女はリーダーになり得る。逆に社交性の低い婦人の場合，社会的地位のレベルは何ら関係をもたない。彼女の地位が上であろうと，下であろうと，彼女がリーダーになる機会はきわめて稀といえる。

社交性とオピニオン・リーダーとの関係は，地位が上になるほどリーダーシップも増えてくる。地位が上になるほど社交の機会が大きくなることの反映でもある。

(4) 社会的・政治的問題と生活歴

最初に結論を述べると，社会的・政治的問題のリーダーシップは生活歴との

関係がもっとも希薄である。これは家庭において，女性が負っている仕事の優先順位とのかかわりが浮上する。つまり身近なことがまず優先され，社会的・政治的な問題に参加しようとする動機づけは少ないであろうと考えられる。家庭内と関係が深いものであっても，家庭内の責任ゆえ彼女の参加は強く制限されることになる。

　もう一つの見方では，急速に変化しつつある女性の役割のなかから若い女性たちに注目する。男女共学制度で等しく平等な社会的責任能力の教育を受けた若い女性。彼女たちは社会的・政治的な問題について，関心が高く積極的であるという期待をもつ。しかし，若い人びとは男女を問わず年長者に比べ，政治に対する関心が低く，知識も少なく，また活動への参加も乏しいという指摘である。

　ここで生活歴と社会的地位に関連したことをあげておきたい。家庭での責任については何といっても社会的地位が高い婦人よりも低い婦人の方が大きな行動制限を受けていることである。地位の高い婦人は便利な道具も揃っており，お手伝いさんなどを雇うことができる。さらに地位の高い婦人たちはその生活歴を通じて，社会的・政治的問題に惹きつけるような多くの刺激を，周囲の人びとの活動によって得ている。

　それに対して地位の低い婦人たちの場合には，社会的・政治的な問題に彼女らを参加させるようなこうした補助的な刺激が欠けている。彼女たちにとって社会的あるいは政治的な参加は，自分たちの日常生活のごく周辺的な部分を占めているに過ぎない。彼女らはかつて情報とか意見とかいった領域をもっていたかもしれない。しかしそうした関心を大抵はなくしていくようにみえる。もし，社会的・政治的な問題に関して女性がリーダーシップを握る上で，補助的な刺激というものが重要であるとするならば，社会的地位の低い婦人たちの場合には，生活歴を経るとともに，この領域でリーダーになる可能性は少なくなっていく。

　これに対して地位の高い婦人の場合，この落差はそれほど大きくないといえる。年齢の上昇，それにともなう家庭上の責任の増加という事態が，社会的・

第4章 マス・コミュニケーションの流れ 79

政治的問題についての女性のリーダーシップを減少させていくとしたら，その影響は社会的地位の高い女性よりも低い女性の方にあらわれるからである。

(5) 社会的・政治的問題に関する影響の流れ

　社会的・政治的な問題に関してのリーダーは，買い物や流行のリーダーとは明らかに異なっている。何より違っているのは生活歴上のタイプである。社会的・政治的問題では，社会的地位の低いものの場合を除いて，オピニオン・リーダーの出現率には生活歴はほとんど関係をみなかった。これが買い物行動や流行では，生活歴との関係が重要だったことに比較すると明確である。

　社会的地位は買い物行動や流行では，あまり強い結びつきはなかった。しかし，社会的・政治的問題のリーダーシップでは重要な位置にあった。ここでいう地位とは学歴が高く，経済的にも豊かな婦人たちを指している。彼女たちは生活歴上の位置の多少にかかわらず，社会的・政治的な問題に積極的に参加する環境に住んでいる。影響の流れをみても，地位の高い人びとから低い人びとへというのがほとんどである。

　社会的地位の高い婦人たちのあいだに社会的・政治的問題のリーダーが多く出現する理由としては，彼女たちが家庭内の責任に負われることの少なさを意味している。社会的・政治的リーダーシップには社交性がもっとも重要な要因になっているといえよう。

☞ 6 映画鑑賞のリーダー

(1) 映画鑑賞に関するリーダー

　パーソナル・インフルエンスの領域に限らず，これまで行われてきた映画に関する数多くの調査では，映画鑑賞と年齢のあいだには強い相関のあることが判明している。すなわち映画を観にいくのは若い人びとである。そして映画は重要な若者文化の一つでもあるからだ。[10]

(2) 映画鑑賞と生活歴

　ディケーター研究でも映画鑑賞のリーダーは，圧倒的に未婚女性である。家庭的な責任のもっとも少ない若い独身女性である。未婚女性は小世帯や大世帯

の主婦よりも年齢が若いというだけではなく，彼女たちはより自由である。未婚女性と主婦とのあいだの差は，家庭的な責任が比較的軽い婦人と，家庭の責任を一身に負った母親との差である。映画鑑賞においても，映画を観にいくことがその社会生活のなかでかなりの役割を占めている女性と，すでに家庭に入り落ち着いてしまった婦人との差でもある。

　結果的に映画鑑賞と生活歴との関係は，年齢が若いこと，および未婚であることが映画館に出かけ，映画のリーダーになる機会と結びついている。一方，それぞれの年齢層グループ内部においてしばしば映画を観に行く人は，あまり観に行かない人に比べてリーダーになりやすい。

（3） 映画鑑賞と社交性

　つぎに映画鑑賞のリーダーシップと社交性をみると，社交性と映画のリーダーシップには関係がなかった。ディケーター研究で取り上げてきたこれまでの領域において，社交性の高さはオピニオン・リーダーの属性に入るほどかかわりをもっていた。しかし，映画のリーダーシップの場合には，リーダーの出現率と社交性のあいだには事実上何ら関係がなかった。映画鑑賞のリーダーシップと社交性は，むしろ一つの特殊ケースとして考えてみる必要がある。

　それではどうして買い物行動や流行，社会的・政治的問題という領域でのリーダーシップが，社交性に関する相関関係をもったのにここではなかったのか。カッツらは，その理由としてつぎの3つの回答をあげた。[11]

　第1番目に未婚女性にみる彼女らの組織加入の少なさと，友人の多さという点で中位の社交性になる傾向をみたからである。映画のリーダーシップにおいて未婚の女性が圧倒的なリードを示す事実から，映画のリーダーが社交性の高い婦人や低い婦人よりも中位の社交性をもった婦人のところへ集中することになる。

　第2番目に高い社交性をもった婦人，すなわち多くの組織に加入し，しかもたくさんの個人的な友人をもっている婦人たちは，社会生活がそれほど満たされていない婦人たちに比べて，映画に対する関心がそれほど高くはないことである。

映画鑑賞におけるリーダーシップを理解する上で大変重要なのが第3番目の回答である。それはたとえ社交性の高い婦人たちが映画に対する関心をそれほどもっておらず，また未婚女性が中位の社交性のレベルに集中していたとしよう。それでも社交性の低い婦人たちは，友人の数も少なく，組織への参加も最低である。しかしそうした婦人たちのあいだでさえ，社交性の高い婦人たちの場合と実際上，ほとんど同じ程度の割合でリーダーは存在しているのはなぜかという理由と説明責任である。

その説明は，映画鑑賞における意思決定を考えると，映画鑑賞はほとんどの人びとが必ず誰かと一緒に映画を観に行っている。つまり映画鑑賞というのは他の人びとと直接に共有する活動なのである。誰かと一緒に映画を観に行くというのは，若い婦人でも年長の婦人でもほとんど同じである。誰かと一緒に映画を観に行くという点に関しては，未婚者と既婚者とのあいだに有意な差はまったくみられなかった。映画に関するオピニオン・リーダーと非リーダーとのあいだにも何ら差はみられなかった。

つまりここで考えられるのは，映画を観に行くという行動が，集団的な性質をもったものであること。映画の内容や映画界の出来事に関する情報の交換が，一緒に映画を観に行ったものどうしのあいだで行われることは十分に考えられる。リーダーシップを行使するに際して，他の行動領域では必要であったかもしれない友人の数だとか組織加入だとかいった事柄は，映画鑑賞の場合には何一つ必要としないのである。

したがって，映画を観に行くという行為は，個人的意思決定の産物としての研究対象とした方がより適切である。ここでのポイントは，映画鑑賞それ自体が社交的な行為であるという，きわめて特殊な意味において，映画のリーダーは社交的だということである。(12)

(4) 映画鑑賞と社会的地位

映画に関するリーダーシップは，社会的地位との関連性がもっとも希薄な領域だった。ディケーター研究でもこれは予想された展開であった。それはある社会的地位の未婚女性が他の地位の未婚女性よりも映画のリーダーになりやす

いとは考えにくい。

同じことは，未婚女性ばかりでなく，主婦や年配婦人の場合にもいえる。いずれの社会的地位のなかにも，ほぼ4人に1人の割合で映画のリーダーが見出され，研究対象の4領域でも映画に関するリーダーシップは社会的地位との関連性がもっとも希薄な領域といえよう。

（5） 映画鑑賞に関する影響の流れ

映画は若者文化のシンボルであったアメリカ社会での研究が色濃くあらわれた領域であった。映画鑑賞のリーダーを探るにはいずれの生活歴のタイプであっても，映画をよく観に行く人たちであることに変わりはない。その人びとはあらかじめ観る映画を決めて映画館に出かけている。映画を観に行く相手も家族以外であることが多い。映画鑑賞は，決して単独行動ではないことも見逃せない。多くの人は，誰かと一緒に映画を観に行っている。

つまり映画鑑賞における影響の流れは，一緒に映画を観に行く同年代の仲間たちのあいだで生じていると考えられる。しかし，事前に映画に関するエキスパートに相談をもちかけるとすれば，人びとの多くは若い未婚の女性に集まるという。

第4節　マス・コミュニケーションの流れ研究の発展

☞　1　2段階の流れ仮説の発展段階

（1）　第1段階「コミュニケーションの2段階の流れ仮説」の発見

マス・コミュニケーション研究における流れ研究の総括に入る。この研究は，1940年，オハイオ州エリー郡で実施されたアメリカ大統領選挙の投票行動分析によって発見された。その成果はラザースフェルドらによる『ピープルズ・チョイス』によって明らかにされている。

分析結果は，①マス・メディアによく接する人びとは政治的関心も高い。

すでに投票意図を決めている人びとでもある。それに対して、政治的関心が低く、投票意図を決めていない人びとはマス・メディアにもあまり接触しない。②マス・メディアの影響力は、以前から抱いていた投票意図を補強する方向に動くものであった。③投票意図を変えさせるような力は、マス・メディアよりもむしろ他の人びととの接触によってもたらされた。

(2) 第2段階「コミュニケーションの2段階の流れ仮説」の定式化

　コミュニケーションの2段階の流れ仮説は、投票行動調査の中で発見された。カッツとラザースフェルドらは、1945年、イリノイ州ディケーターにて、コミュニケーションの2段階の流れ仮説が投票行動以外で適応可能かについて調査を行った。この調査は、日用品の購入、流行、社会的・政治的問題、映画鑑賞という日常生活の領域を対象に、日常的な消費行動の次元で定式化を試みた。その成果は、『パーソナル・インフルエンス』によって明らかにされている。

　分析結果は、①マス・メディアの受け手を包み込んでいる第1次的集団が、情報の流れていく通路としてはたらくばかりでなく、個人の意思決定に対する社会的圧力と同時に社会的支持の源泉として作用する。②第1次集団内のなかにおいて、マス・コミュニケーションの流れを促進したり阻止したりする機能を果たしている。

☞ 2　マス・コミュニケーションの流れに関する研究

(1)　ピープルズ・チョイスに続く研究の設定

　「ピープルズ・チョイス」（投票行動研究）が開始されてから、そのあいだ、コロンビア大学応用社会調査研究所では、「2段階の流れ仮説」を検証し、さらにその仮説を練り上げていく試みとして、複数の研究を実施した。『ピープルズ・チョイス』のあとに続く研究の設定は、2段階の流れ仮説について最初の提言にあった2つの側面である。[13]

　第1の側面は、この仮説が3つの異なった構成要素をもっていること。すなわち、個人的影響のもつ力、個人的影響の流れ方、オピニオン・リーダーとマ

ス・メディアとの関係である。

　第2の側面は，研究の設計に関するものである。これは影響の伝達に関与する両方の当事者を横断面的な研究のなかに取り入れる。つまり根本的に新しい問題に取り組んでいく試みから生じてくる困難を指摘することである。これらの叙述は，『ピープルズ・チョイス』に続いて行われた研究に向けられた。人間相互間の影響についての調査を設計するという問題にそれぞれ異なったアプローチをとった。

　エリー研究の後には，ディケーター研究，そして1948年，ニューヨーク州エルミラ（エルマイラ）において実施した大統領選挙のパネル調査として，ベレルソンらの「投票行動」（1954年）研究などがある。

（2） ローヴィア研究

　「ピープルズ・チョイス」，「パーソナル・インフルエンス」に続いて行われた研究として，1949年，マートンらによる「影響のパターン―ローカル・コミュニケーションにおける個人間の影響と伝達行動―」(Patterns of Influence: A Study of Interpersonal Influence and Communications Behavior in Local Community) がある。[14]

　「ローヴィア研究」とも呼ばれるこの研究は，対人間の影響とコミュニケーション行動の分析である。調査地は，ニュージャージー州の小さな町であり，回答者は86人のサンプルによっている。

　調査内容は，「いろいろな問題に関して誰に情報や助言を求めるか」，「あなたに影響を与えるのは誰ですか」である。

　調査の方法は，ピープルズ・チョイスが提起した調査設計の問題を解決する最初の試みが予備調査の規模で行われた。この研究では影響を与える側の人びとを見つけ出す方法として，はじめに「あなたに影響を与える人は誰ですか」とたずね，影響を受ける人びとの側から，影響を与える人びとの方向に向かって進んでいく方法である。そして導き出すのは，ここで「4回以上指名された人間がオピニオン・リーダー」である。そして，これらの影響を与える側の人びとを探し出して面接が行われた。

分析結果として，まず第1にあげられたのは1940年エリー研究（投票行動研究）との相違である。エリー研究では，たとえば妻に対して誰に投票したらよいのかを告げる夫のように，たとえ相手がただ一人であっても，他人に影響を与える助言者はみなオピニオン・リーダーと考えていた。しかし，ローヴィア研究で採用された基準によって選び出されたリーダーは，もっと広い影響力をもっていると考えられる。

第2に投票研究では，行動決定において人間相互間の影響の役割がどの程度のものであり，それがマス・メディアと比較して，どの程度の有効性をもっているかというような問題に関心があった。しかしローヴィア研究では，この種の影響力の重要さはすでに前提にあるものとして受け取り，さらに進んで影響の伝達に主要な役割を果たしている人びとを発見しようということに専念した。

ローヴィア研究の課題は，この研究の設計に関連して，最初のインタビューはオピニオン・リーダーを選び出すことだけに利用されている。したがってリーダーとフォロワーの関係を探り出すためには，ほとんど利用されていない。ひとたびリーダーが選び出されると，つぎにはそのリーダーたちをいろいろなタイプに分類してしまう。そのためそれぞれ異なったタイプのコミュニケーション行動や，リーダーたち自身の相互交渉を研究することに注意が集中される。リーダーとリーダーを指名した最初の回答者との相互行為に対しては，ほとんど関心が払われることはなかった。

（3） 新薬普及の研究

もう一つのコミュニケーションの流れ研究として，H・メンツェルとカッツらの「新薬普及研究」がある。この研究は，1955年に「医師仲間における社会関係と革新」（Social Relations and Innovation in the Medical Professions）について調査が実施された。[15]

調査地は中西部の4都市で，薬物処理を行う医師を対象とした面接調査を試みた。新薬普及研究のテーマは，第1に医師が新薬の採用をどのようにして決定するか，第2に医師仲間での対人的影響の役割と思われるものを説明する研

究設定である。

テーマにかかわる質問内容は、「経歴、態度、薬物使用、さまざまな情報源や影響源への接触などに関して」、①もっとも頻繁に社交的な接触をする医師仲間を3人あげる、②症例に関してもっとも頻繁に話し合う仲間を3人あげる、③情報や助言をもっとも頻繁に求める仲間を3人あげるものであった。

この新薬普及にかかわる研究からは、医師の行動決定には心理学的・社会学的枠組みを提示していることが明らかになった。第1点は行動決定者本人だけがその決定に関する唯一の情報源ではない。処方箋の記録からの客観的資料も同様に利用されている。第2点はいろいろ異なった影響力の役割についても、行動決定者自身があとになって事柄に構成を施した内容を基礎にするだけではなく、影響力の流れに関する推論を引き出し得る客観的な相関資料をベースに判定している。

以上の2点から新薬をいち早く採用した医師たちは、そのあとで採用した医師たちよりも頻繁に自分の住んでいる町以外の場所で開かれる医師会の会合に出席している傾向がみられた。さらに、医師の行動決定にあたって社会関係が果たしている役割も、医師自身が行った社会的影響の役割についての証言ばかりではなく、ソシオメトリー的質問によって作図された対人関係のネットワークにおいて、医師がどの「位置」を占めているかをみることから推論することが可能であった。

分析結果としては、まず、医師を医師会への融合度や友人、議論相手として仲間から指名される回数によって測られる彼の影響力の程度に応じて分類することができる。ここでは、強い影響力をもつ医師がそうでない医師よりも「早くある新薬を試用する」といえるかどうかを調べることが可能になる。

つぎに、彼らを指名するのは誰であるかというように相手を手がかりにすれば、ネットワークや派閥における彼らの成員関係に応じた分類も可能である。これは同じ下位集団に属している医師には、同じような薬物使用の型があるかどうかを知ることができる。

この研究に対しディケーター研究では、ある特定の行動決定に影響力をおよ

ぼし対面的人間関係を検討することだけであった。しかし新薬普及の研究では，こうした人間関係から医師自身のその関係上に内在するさまざまな条件が連関する背景をみることを可能にしたといえる。

第5節　マス・コミュニケーションの流れ研究の再考

☞ 1　マス・コミュニケーション受容過程研究の記念碑

(1)　「2段階の流れ仮説」輝かしい記念碑的根拠

　2段階の流れ仮説の発見は，マス・コミュニケーション理論研究史上輝かしい記念碑的なものとなった。とくに受容過程研究における位置は，その後のマス・コミュニケーション理論研究に多大な影響を与えることになった。

　その第1の根拠は，エリー研究での予期しなかったコミュニケーションの2段階の流れ発見である。2段階の流れを予測できる仮説を提示し，これまでマス・メディアがダイレクトに受け手である個々人に情報を一方向的に流す強力効果論に対抗する一つの理論として調査によってそれを実証した成果はあまりに大きい。第2の根拠は，新しい理論を創始し，既存の理論を問い直し，理論的関心に新しい焦点を与えるという機能の実例として結実したことにある。[16]

(2)　マス・メディア限定効果論の有効性の是非

　マス・メディア限定効果論は，コミュニケーションの2段階の流れ仮説を理論的支柱にしているため，この有効性は今後どのようにその是非が問われていくのかという問題も存在している。つまりパーソナル・インフルエンスのもつ意義を，1960年代にマスコミ研究のパラダイム転換をもたらすのに大きく貢献したという実績だけにとどまるのか，それとも今後に継続させる何らかの問題を見出せるのかという課題は続いている。マス・コミュニケーション理論研究の記念碑的意義の再考がいまなお求められている。

☞ 2 2段階の流れ仮説の理論と結果の乖離

(1) 水平方向と垂直方向

　コミュニケーションの2段階の流れ仮説の基本的なスタイルは，垂直的なコミュニケーションの流れと，オピニオン・リーダーからフォロワーへという水平的でパーソナルな影響の流れの組み合わせである。それをパーソナル・インフルエンスの4領域では，一般的な考えによれば影響の流れというものを，もっぱら上位あるいは威信の高いものから低いものへと下降的に流れる，垂直的な過程であると仮定している。
　しかし影響の流れについてのこうした考え方がまったく間違っていることは，明らかであるという以下のような指摘がある。[17]
　リーダーシップというものは，コミュニティの全域にわたって，社会経済的な初歩段階のそれぞれのレベルに普遍的に存在している。他方，社会的・政治的問題では，より高い地位の人びとに向かって助言を求めるように結論づけられていた。

(2) 限定効果論の限界的部分

　パーソナル・インフルエンスにおける社会的・政治的問題をめぐる行動領域を除けば，社会的地位とオピニオン・リーダーの関係は弱いと説明されている。このように社会的・政治的問題の結果が他の領域の結果と整合しない時には，4領域の一つでもあるにもかかわらず例外的なものとして除外された。2段階の流れ仮説理論において例外的なものは限定効果論の整合性から外れることになり，限定的部分として浮かび上がることになった。

(3) 水平方向的コミュニケーションの優位性

　さらに指摘を続けると，社会的・政治的領域や，その他の領域で下の階層にみられる垂直な影響の流れの結果は，コミュニケーションの2段階の流れ仮説に整合されることがなかった。むしろ2段階の流れ仮説における水平方向のコミュニケーションの垂直方向に対する優位性は，「例外」処理を前提として成立するものであり，パーソナル・インフルエンスの理論と調査結果の乖離から

逃れていないことになる。[18]

3 マス・メディアの影響力

(1) インパクト分析

　影響を与えるのはマス・メディアなのか，それとも特定の個人なのかというインパクト分析について，第1に社会的・政治的問題領域ではパーソナルな接触に起因するものではなかった。多くの場合はマス・メディアによる影響が大きかった。社会的・政治的問題領域の依存度は，オピニオン・リーダーの方が非リーダーよりも低い。第2に買い物行動と映画鑑賞では，オピニオン・リーダーに対してはたらいた影響の媒体と，非リーダーに対してはたらいた影響の媒体とで，ほとんど同じ傾向を示した。第3に流行のリーダーは，非リーダーに比べてマス・メディアから影響を受けたものが多く，他の人びとから受けたものが少ない。

(2) パーソナルな影響とマス・メディアの影響の相対性

　パーソナル・インフルエンスの結論からは，他人からの影響とマス・メディアからの影響のどちらが大きいかという問題の回答は出されていなかった。

　コミュニケーションの2段階の流れ仮説が，フォロワーの意思決定ではマス・メディアよりパーソナルな影響の方が大きいと仮定していたとすれば，ディケーター研究の少なくとも社会的・政治的問題では支持されていなかった。それに他の行動領域でも確かな整合性は得ていない。

　パーソナルな影響力と比べて，マス・メディアの影響力が相対的に弱いという仮説は，パーソナル・インフルエンスにおいても，明確に立証されるどころか，社会的・政治的問題領域を中心に到底一般化できないものであった。

　これではパーソナルな影響に対するマス・メディアの影響力の相対的弱さが社会的・政治的領域そのものにおいて明確にされていない。マス・メディアの影響力に対するパーソナルな影響も曖昧なままでは，ラザースフェルドらの楽観的判断はその成立根拠を失ってしまう。『パーソナル・インフルエンス』は，カッツらの政治的価値観と分析結果に大きな乖離を残したことになる。[19]

☞ 4 「パーソナル・インフルエンス」再考

(1) 正確に検証しえたか

確信的な問題は、ディケーター研究の4行動領域のうち、一つでも検証されなかった意味である。4領域の1領域という問題ではない。つまり、一つの領域でもコミュニケーション過程を考えるあらたな理論構築と、2段階の流れ仮説との整合性が科学的に要求されることになる。

社会的・政治的問題のみで明らかにディケーター研究の知見が、必ずしも水平方向的パーソナルな影響の垂直的方向に対する優位を立証していなかったことである。それに買い物や流行、映画鑑賞における同列の仲間たちとの関係にある、マス・メディアの影響力に対するパーソナルな影響の役割も明確化していなかった。さらに社会的・政治的問題では、マス・メディアの影響力の相対的弱さも示すことはできなかった。

こうした結果が、コミュニケーションの2段階の流れ仮説そのものの発端となった日常生活の次元で曖昧性を生じさせた内容では、ディケーター研究がコミュニケーションの2段階の流れ仮説を正確に検証したとはいえなかったことになる。

(2) マス・メディア強力効果論

これでは、マス・メディア強力効果論の仮説を否定することはできない。マス・メディアの影響力をパーソナルな影響が相殺することを必ずしも保証するものではなくなった。マス・メディアの影響力の相対的弱さと、パーソナルな影響の優位を立証したものでもない。大衆社会状況におけるマスコミ強力効果論の仮定も否定しきれない。

結局、コミュニケーションの2段階の流れ仮説は、マス・メディアからオピニオン・リーダーへ、さらにフォロワーから一方向的に流れることだけに注目したことにほかならない。フォロワーからの上向的コミュニケーションの視点を欠くものとなってしまった。あくまでも大衆社会論の一形態という性格を出しきっていないことになった。

(3) 『パーソナル・インフルエンス』のもつ意味

 何より今日は，ディケーター研究が行われた1945年当時とは社会システムが異なる。テレビの普及にデジタル化をともなう新しいメディアの登場が存在する。『パーソナル・インフルエンス』そのものの批判云々よりも，そこからあらたに継承すべき理論的意味，それに理論と結果の乖離からもたらされたコミュニケーション形態の問題意識など課題は多い。そして，マス・メディアからの影響力は果たして強力なのか，それともやはり限定的なのか，パーソナル・インフルエンスの成果と批判からよみとることが必要である。[20]

 ただ，カッツらのいう例外的という意味を，整合性を無視した見解として受けとめるかは断定できない。4領域の一つでも一致しないという指摘もあるものの，コミュニケーションの流れと影響の全体からみた場合，それが整合性から外れるといった見方が妥当かは疑問である。むしろパーソナル・インフルエンス全体を把握しながら，コミュニケーションとオピニオン・リーダーの関係をよみとることでこの問題をクリアーすることも可能に思える。

◆注

(1) Katz, K. and Lazarsfeld, P. F., 1955, *Personal Influence : The Part Played by People in the Flow of Communications*, The Free Press.（竹内郁郎訳，1965，『パーソナル・インフルエンス—オピニオン・リーダーと人びとの意思決定—』培風館）
(2) Lazarsfeld, P. F. and Berelson, B. and Gaudet, H., 1944, *The People's Choice : How the voter makes up his mind in presidential campaign*, Columbia University Press.（有吉広介監訳，1987，『ピープルズ・チョイス—アメリカ人と大統領選挙—』芦書房）
(3) Schramm, W. (ed.) 1949, *Mass Communications*, University Illinois Press.（学習院大学社会学研究室訳，1954，『新版マス・コミュニケーション—マス・メディアの総合的研究—』東京創元社，205ページ）
(4) P・F・ラザースフェルド（1987），前掲訳書，20ページ
(5) 同上訳書，188ページ
(6) Katz, E. (1955)，前掲訳書，342-345ページ
(7) 同上訳書，237ページ
(8) 同上訳書，251-252ページ

(9)　同上訳書，277 ページ
(10)　同上訳書，312 ページ
(11)　同上訳書，304-306 ページ
(12)　同上訳書，306 ページ
(13)　Schramm, W. (1954)，前掲訳書，195-196 ページ
(14)　同上訳書，199 ページ
(15)　同上訳書，203-205 ページ
(16)　小島和人，1984 年，「パーソナル・インフルエンス再考」水原泰介・辻村明編『コミュニケーションの社会心理学』東京大学出版会，97 ページ
(17)　同上書，98 ページ
(18)　同上書，100 ページ
(19)　同上書，106 ページ
(20)　同上書，110 ページ

参考文献

E・カッツ，P・F・ラザースフェルド，竹内郁郎訳，1965，『パーソナル・インフルエンス―オピニオン・リーダーと人びとの意思決定―』培風館

P・F・ラザースフェルド，B・ベレルソン，H・ゴーデッド，有吉広介監訳，1987，『ピープルズ・チョイス―アメリカ人と大統領選挙―』芦書房

水原泰介・辻村　明編，1984，『コミュニケーションの社会心理学』東京大学出版会

佐藤　毅・竹内郁郎・細谷　昂・藤竹　暁編，1972，『社会学セミナー 4　社会心理学，マス・コミュニケーション』有斐閣

千葉雄次郎編，1968，『マス・コミュニケーション要論』有斐閣

日高六郎編集，1955，『マス・コミュニケーション講座 5―現代社会とマス・コミュニケーション―』河出書房

第5章　マス・コミュニケーションと情報社会

第1節　情報社会の社会学的基礎

☞ 1　情報の概念化

（1）情報は都合のいい用語

　いつ頃から情報という用語が社会一般で用いられるようになったのであろうか。1950年代の映画にも情報とか情報社会という用語が登場する。とはいえ2000年代に入ったいまも，毎日のようにこの用語が使われている。

　確かに情報という用語は，社会のあらゆる場面にあらわれながら，人間生活に密接にかかわるとともに，社会現象を分析する道具としても大変都合のいい概念である。とくに，情報と表現すれば近代から現代という社会状況を説明するのにもっとも適した意味をもち，つねに社会の中心に位置してきた用語であるといえよう。

　ところが，多くの人びとはこの情報という用語の意味をどのように解釈し，どのようなカテゴリーに分けて使用していたのだろう。同時に，情報そのものの概念も正確に用いられてきたのであろうか。現実を考えると，かなり曖昧なままで情報は人びとに浸透してきたといわざるを得ない。なぜなら，情報という用語はあたかも社会をシンボライズする意味だけで，マスコミで頻繁に使われるジャーナリステックな都合のいい言葉で終わっているからである。

（2）情報の意味

　それでは，最初にこれだけ頻繁に使用される情報という用語を正確に概念化

しておきたい。ここでは情報を,「その時々の直面した状況において,個人が対応（意思決定や判断など）するために必要な知識」と規定する。

それは情報社会の特質として指摘されている情報の高度な発達による情報の価値の高まり，それが大多数の人びとに強い影響をおよぼしている社会構造に関連しているからである。つまり，複雑な社会状況で人びとが的確な判断を行うには，情報が重要であるのは当然のことであり，情報そのものは知識を生かすことにもつながっているからである。

そしてここでいう知識とは,「個人があらゆる領域や直面した問題に対応するために理解している内容」である。知識は個人が一つの対象に対して的確な判断をするために不可欠なものである。この点から情報という概念は知識と密接な相互関係をもっている。この情報と知識という概念を探ることは，今日多様に用いられる情報の意味理解，さらに情報社会そのものの意味を社会学的にとらえる格好のパースペクティヴになると考えられる。

☞ 2　情報は自然科学が源流

（1）　自然科学と情報

情報の正確な理解，情報社会の概念化を行うためには情報という用語の源流をたどらなくてはならない。情報は自然科学におけるコミュニケーション理論としての位置づけをもつ。その源流は，通信技術の3大発明にある。グーテンベルグの活版印刷，モースによる通信の発明，そしてベルの電話の発明からはじまっている。

この3大発明から，通信は郵便・電信・電話をメディアとして，遠隔地間でなされる情報伝達で通信の3事業となる。電信と電話は電気通信として一括され，通信工学を成立させることになり，この分野での通信理論および情報科学が生まれることになった。

（2）　サイバネティックス

情報の意味は本来，自然科学ないし理工学の分野を中心に発達し，形成された分野である。それを統一的にあつかう科学として提唱したのがサイバネティ

ックス (cybernetics) の創始者である N・ウィーナーである。

ウィーナーの著書『サイバネティックス』(1961年) の副題には,「動物と機械におけるコントロールとコミュニケーション」とある。(1)人間および機械における制御と通信をあつかう総合科学という位置におかれていることから情報の源流を探るには不可欠な研究成果である。サイバネティックスの論点は,制御とコミュニケーションが,自然により形成された有機体システムである動物と,人間が形成した物理システムである機械とが共通にもっているメカニズムを解明しようとすることにある。

制御とコミュニケーションを可能にするのは情報であること。動物有機体としての人間も,人体は発熱体であるが外気の温度が変化した時には,自律神経を通じて情報が脳にコミュニケートされる。そして表層の血管を収縮または拡大し,発汗を止めたり促進したりする指令が発せられ,体温は一定範囲内にコントロールされる。機械と有機体のメカニズム分析にはコミュニケーションと制御の理論が必要であり,それが情報の問題だとする。ウィーナーは,自動制御や通信理論,情報処理理論を独自に開拓した。サイバネティックス以外に数学の権威としても有名。

サイバネティックスでは,これまで自然科学にみられた物理現象中心から生物現象,そして社会現象を総括する科学の方式を提起したことにはじまっている。この成果は,コンピュータの出現でピークに達し,最近のデジタル制御の領域にも威力を発揮している。

(3) 情報理論

通信に関する理論を数学的に定式化したのは,C・E・シャノンである。シャノンは,1963年の論文「情報理論」(information theory) において,情報の視点を社会科学に浸透させる要因を示した。(2)

コミュニケーションモデルを構築する上で,シャノンが提起したコミュニケーション・システムを情報源や送信器,通信路,雑音源,さらに受信機などの個別的な要因においてモデル化を行うなど,応用数学の分野をコミュニケーション理論に応用した成果は,情報そのものの考え方を社会科学に深化させる大

きな要因となった。シャノンのコミュニケーション・システムの過程は，コミュニケーションの概念の一つとしても用いられている。

☞ 3 自然科学における情報概念

（1） 自然科学のなかで形成された情報という概念の分類

自然科学にみられる情報という概念を富永健一はつぎのように分類している。[3]第1は，有機システムによる情報である。情報を物理量としてのサーモスタットの指令などにみられる。第2は，有機体システムによる情報である。これは人体に自律神経系の指令などにみられる。第3は，シグナル情報である。これは自然過程における情報で，伝達される意味内容が物理的・電気的生物的に決定されている情報にみられる。第4は，行為システムによる情報である。これは天気予報など行為に対する各種のアドバイスなどにみられる。第5は，シンボル情報である。これは行為事象・社会事象として考えられた情報は，人間がその意味を文化的に取り決めた記号としてのシンボルなどの意味において定式化されることにみられる。

これらの意味から情報の伝達は，コミュニケーションという語で表示される。日本語でそれらには通信という語が当てられることが多い。天気予報がマス・メディアで報道されるのは，社会システムにおける情報であるが，自然事象に関する情報であるからやはり社会学的概念とは区別されねばならない。これは「自我」対「他者」の相互行為による主観と主観のあいだでの意味理解という行為的思考とはまったく別のものである。

（2） 情報の概念の正確性

日本の社会学では，つねに「情報」の語を用いることがトレンド化している。そのため社会学的な行為分析と，自然科学的な情報理論との違いを正確に整理することなしに「情報」，および「コミュニケーション」についての言説が並べられる傾向は，混乱を助長するだけである。コミュニケーションの語を社会学的文脈において使うのなら，この語を相互行為理論のなかにきちんと位置づけて定義しなくてはならない。

本来の情報の意味は，自然科学ないし理工学の分野を中心に発達し形成された概念とされてきた。それを統一的にあつかう科学としての道を開いたのがウィーナーとシャノンたちであった。したがって，情報の源流を考えれば最初に産業革命を前後とする工学系の理論に端を発し，その後自然科学の領域で多く用いられるようになった。社会科学においての情報は，1960年代にアメリカではじまった高度産業化段階に概念化され，今日にいたったといえよう。

第2節　情報化のステップ

☞　1　情報化と情報社会

（1）　情報化のステップ

　社会の情報化，そしてその先にある情報社会の成立には，近代化とともに急速に高まってきた情報化のステップにみることができる。そのステップには，①郵便，②電信・電話，③マス・コミュニケーション，④コンピュータという一連の流れがある。[4]

　実際，郵便制度のない時代では，伝達したい内容は文面にして飛脚や旅人に依頼するしか手立てはなかった。一般庶民の次元ではその手段にも困難を有した。それが郵便制度の確立，郵便局のネットワーク化を経ていまのスタイルが完成している。また，郵便と一緒に多くの人びとの生活レベルに入った電信・電話も，いまや携帯可能なコミュニケーション・メディアの中心に位置し，生活の必需品となった。

　こうしたコミュニケーションの道具をより発展させたのがマス・コミュニケーションの存在であった。活字メディアから電波メディアといわれ，人間生活のあらゆる側面に浸透した最大の媒体であった。情報化あるいは情報社会という表現の確立も，このマス・コミュニケーションの高度な発展に負うところが大きい。

（2） 情報とコンピュータ

　人間生活の根底を変えようとしているのがコンピュータの発達である。コンピュータは，コミュニケーション・メディアの機能をもちながら，これまでマス・メディアとはある種の異なる性格をもつメディアとして考えられてきた。しかし今日のパソコン周辺機器の浸透で，その成果はコミュニケーション・ネットワークの上位に位置するメディアとなった。

　このパソコン周辺機器はコンピュータを指すが，コンピュータに不慣れな人びともその接続作業などのハードの部分は専門家の手に委ね，完成したソフトをリモコンなどの機器によって十分に使いこなせるようになっている。今日の情報機器はすべてコンピュータのネットワークが背景にあるもので，情報社会の概念がそのメディアとの相互連関によっている理由がここにある。つまり情報社会は，情報媒体を中心とした情報化の進展した社会によって成り立つ。

☞ 2　情報はニュース

（1）　情報とコミュニケーション

　コミュニケーションの成立には，シンボルとメディアが必要である。コミュニケーションには，言語シンボルと非言語システムがあった。非言語システムは音・身振り・造形・映像などである。

　コミュニケーション・メディアとしては，双方向的なパーソナル・コミュニケーションのメディアがあった。音波は光波と電波があり，音波は声を伝える。電話は音を電波に変え，ファックスは光波を電波に変える。さらに一方向的なマス・コミュニケーションのメディアがある。これは，印刷メディアとしての新聞・雑誌，電波メディアとしてのラジオやテレビである。その他には映画や磁気テープ，CD，DVDなどが急速に普及している。

（2）　情報はニュース

　情報それ自体は，科学や技術や哲学・思想・宗教などの認知的文化システムとはいえない。文学や音楽・絵画などの芸術といった表出的文化システムでもない。もちろん道徳や法などの評価的文化システムでもない。つまり情報それ

自体は，文化システムのなかに入らないのである。

　情報が文化に入らないのはなぜか，文化は長期にわたって接続可能であるという特性をもっている。ニュースは古くなると価値をもたない。長期にわたる接続可能性をもたない。情報のなかから恒久的価値のあるものが見出され，蓄積され，体系化されてはじめて情報は文化になる。(5)

　文化になった情報はもはや情報とは呼ばない。それは知識と呼ばれるものになる。情報は流れであり，知識はストックである。情報はそれ自体文化といえないにしても，それは知識に転化し得るものとして，文化に近く位置している。

☞ 3　情報は情報処理の機能をもつ

(1) 情報処理という機能

　情報処理機能とは，データベースを作成し，これを貯蓄し，そして高度な加工を施す。具体的には，第1に情報の収集である。これはニュースの生産にかかわるもので，情報の収集は，小規模であるなら個人でもできるが，国際的規模で情報を大量に収集してニュースを生産することができるのは，新聞社やテレビ局のようなマスコミ機関に限られる。マスコミ機関のもつ高度の能力は，情報収集能力である。

　第2に情報の伝達である。これはニュースのコミュニケーションにかかわる。パーソナル・コミュニケーションからマス・コミュニケーションという過程，それにコンピュータ・ネットワークの登場は，パーソナル・コミュニケーションに入り込み，将来のマス・コミュニケーションの世界への浸透も視野に入れようとしている。ここでは，マス・メディアとコンピュータ・メディアのそれぞれがもつ高度の伝達能力を合わせたものが情報処理能力となる。

　第3に情報の処理である。これはデータの加工にかかわる。これまで小規模なデータ加工は人間の頭脳がやってきたが，コンピュータは定型化された大量のデータの高速処理に関して，人間の頭脳と比較にならない高度の能力を発揮するようになった。

（２） 情報化への道

　情報化とは，一つの社会が全体としてもっている「情報収集能力」，「情報伝達能力」，および「情報処理能力」が飛躍的に高まることを示す。そしてこの状況は，情報化の進んだ社会としての情報社会を生み出すことになる。

第❸節　情報社会の概念化

☞　1　情報社会

（１）　情報社会の誕生する背景

　情報社会の誕生する大きな要因として，2段階の技術革新があげられる。近代産業社会がつくりだした産業化の技術的側面である新聞や雑誌のような活字・印刷媒体から，テレビ・ラジオを中心とした電磁波・電波媒体の発明技術が関係している。この2段階の技術革新過程は，情報の生産と伝達における成長を実現させることになった。

　さらにコンピュータの発明にはじまり，マイクロ・エレクトロニクス革命から電子工学（エレクトロニクス）などにみる技術革新は，今日の情報を媒体としたコミュニケーション・ネットワーク社会を形成させるにいたった。

　情報社会というものは，これらの技術革新によって可能となったコンピュータにニュー・メディア（キャプテンシステムからパソコンの周辺機器の応用など）を人びとが日常生活に導入し，実用化するにいたった社会を意味していることにほかならない。[6]このようなコンピュータが日常生活に入り，人間生活の利便性に一翼を担った結果，生じた状況それ自身が情報社会を形成する背景となった。

（２）　情報社会の意味

　そこで情報社会を，「コンピュータが各種のメディアとネットワーク化しながら相互連関した結果，日常生活のなかで情報が多方面に伝達・受容が進んだ

社会」と定義したい。

　情報という概念が社会学的に多く取り上げられるようになった背景には，コンピュータを媒体とする利便性を追究する生活世界としての社会がある。それが情報を中心とした社会という言い回しでマスコミにおいて頻繁に流された。情報社会という表現は，これも情報と並び大変都合のいい用語である。

　社会のあらゆる現象を情報社会の結果などと結びつけることにより，情報社会という表現は便利な帰属処理的な機能によって使い続けられている。しかし，それでは情報社会という用語がいつになっても曖昧なままで一人歩きし，都合よく使用され，本来の社会学的な意味解釈をなさないままになってしまう。そこでもう一度，情報という用語同様に，情報社会が定式化される過程を追いながら社会学における情報社会の意味を考えてみたい。

☞ 2　情報社会という概念の定式化

(1)　情報社会と脱工業化社会論

　社会科学の領域で情報という用語が注目されたのは，1973年，D・ベルによる『脱工業化社会の到来』(the coming of post-industrial society) によってである。ベルによると，産業化過程における工業優位のつぎに来る段階を「知識社会」(knowledge society) と規定し，副次的に「情報社会」(information society) という表現を用いた。[7]

　そもそも「脱工業化社会」という名称は，18世紀後半の産業革命以降，先進諸国が到達した科学技術の高度な進歩，数多くの技術革新，急激な経済成長，産業構造の変化，都市化・高学歴化などによる生活レベルの変化にみる新しい局面を表示する意味をもって登場した。

(2)　脱工業化社会の条件

　ベルは，この名称を用いる基準として3つの条件をあげた。第1は，サービス経済の優位する社会である。この社会は，その国の産業構造における第1次産業および第2次産業の比重に対して，第3次産業の従事者が50％を越す状況の社会である。第2は，専門的・技術的職業の優位する社会である。この社

会は，科学者や専門職にたずさわる技術者のような高度の専門的・技術的訓練を必要とする職業従事者の増加を意味する。第3は，理論的知識の優位する社会を指している。この社会は，科学的知識の生産において大学や研究所という専門機関などによる基礎科学のキャリアを積んだ科学的知識をもつ人びとによって担われている制度の存在である。つまり，脱工業化社会とはポスト工業化社会の実質的な中身を積極的に規定した名称で，工業優位のあとにくるものは情報優位であることを示している。

ベルによって，ポスト工業社会の実質を知識社会と規定したことを受けて，はじめて情報社会論が展開されることになった。それがいまでは社会学のみならず，多くの領域において用いられている情報社会という概念につながっている。情報化の進展，そして情報社会の成立を考える上で，ベルの脱工業化社会論の理解は不可欠である。情報の概念化にあたって，知識の存在を重視したのも，知識社会の成立があっての情報社会の有効性に注目したからである。

第4節　情報社会のあらたな問題

☞　1　情報社会の現状

（1）　コミュニケーション・メディアの急激な発展

情報社会の特質として，コミュニケーション・メディアの急激な発展をみることができる。ここでいうコミュニケーション・メディアとは，テレビ・ラジオ，一般電話のような一部成人した人びとが中心となって利用されてきた媒体物から，ポケベル，PHS・携帯電話，さらにインターネットや電子メールなどのように広く若者まで普及し，それがコミュニケーション媒体の中心に位置していることを意味する。

いま，コミュニケーション・メディアによるネットワークの拡大は，それを使用する人びとの増加と，急用や緊急事態，災害用からビジネスや研究（企

画・情報処理，調査分析など），そして趣味，余暇にかかわる広い領域で応用されかなりの効果をあげている。

　反面こうしたメディアの普及にみられるのは都合よさである。つまり人間関係が嫌いな人や人間関係を不得意とする人たちにとっては実に便利な道具として利用範囲を広げることにもなった。

(2)　情報社会のあらたな功罪

　確かにこの媒体は，日常的に多忙な人びとの連絡には便利なものである。しかしそれが急速に浸透することによって社会に予期せぬ問題を生み出してしまった。これは密室でシンボルや記号を媒体とした各種の犯罪や逸脱行為などで，今日の新しい社会病理出現としてメディアを賑わすことになった。コミュニケーション・メディアの利便性は，日常のいたるところで見受けられるが，その功罪についてはあらたな課題も多く噴出している。

☞　2　情報社会の予期せぬ問題

(1)　情報社会の逆機能

　コミュニケーション・メディアの機能が当初のコミュニケーション・ネットワークの予想を超えたことは，その世界内での匿名性の増大につながった。これはコミュニケーション・メディアを媒体として，送り手と受け手の相互に匿名性のもつ人びとの集まりが登場した。その結果，不特定多数の人びとのあいだで一人歩きした情報だけが社会に浸透することにつながった。その情報に対する発信者の責任は曖昧なままとなっていった。

　また，コンピュータの電子メールやインターネットにおける匿名性の増大は，これまでには考えつかない犯罪を促進させた。個人や集団・組織を攻撃したりする情報，違法な内容の情報が頻繁にネット上をかけめぐる。匿名性ゆえにこれまでの犯罪の領域を超越した事件の多発に，コミュニケーション・メディアの一部規制までかかろうとしている動きさえある。せっかくの高度な機能をもつこの媒体も，逆機能によって情報社会特有のあらたな社会病理現象を誘発してしまった。

このあらたな問題は，ポケットベルのシグナルをシンボルとするネットワークの確立からはじまっていた。それまでのコミュニケーション・ネットワークは，一部のセールスを除けば双方にとってある一定の了解事項，つまり何らかの確認がとれる相互行為であった。それが「ベル友」（ポケベルのシグナルによる伝達によって結ばれた関係）と呼ばれる現象から，今日では「メル友」と呼ばれるパソコンのインターネット，電子メールなどによる掲示板を駆使して出会ったネット上の関係など，お互いの面識がないにもかかわらず，多くの相互行為が成立している。

（2） 思考の欠如

さらに人間の思考面においての問題も危惧されるようになった。コンピュータの発達による思考の欠如である。パソコン画面に向かい合うということは，キーボードをたたきながらつぎつぎに本人の要求する情報へとアクセスを続けていく。この結果は，たしかにさまざまな情報に接近することで個人の要求する世界が広がっていく。時間もまたたくまに過ぎ去るであろう。心地よい気持ちにも浸れるであろう。しかしそれだけではものを考えない時間ばかりが経過することにはなりかねないだろうか。

とくにベルの指摘するような産業構造の変化による第3次産業の増加が結果としてもたらしたのは，社会の行く末として製造業の衰退という国家的危機である。製造業が衰退するということは何をものがたっているか。そこには，ただ情報を大量に生産しているだけの社会になってしまう危険が背中合わせなのも考えるべきであろう。

第5節　情報社会のゆくえ

☞　1　情報と知識の相違

(1)　コミュニケーション・メディアにおける情報と知識

　情報社会のもう一つの論点が情報と知識の相違である。ベルによって提起された脱工業化社会論，情報社会という概念に対して抱かれてきた論点は，情報社会は知識社会であり，人間の高度な知的創造力が発揮されるユートピアであるといった趣旨である。つまり情報社会は知識社会たりうるかという問題提起である。

　現代のコミュニケーション・メディアの中心にある情報という概念は本来，自然科学における理工学系で用いられてきたものである。それに対し知識という概念は，認識哲学や知識社会学の流れに由来する人文・社会科学的なものと考えられてきた。そして知識は，17世紀～18世紀の初期近代化段階において，イギリス経験論のJ・ロックや経験をすべての知識の源泉と考えるD・ヒュームによって概念化されてきたものである。

　ところが自然科学以外で情報が使われたのは，これまでみてきたように20世紀中頃の高度産業化段階における概念化によってからである。とすれば，自然科学と社会科学のあいだでの情報の概念も異なるものである。それは，また知識の概念の相違も意味することになる。

(2)　情報と知識の相違

　そこで情報と知識の相違点を検証してみると，第1に情報は具体的な事実の生起についての伝達であって，受け手が直接体験し得ない事柄についての範囲を拡大してくれる経験の代用物である。第2に情報は瞬間的であって反復されず，人間の内面的世界において蓄積されたり累積的に進歩したりすることはない。第3に情報は不確実性を減らすために求められるものであり，いわば意思

決定をより確実なものとする手段価値によって求められていることがあげられる。

この点から知識の二重性として，知識の生産過程が人間の主観的内面世界での思索にかかわるということは，その産物としての知識が主観を超えた客観的存在であることを防げないし，また形成過程に客観的な要因が作用することを排除するものではない。つまり情報は道具であり，知識は単なる道具以上のものである。知識はそれ自体のために求められる。なぜなら，他者と知識のストックを共有することは，文化の共有として共通の生活世界を形成するのに役立つからで，情報の共有にはそのような効用はないなどである。[8]

☞ 2 情報は知識ではない

(1) 情報はニュースである

それでは情報とは何かと問われたら，「情報はニュースであり，その時々の時勢を明らかにするもの」であると答える。情報は，長期にわたりその価値を継続するものではないということ。それより情報のなかから価値の存続が可能なものが選択されてそれが集まり，体系化されることによってはじめて情報はストックされて文化となる。そして，情報とはその時点で生じたことの知らせであり，そのなかに人間の内面的な思索による解釈や推論などは含まれていない。情報にそうした人間の内面的な解釈的要素が加えられたとき，情報ははじめて文化になる。情報社会とはニュースとしての情報が大量に生産される社会であり，情報のコミュニケーション機能がコンピュータ技術によって高度に発達した社会である。

(2) 情報社会が知識社会とは限らない

情報社会であるというだけで，高度に知識の発達した社会であるとは限らないし，文化の高度に発達した社会とも限らない。考えるべきことは，情報社会が情報におけるムダを生産している社会にならないためには，情報社会を高度に知識や文化の発達した社会にすることが重要になってくる。情報社会が知識社会となるためには，情報社会は必ずしも知識の生産に直結するとは限らない

部分が多い。⁽⁹⁾

　一般にも普及しはじめてきた在宅勤務やパソコン・テレビ会議，電子メールでのやりとり，インターネットによる情報収集，ビジネス領域における情報交換などをみた限りでは，情報環境がある程度知識の生産を結びついているようにも思われる。しかし実際，情報装備が知識の生産と結びつくのは，各種の統計データが専門領域に携わる研究における分析に用いられる時が中心である。

　またそうした専門研究者以外では，一般の人びとが何かの情報収集や趣味の世界，子どもの休暇中の課題に関する検索などに利用するような，比較的限定的な事例においてである。学生の研究発表やレポート作成でのインターネット検索をそのままプリントアウトすることが知識の生産なのかというと問題もある。

　こうした事例は情報社会の知識社会化にとって，コミュニケーション・メディアが有用な道具として，またそれらの媒体は情報処理や情報伝達をすばやくかつ大量に行うことで知識の生産と普及に役立っても，実際に知識の生産を行うかという点ではまだまだ疑問も多い。

　長い歴史をたどってみても，知識の生産そのものは個々人の主観的内面の世界で行われ，またその正確な伝達は印刷技術の発明によってもたらされた書き言葉という伝統的コミュニケーションによって行われている。コンピュータ自体は知識をつくり出しはせず，テレビを中心とする電子通信機器は情報の大量伝達には大きな威力を発揮するが，知識の伝達には必ずしも適するとは考えにくい。

　生まれてからからテレビを中心に育った世代や，パソコン・ニューメディアと呼ばれるメディア環境で育った世代はたしかに情報には詳しい。しかし自らものを考えるには苦手な人種になっている世代でもある。その世代はベルの指摘でもある脱工業社会の制度的担い手である大学や研究機関に入っていく者が多いと考えられる。その時点で，大学や研究機関が知識を生産する能力を失ってしまう恐れもある。学生の知的動向にあわせることを怠り，その時勢に沿った若者迎合スタイルの課程による，いまの大学や研究機関が，基礎理論や基礎

研究から離れ，実務とか応用現象に沿ったスタイルになっている現実をみればわかる。そこには，パソコンソフトを用いたコンピュータ教育によってマニュアル化している状況なども垣間みられている。

☞ 3 情報社会から知識社会へ

(1) 情報収集は人間のコミュニケーション活動

　情報の収集は，基本的に人間のコミュニケーション活動として行われる。それをコンピュータが，収集された情報をデータベースとして，情報の伝達と処理を行う。知識は人間が収集した材料を人間の精神作用としての認識によって主観のなかにインプットし，これを主観的内面のなかで思索を通じて，「加工し，解釈し，推理する」ことによって整序されたアウトプットである。

　コンピュータによるデータ処理は，事前にコンピュータの読める言語で人間がプログラム化しそれをコンピュータに入力する。それに対し人間の思索による知識の整序は，定型化されていない知識素材を人間が認識し，それらを主観的内面において，「加工し，解釈し，推理する」という創造的な過程を含んでいる。[10]

　こうした点を考えると，コンピュータを中心とした情報の膨大な生産が発達した社会を情報社会として評価するだけではなく，情報社会を人間の内面的な思考も含んだ社会にする必要があるといえよう。

　情報社会を実現させたのは，コンピュータ・テクノロジーの高度な発達である。しかし，情報社会であるというだけでは高度に知識の発達した社会であるとは限らないし，文化の高度に発達した社会であるとも限らない。ニュースは明日になれば古くなってしまう。情報が大量にあってもそれだけでは溢れ流出してしまい有用なストックにはならない。

　知識社会が情報社会における過剰なムダを生産している社会にならないためには，情報社会を高度に知識の発達した社会，文化の発達した社会にすることが必要である。いまの情報社会を知識社会と呼ぶには困難が多い。

（2） 情報社会から知識社会へ

それでは，情報社会が知識社会になるためにはつぎのような視点が必要となる。第1に情報のなかから恒久的価値のあるものを選び出し，それらを蓄積し，体系化する努力がマスコミや言論機関によってなされ，それを尊重する大多数の人びとの態度を形成することである。第2に情報に人間の内面的な「加工・解釈・推論」などをつけ加え，情報を消費することに満足するのではなく，ものを考える人間になる努力がなされ，それを尊重する多くの人びとの態度が形成されることである。[11]

情報社会と呼ばれる社会であることは，情報の大量生産とその受容に満足することになっている現実の人びとの姿がある。しかしそれが知識を生む妨げになっている状況が潜んでいるという事実を認識することでもある。実際，情報社会に隠された知識社会本来の意味をここでは見逃してはならない。

◆注
（1） Wiener, N., 1961, *Cybernetics, Control and Communication in the Animal and the Machine*, MIT Press.（池原止丈夫・池永昌吉・室賀三郎・戸田　巌訳，1962，『サイバネティックス第2版』岩波書店）
（2） Shannon, C. E., 1963, Information Theory, *Encyclopedia British*, Vol. 12. pp. 350-353, Chicago, W. Benrton.
　　　Shannon, C. E. and Weaver, W., 1949, *The Mathematical Theory of Communication*, University of Illinois Press.（長谷川淳・井上光洋訳，1969，『コミュニケーションの数学的理論』明治図書）
（3） 富永健一，1987，『社会構造と社会変動―近代化の理論―』日本放送出版協会，303-304ページ
（4） 富永健一，1997，『情報と環境の社会学―社会環境と文化環境―』日科技連出版社，205-208ページ
（5） 同上書，204ページ
（6） 富永健一，1987，前掲書，304-305ページ
（7） Bell, D., 1973, *The Coming of Post Industrial Society*, New York, Basic Books, p. 487.（内田忠夫・嘉治元郎・城塚　登訳，1975，『脱工業化社会の到来（上下）』ダイヤモンド社）
（8） 富永健一，1987，前掲書，308-309ページ
（9） 同上書，213ページ

(10) 同上書, 214ページ
(11) 同上書, 204ページ

参考文献

D・ベル, 内田忠夫・嘉治元郎・城塚 登訳, 1975, 『脱工業化社会の到来（上下）』ダイヤモンド社
W・リップマン, 掛川トミ子訳, 1987, 『世論』岩波書店
G・ル・ボン, 桜井成夫訳, 1993, 『群集心理』講談社
D・リースマン, 加藤秀俊訳, 1964, 『孤独な群衆』みすず書房
富永健一, 1987, 『社会構造と社会変動—近代化の理論—』日本放送出版協会
富永健一, 1997, 『情報と環境の社会学—社会環境と文化環境—』日科技連出版社
富永健一, 1986, 『社会学原理』岩波書店
内川芳美・岡部慶三・竹内郁郎・辻村 明編, 1973, 『講座 現代の社会とコミュニケーション 1—基礎理論—』東京大学出版会

第6章 マス・コミュニケーションと メディア・コミュニケーションのフレーム

第1節 メディアの源流

☞ 1 メディア・フレーム

（1） 既存のメディア概念

　急速な情報化の流れとステップは，これまでのメディア環境を一変しようとしている。それを印象づけているのがメディアという概念である。基本的にメディアという用語は，マス・メディアを短縮したかたちでこれまでは多く用いられてきた。

　社会学や政治学をはじめとする社会科学においても，つねにマス・メディアはテレビ・ラジオ・新聞・雑誌のマスコミ4媒体を指して考えられてきた。メディアは，いつもマス・メディアから発した大衆媒体と同じ意味で使われてきたのである。

　さらにいつの時代もメディアという概念は，単に「媒体・媒介」を意味する事柄にとらわれることなく，つねに新しい社会，つまり旧いシステムから新しいシステムに移行する過程において環境形成の機能を果たす役割も担い，シンボライズされてきた概念であった。

（2） パーソナルな側面の加速

　予想を超えたスピードで発達したコンピュータは，自然科学の領域に特定することなく，今では人びとの日常生活のすみずみまで入り込んでいる。この結果，かつてのマス・メディアが担当していた役割を，コンピュータが代行する

ような状況も目立つようになった。こうした状況は，郵便や電信電話を電子化することによって瞬時に情報を送信するデジタル・メディア環境を構築し，そのオプションから拡大したネットワークは，人間生活の人間関係的側面であるミクロ的部分をパーソナル・コミュニケーション化してしまった。コンピュータの進化を媒体している中心にあるのはパーソナル・メディアそのものとなってしまった。

2 メディア・フレームの修正

(1) 思考回路の変化

戦後，マス・メディアと呼ばれるマスコミ4媒体は，瞬時のニュースやアーカイブス，教育や趣味や余暇などの娯楽の世界に多くの情報を提供し続けてきた。それがさまざまな場面において多くの人びとの意思決定に与えた影響は計り知れない。

ところが生活レベルでのコンピュータ化は，アナログ的思考からデジタル的思考へとハード面のみならず，人間の生活様式そのものを変化させるにいたらしめることになった。人間生活の思考回路に変化をおよぼした。

(2) 既存のフレームが変わる

コンピュータによる電子化は，日常のあらゆるコミュニケーション・メディアを巻き込んだ。それゆえに，コンピュータ媒体領域をこれまでのメディア・フレームの概念でカバーすることに困難を来たすようになってしまった。

1950年代以降，マスコミ4媒体の普及によって進展した情報社会は，人間生活の社会的文化的レベルに深く進行していった。しかし近年，あらたなコンピュータ・メディアによるメディアの電子化の普及によってもたらされた情報社会では，そのシステムに沿ったメディア・フレームの組み換えが当然のように要求されるようになった。

そこでマス・コミュニケーションを主体としたメディア状況に変化をもたらすことになったそうした背景を，最初に情報化のステップからよみとってみる。そして現代社会のメディアの枠組みを整理しながら，メディア・フレーム

の再構成を試みたいと思う。

第2節　パーソナル・メディアと
　　　　　パーソナル・コミュニケーション

☞　1　パーソナル・メディアの登場

（1）　パーソナル・コンピュータの浸透

　1990年代後半以降のパーソナルなコミュニケーションの増加の余波は，これまでのマス・コミュニケーションが機能していた側面から大きく方向転換を余儀なくさせる状況に陥ることになった。その大きな要因こそ，パーソナル・メディアを中心としたパーソナル・コミュニケーションの急速な発達である。発達の度合いによる影響は，当初の予想していたパーソナル・コミュニケーション機能には収まらなくなってしまったのである。

　その流れをもっとも象徴しているのが日常生活にみる個人のスタイルである。個人の相互行為を媒体とするものは何か。若い世代の多くは，直接的なコミュニケーションが可能な環境にいても，パーソナル・メディアを用いた間接的なコミュニケーションを行うケースが多い。パーソナル・コミュニケーションの浸透とは，単にコミュニケーション・メディアの普及にとどまるだけではなく，その日常的スタイルにあらわれたこの形態にも注目する必要がある。

（2）　個人の私的な部分

　今日のパーソナル・メディアは，それを利用する人びとの動機が緊急事態や非常災害用，またビジネスや教育・研究よりも，プライベートな領域を最優先としている。とくに個人的な世界にかかわるエリアでネットワークを広げている人びとは，余暇やエンターティメントなどをはじめとするエリアでパーソナル・メディアの有効性を発揮させている。パーソナル・コミュニケーションのプライベート機能そのものの価値が認知された現状だ。

　パーソナル・メディアの効果は何より個人の私的な部分に多大な利便性をも

たらしたことにある。公と私の区別を公的な部分においても維持することが可能となった。勤務中であれ瞬時にして私的な情報交換が達成できる。その情報キャッチがその場で不可能であっても記録として保存され、その情報を逃がすことはない。それに必要な対人関係を遂行する上で、余計な人間を通すことが不要になった。まさに純粋なパーソナル・メディアの完成でもあった。

（3） 利便性から匿名性の弊害

しかしこのパーソナル・メディアには意外な落とし穴があった。プライベートで利便性ゆえの問題が発生した。それはパーソナル・メディアの機能が、当初のコミュニケーション・ネットワークの意図した効果から逸脱してしまうことになった。つまりパーソナル・コミュニケーションが単なるメッセージ内容の送受信にとどまらず、匿名性の増大を主流にしたスタイルによって不都合が生じることになった。これはパーソナル・メディアの媒体が匿名性をもった集まりになってしまったことを意味する。その結果、匿名性ゆえの問題を生み出したのである。コミュニケーション過程において、その情報の信頼性を失う事態に発展する。匿名性による弊害が表面化してきたのである。多くのメディアでありがちな署名なしの記事やクレジットなしの記事がどのような結末を迎えるかは想像に難くない。

☞ 2 コンピュータ・メディアとしてのパーソナル・メディア

（1） 既存のパーソナル・メディアの機能

各家庭に設置されていた一般加入電話にみられる既存のパーソナル・メディアは、双方にとってある一定の了解事項と何らかの合意をともなった相互行為のパーソナル・コミュニケーションが成立している。一部のセールスを除いてもその信頼性は強く、もっとも連絡の交換しやすいパーソナル・メディアであった。

同じく郵便においても、一部ダイレクトメールの洪水はありながらも、基本的なメッセージや情報のやりとりがなされる今日でも、親書と広告の区別は可能である。とくに親書は双方にとって重要な意味をもつパーソナル・メディア

であることに変わりはない。

(2) コンピュータ・メディアの不合意

ところが，デジタル化されたコンピュータ・メディアの機能を備えたパーソナル・メディアの登場によって，これまでの信頼性が揺らぐ事態となった。それは新たなデジタル的パーソナル・メディアに内在しているシンボルによる意思交換は，送り手と受け手双方に何の了解事項が成立しなくても情報のやりとりが可能になるという側面にあった。こうした相互行為は人間関係の是非を抜きに，また合意不合意など関係なく浸透していった。

ある意味，周囲の人間関係から逃避したい人，自己の世界に浸りたい人などには確かに都合のよいメディアである。このメディアが急速に浸透した理由もここにあった。しかしそれ以上に予期しなかった問題の発生にあらたな対応が迫られている。

(3) 利便性かプライバシーか

代表的なものとして，パソコンのホームページ上にある匿名性がこれまでには考えられない犯罪を誘発させた。個人や組織を誹謗中傷する書き込み，違法ドラッグやわいせつ物の売買などの情報に関する開示，メール上の売買春という性犯罪，匿名性ゆえに水面下での犯罪の拡大は，本来のパーソナル・メディアの機能からかけ離れた意図せざる結果を生むことになった。

それは匿名性の強いパーソナル・コミュニケーションの拡大がもたらした各種の犯罪や逸脱行為という今日の新しい社会病理である。匿名性と密室における行為はパーソナル・メディアだからこそ生じた問題である。デジタル的パーソナル・メディアの普及の裏側にはつねに利便性かプライバシーかという二面性が内在していることを考える時機に入って久しい。

(4) あらたなフレームで問題処理

確かに人間生活においてパーソナル・メディアは使い勝手のよい媒体である。パーソナル・メディアは，マスからパーソナルへ個人化した相互行為の機能を帰結させたコミュニケーションという性格がある。しかしそれは既存のマス・コミュニケーション機能からの乖離なのか。もしそこから乖離し，個人化

した相互行為現象であるなら，あらたなメディア・フレームを構築する必要が生じる。もはやマス・コミュニケーションは別次元として考えなければならないのか。それともパーソナル・コミュニケーションに重なり合う方向を模索することで，両者の融合・収斂は可能なのか。

いま直面しているこの問題に対して，まずはマス・コミュニケーションとコンピュータの関係を再考してみることからとりかかりたい。何よりこの問題が，既存のコミュニケーションのカテゴリー分類とも密接な関係をもち，メディア・フレームそのものを対象としているからである。その先にはメディア・フレームの再構成という大きなテーマがみえてくる。

第3節　マス・メディアとパーソナル・メディア

☞ 1　メディア・コミュニケーションの台頭

（1）　無理な区別はナンセンス

「メディアはマスかパーソナルか？」

この選択は，マス・コミュニケーションの概念規定と絡ませ並列させながら考えてみたい。マス・メディアかパーソナル・メディアかの区別は，それに適応する社会的条件によっても異なってくる。今日のメディア形態が両者に合致したものばかりではない。むしろデジタル的情報社会のなかでそれぞれの用途にとって分化されたスタイルが浸透していることが重要となっている。社会の流れが分散化しながら個別に対応を余儀なくされた状況が続いているいま，メディアのフレームもそのスタイルに沿った方向に進むことに何の違和感もない。であるなら，なぜメディアの枠組みをめぐる問題が発生したのか。

問題の核心はこれまでマスコミをはじめとする社会一般の風潮が，メディアという用語をジャーナリスティックにあつかうことのみに注目し，概念的に両者（マス・コミュニケーションとメディア・コミュニケーション）の区別を怠

ってきたことに大きな根がある。結果的にそれが観念的にマス・コミュニケーションを消滅させ，流行語のようなメディア・コミュニケーションを誕生させた。それに移行することで既存のマス・コミュニケーション機能を取り込むように仕向けることになりかねない。実際，そうした流れが加速化しようとしている。

（2） 概念なき流れによる移行

　コンピュータ・メディアの発達がもたらしたのは，個人のパーソナル・スペースに独自のコミュニケーション・ネットワークを形成させたことである。そのため既存のマス・コミュニケーションの機能だけでは，こうしたネットワークをカバーすることが困難になった。したがって，メディアの枠組みを変える以外にあらたなコミュニケーション・ネットワークを説明する方法はなくなったのである。

　その象徴がマス・コミュニケーションに変わる概念として，メディア・コミュニケーションを用いる流れが，近年日本の大学のマスコミ関係講座や，専門機関をはじめとして顕著にみられるようになった。[1]

　しかし果たしてそれでいいのかという疑問が生じる。確かにマス・コミュニケーションのフレームにコンピュータ・メディアを取り込むことの困難さが，新規な概念を登場させる契機になったことは理解できるが，それだけでこの問題は解決できるのだろうかという課題も芽生えた。

☞ 2　メディア・フレームの暫定3分類

（1） マスとパーソナルの役割

　マスとメディアのかかわりが個人のコミュニケーション・ネットワークに果たした影響を考えてみる。当然そこに登場するメディアは，マスかパーソナルかが重要となる。大事なことはそれぞれの意味する役割は異質のものであること。異質とはいうのは同じ媒体でも，その規模次元によって異なる機能を指していることである。

　何より両者の機能における役割を理解した上で，メディア・フレームの再構

成を行うべきである。周辺で騒がれるようになったマス・コミュニケーションからメディア・コミュニケーションへと移行している流れも，両者の機能を知った上での議論なのであろうか，必ずしもそうではない。ここで再度それぞれがもつ機能の意味を再考したい。

(2) メディア・フレームの暫定3分類

それでは，ここでいったんメディア・フレームを暫定的に3分類してみる。第1は，「マス・メディア」である。テレビ・ラジオ・新聞・雑誌という既存のマスコミ4媒体をいう。第2は，「ケータイ・メディア」である。これは携帯電話やPHSに付属するiモード機能を追加したパーソナル・メディアをいう。第3は，「コンピュータ・メディア」である。デジタル回線の付加価値による一般加入電話と互換しながらパーソナルな空間で，大規模な編集記録作業などが可能である。ケータイ・メディアとコンピュータ・メディアは，マスのはたらきをパーソナルな領域でフォローすることになる[2]。

現在，デジタル化の浸透によって既存のマス・メディアもパソコンネットなどを用いる情報配信として，一般家庭に新聞・雑誌レベルでのサービスが開始されている。このサービスはすでに情報をマスからパーソナルなネットワークへ移行するものと考えられてきた。しかしマス・メディアがパーソナル・メディアを経由しても，マスの情報はあくまでもマス・コミュニケーションの原形のなかで送られている。大容量の情報を不特定多数の人びとへ送信される過程が，特定の人びとである個人に送られるスタイルへと変わったことに過ぎない。したがって，パーソナル・メディアでキャッチした情報はマスのパターン変化したことにほかならない。

第6章 マス・コミュニケーションとメディア... 119

第4節 マス・コミュニケーションとパーソナル・コミュニケーション

☞ 1 マス・コミュニケーションの概念再考

（1） マス・コミュニケーションは大衆伝達

　ひとことでいうとマス・コミュニケーションとは大衆伝達である。それは送り手が不特定多数の受け手を対象にメッセージを送るプロセスを意味する。ところがコンピュータ（パーソナル・コンピュータ）の浸透がもたらした余波は，マス・コミュニケーションを媒体とするマス・メディアの役割が変わったのではないかという議論を沸きおこした。

　ところがこの指摘の是非は，あたかもいまの情報が，大衆よりも個人のパーソナルな部分によって送受信されている社会全体の流れを象徴したものにすぎないのである。コミュニケーション形態を説明する上で，単に概念の一人歩きが続いているだけである。つまり，コンピュータ・メディアの発達は，もはやマス・コミュニケーションを不要としたのかという帰結をともなう議論になってしまったのである。それゆえメディア・コミュニケーションという表現を用いることで混乱をきたせたことにほかならない。

（2） マス・コミュニケーションは過去のもの？

　メディア・コミュニケーションの視点からみれば，マスもパーソナルも含んだ（とくにコンピュータ・メディアの浸透と重視）見方そのものが，今日のメディア全体をカバーし得るというとらえ方である。メディア・コミュニケーションという新規な講座が各種の専門機関などで開講されている現実をみれば，マス・コミュニケーションというネーミングが過去のものかという錯覚に陥ることになるのも理解できなくはない。[3]

　しかしコミュニケーション類型から考えれば，メディア・コミュニケーションの中心に位置するパーソナル・コミュニケーションは，個人システムのレベ

ルによる概念である。とすれば，マスかパーソナルかという次元から両者をセパレートした場合，今日のメディア・コミュニケーションの登場は少し意味が違っている。

　さらにメディア・コミュニケーションというネーミングで開講されている専門科目や研究文献においては，マス・コミュニケーションとの区別を正確に示さないで，概念規定を怠っているのが現状のように考えてしまう。両者の明確な相違が，それぞれの概念規定にもとづいて行われているかというと疑問である。このような専門機関での取り組みに対して，メディアやコミュニケーションを専門に学ぼうとしている人びとに正確な知識を教授することは，きわめて困難を有することになるのではと危惧する。

☞ 2　マス・コミュニケーションとパーソナル・コミュニケーション

(1)　正確な意味

　マス・コミュニケーションとメディア・コミュニケーションの名称について，どちらが正しいか誤りかというのではなく，両者の正確な意味を整理することである。つまりコミュニケーションを社会的コミュニケーションと規定するマス・コミュニケーションのさまざまなメッセージが，パーソナル・スペースという環境のなかで生成しているということ。その過程においてはパーソナル・メディアを用いた情報交換として，マス・コミュニケーションのメディアを代替し，普及している事実がある。つまり，マス・メディアから分化した一部のパーソナル・メディア化である。

　かつてのマス・メディアによる情報媒体機能が，パーソナル・メディアという媒体道具に取って代わられたという考えは，果たして妥当であろうか。なぜならパーソナル・メディアという道具を用いた情報受容であっても，受信する内容は不特定多数の人びとに送られた内容であることに変わりはない。送り手のメッセージ内容がたまたまパーソナル・メディアで受信されただけである。パーソナル・コミュニケーションというスタイルで用いられたパーソナル・メディアでないことが判明すれば，それは既存のマスコミ4媒体と比較しどのよ

うな違いがあるのだろうか。

（2） 社会的コミュニケーションのなかのパーソナル・メディア

よく考えると，この一連の過程にみえるのはパーソナルな空間の役割である。この私的な環境のなかで運用されるさまざまなメッセージ交換によって，人びとがもっているマスという意識が遠ざけられてしまっているのではないだろうか。当然パーソナル・スペースのなかでは個人間のネットワークもより広がりやすい条件が確立されている。

同時にマス・コミュニケーションの存在が社会的に拡大したがゆえに，大多数の人びとがそれをパーソナルな世界へ取り込んだことである。今日，マス・コミュニケーションの役割云々というよりも，人びとのマス・コミュニケーションの情報キャッチ空間がパーソナル化したことにほかならないと考える。したがって，マス・コミュニケーションの社会的影響とか役割を超越する新しいコミュニケーション・スタイルの登場として，概念の曖昧なまま新しいネーミングを用いるのは混乱のもとになってしまった。

第5節　メディア・フレームの再構成

☞　1　パーソナル・コミュニケーションの流行

（1） ケータイ文化からの発信

女子高校生や女子学生たちがPHSを操りはじめた1990年代のスタイルは，ケータイ文化とも呼ばれた。ポケベルの記号的メッセージからはじまり，携帯電話・PHSというパーソナル・メディアの台頭は彼女たちのライフ・スタイルの象徴にもなった。

そして，1990年代も終わり2000年代に突入したいま，ｉモード機能によるデジタル携帯電話型電子メールの普及は，声なき伝達という新しいパーソナル・コミュニケーション形態を誕生させた。[4]

(2) マス・コミュニケーションのフレームは困難？

　女子学生のみならず若者を中心とした大勢の人びとは，あたり構わずケータイ電話とにらめっこ。そんな異様とも思われたこの光景もいまや，今日のコミュニケーション空間を形成している一つの日常スタイルとして定着してしまった。

　このスタイルの拡散した社会では，マス・コミュニケーションという響きは遠い過去の遺物になってしまった感さえ漂わせた。それがマス・コミュニケーションという呼び名と，その機能さえカバーされなくなってしまったという錯覚さえ生んだ。ケータイ電話の諸機能の進化をみれば，もはやマス・コミュニケーションのフレームで語られる媒体が消滅したように思う。そしてマス・コミュニケーションに代わる異質な媒体が溢れ出てきたのである。それが現在のコンピュータ・メディアで結ばれた人びとのネットワークを形成している。

　自宅や学校，会社そして通勤・通学空間でのパーソナル・メディアを媒体としたメッセージ交換は確かにマス・コミュニケーションの機能とは異なっているものの，世間の認識はそうではない。多くの人びとには，マス・コミュニケーションがパーソナル・コミュニケーションのメディア機能に飲み込まれてしまったように映ったのである。

☞ ## 2　コミュニケーションの分化

(1) マス・コミュニケーションの枠組みと機能に応じた3分類

　そこで今日のマス・コミュニケーションの機能性に応じた分類を行い，ここまでの問題を整理したい。まず，メディア・フレームの暫定3分類を振り返り，あらたにそれぞれの構造―機能を再構成してみる。

　第1は，「マス・メディア」の役割である。この役割は大多数の人びとが満足するニュースと，エンターティメント重視のソフト面をカバーした領域そのものである。

　第2は，「ケーター・メディア」の役割である。この役割は情報ツールの連絡機能を最優先しながら，パーソナル・スペースを用いての時間消費と個人の

機能的要件充足である。

　第3は「コンピュータ・メディア」の役割である。マス・メディアとケータイ・メディアの編集・記録などから総括的に個人のコレクションやデータ類を処理し，かつマス・メディアの機能を使って送受信する。

　以上のような3分類は，今日のマス・コミュニケーション機能に適応する有効な方法として提示するあらたなメディア・フレームの試みである。この3分類によってメディア・フレームの再構成を行う準備はできた。

（2）マス・コミュニケーションとメディア・コミュニケーションの分化

　まさにコミュニケーションの分散化がメディアの概念を変えようとした。あらゆる事象が異なる生活世界で生成している現代，人びとの行動パターンも分散化している。かつて大衆文化と呼ばれた現象も，いまや大衆文化から分化しながら，その周辺を浮遊しているポピュラー・カルチャーのなかのサブカルチャーとしてとらえられ，個人の世界に思い思いのネットワークを広げている。

　マス・コミュニケーションにみる大規模ネットワークが連続する状況下で，分化した個々人の意識が，分散化されたメディアのネットワークを通じて，各自の欲求を満足させている。新規な伝達スタイルに沿ったコミュニケーション分化が投げかけたものこそ，メディア・フレーム再構成の時機に入った暗示であった。

☞ 3　メディア・フレームの社会学的再構成

（1）コミュニケーション機能の再構成

　① コミュニケーション機能にみる2分類

　それでは再構成に入る前に，コミュニケーション機能にみる2分類を整理しておきたい。

　第1は，「パーソナル・コミュニケーション」である。これは既存の伝統的郵便から，電信・電話を用いた伝達媒体としてのコミュニケーション形態をいう。

　第2は，「マス・コミュニケーション」である。これは既存のマスコミ4媒

体を中心としたマス・メディアをいう。

② コミュニケーション・ネットワーク機能にみる3分類

つぎに，コミュニケーション・ネットワーク機能にみる3分類である。

第1は,「パーソナル・メディア」である。もちろんパーソナル・コミュニケーションを結ぶ道具の役割を果たしているメディアである。

第2は,「マス・メディア」である。大多数の人びとに大量のメッセージを送受信するもっとも規模の大きいメディアである。

第3は,「コンピュータ・メディア」である。編集・記録などの情報処理を瞬時に行いながらそれを送り手受け手へ伝達するメディアである。

③ コンピュータ・ネットワーク機能にみる2分類

そしてコンピュータ・ネットワーク機能にみる2分類である。

第1は,「パーソナル・コミュニケーション」である。伝統的パーソナル・コミュニケーションに，デジタル機能を装備させたコミュニケーション形態である。

第2は,「マス・コミュニケーション」である。大量の記号やシンボルを必要な人びとに送ることが可能なコミュニケーション形態に，デジタル機能を加えた伝達システムである。

④ メディア・フレーム再構成としての2分類

最後に，メディア・フレームの再構成としての2分類である。

第1は,「マス・コミュニケーション」である。これは伝統的なマス・メディアそのものを対象とする。

第2は,「メディア・コミュニケーション」である。デジタル化にともない既存のメディアに付加価値をつけたパーソナル・メディアやコンピュータ・メディアを対象とする。

(2) メディア・フレームの社会学的再構成

それでは総括として，メディア・フレームを社会学的に再構成してみたい。

まずメディア・フレームの再構成は，①「マス・メディア」の役割は，既存のマス・コミュニケーションのフレームであつかう。②「コンピュータ・

メディア」のパーソナルな役割は，パーソナル・コミュニケーションのフレームであつかう。

そしてメディア・フレームを社会学的再構成として総括すれば，①「マス・コミュニケーション（マス・メディア）」と②「メディア・コミュニケーション（パーソナル・メディア，コンピュータ・メディア）」に分けられる。

その結果，前者のマス・コミュニケーションと後者のメディア・コミュニケーションを並列させたメディア・フレームの再構成が完成する。この再構成は一部でささやかれていた，マス・コミュニケーションを統合したメディア・コミュニケーションのフレームとは一定の距離がおかれている。

あくまでも既存のマス・メディアとパーソナル・メディアやコンピュータ・メディアというとらえ方とは別次元である。むしろここで指摘した並列の意味こそ，今日のコミュニケーション・スタイルが社会的に分化している状況に適応したあたらしいフレームの説明である。

◆注
（1） 総合ジャーナリズム研究所，2001，2002，2003，「全国大学マスコミ講座一覧」『総合ジャーナリズム研究（各夏季号）―177号・181号・185号―』東京社
（2） 仲川秀樹，2001，「メディア・フレームの社会学的再構成」『マルチ・メディア時代における文化的可能性』日本大学・マインツ大学学際シンポジウム2001報告集
（3） 『総合ジャーナリズム研究』全国大学マスコミ講座一覧参照
（4） 仲川秀樹，2002，『サブカルチャー社会学』学陽書房，264-265ページ

参考文献

清水幾太郎編集，1955，『マス・コミュニケーション講座1―マス・コミュニケーションの原理―』河出書房
城戸又一編集代表，1974，『講座　現代ジャーナリズムⅠ―歴史―』時事通信社
南　博，1957，『体系社会心理学』光文社
竹内郁郎・岡田直之・児島和人編，1987，『リーディングス日本の社会学20―マ

ス・コミュニケーション—』東京大学出版会
仲川秀樹，2004,「メディア・フレームの再構築」『情報を活かす—創る，採る，伝える—』，2004日本大学遠隔授業計画資料集，日本大学

第7章 マス・コミュニケーションと説得的コミュニケーション

第1節 世論から考える

☞ 1 情報環境の受け手

(1) 世論の意味

　世論とは,「その社会のなかで発生している諸問題に, その成員の意思決定が示された集合的見解」である。社会学的には政治に限定せず, 社会システム内に発生した, 何らかの解決を必要としている問題や課題を, 当該メンバーによって解決の指針を発する集合的な見解を世論と呼びたい。

　世論として生成するには, ある集団や勢力が社会全体に影響をもつ事態に遭遇した時, その効果を発揮する。その集まりは何らかの方法で自分たちの意思を明らかにし, その志向の実現のために努力することでもある。そこにはある一定の見解をみることができる。それが世論の動向となる。

　世論の集合的な性格を成員個々人の意見の単なる全体の指向とみるか, それとも個人の意見に還元することができない社会的な現実としてとらえるかはそれに携わる人びとによって意見も分かれるところである。一般的には, その社会システム内のメンバーどうしの相互作用的な動きの集約としてあつかうのが適切と考える。

　また世論においては, 社会で提示された問題や課題に対して, キーパーソン的な役割を果たすオピニオン・リーダーたちの意見が注目される。多くの公衆 (public) たちは, それらの意見に影響を受けながら支持を集め, 反対意見の公

衆と議論を闘わせる。公衆とは，純粋に精神的な集合体で，肉体的には分離し心理的にだけ結合している個人たちの散乱分布であるといった古典的な概念もある。[1]

いずれにしろ近代社会の確立とともに，社会構造の変動過程において，世論が現実のなかで無視できないものとして体制側にも映るようになった。政治姿勢やイデオロギーの立場いかんにかかわらず，世論の動きには敏感にならざるを得ない時代へと移行していった。そこで重要な存在になってくるのが公衆と呼ばれる人びとであった。

(2) 注目される世論の動向

人間生活のあらゆる場面で，人びとは世論の動向に注目することが多い。ジャーナリズムや政治家などのオピニオン・リーダー，利害関係をもつ組織や集団，マーケットの関係者をはじめ，この世論の動きに一喜一憂する人びとは数えきれない。

たとえば，その国の政府は各種のメディアが行う世論調査の内閣支持率にその内閣の命運をかけるであろう。テレビ視聴率にかかわる数字のアップダウンに，番組とスタッフ，放送局からスポンサーにいたるまで大騒ぎである。市場においてはその商品の売れ筋に世論の意見を無視することはできない。まさに世論とは，今日の生きた社会，情報環境そのものの反映である。

☞ 2 世論の形成

(1) 争点が存在し提示される

世論が成立するためには何らかの争点が存在し，かつそれが人びとの前に提示されなければならない。ある問題に際して，賛否その他複数にわたる見解が成立し相互に対立し合う時，それが世論の形成をもたらす争点となる。状況に応じて政治家などは自らの考えを探るためにアドバルーンをあげて世論の様子を伺い，市場におけるマーケターたちのモニター調査など，多方面にわたって争点が提示される環境は整われている。

個人レベルとしては一般大衆に争点が示され，それを討論し各自が一定の態

度決定を行い，それを自己の主張として正確に相手に表現する。

集団レベルでは，自己が所属する集団の成員であることを意識しながら，一方では，同質の見解や主張をもつ他集団との組織化を図る。そして他方，異質な見解や主張をもつ他集団とのあいだでは，競合関係に立ちながら批判，説得，無視などの態度をとり多数意見へ発展させようとする。

（2） 世論の発展

情報社会と称される社会では，情報環境そのものが世論の動向を形成し，それは多方面において観察することができる。何時も世論の動きに目を離すことはできない。情報の送り手側はさまざまな手段を講じながら世論の動きを探っている。人間の集まる場にはこの世論が大きく覆いかぶさり，人びとの意思決定に何らかの影響をおよぼしている。

世論の発展には，つねに社会で提示される争点に対して公衆どうしが議論を闘わせ，意見のぶつかりから調和，あらたな争点の再提示，そして分裂もあれば収斂されることもあり，その過程こそが世論の発展につながると考えられる。自由な形での議論の存在こそ，近代民主主義における人びとの政治参加の道しるべともなった。

（3） 世論に与えるコミュニケーション効果

世論に与えるコミュニケーション効果を考えると，多くはプロパガンダの問題にかかわる。それも新聞によって戦争や独裁者を誕生させたことから端を発してきた。それが次第にラジオによる肉声によって主張が行われ，あらたなプロパガンダとして選挙などに影響をおよぼしはじめる。そして映像を駆使したテレビの登場は人びとの意識を左右する視覚的な効果があらわれ，その機能によるコミュニケーション効果が世論に与えた衝撃はより大きくなっていく。多様なコミュニケーション形態によってプロパガンダの影響力も多彩になった。単に政治的なものから今日を象徴する商業的なプロパガンダに移行しながら，世論はより発展を繰り返している。

世論の対象も時代の変化に乗じ，いつの時代も政治が中心でありながら，人びとの生活にかかわるテーマを追い求めることもまた現代的な世論である。む

しろ今日的世論とは快適な社会生活実現のための地域住民の声というきわめて身近な見解も対象となってきた。そこには，人びとの動向を左右するさまざまな試みも存在している。世論に与えるコミュニケーション効果とは，そんな人びとの考えに影響を与えるプロパガンダの意味を探ることでもある。

第2節　世論操作とプロパガンダ

☞　1　大衆説得と世論操作

（1）　大衆説得とは

　世論を操作させる（影響を与える）もっとも有効な手段として大衆説得（mass persuasion）と呼ばれるものがある。大衆説得とは，「大多数の人びとに論理的・情緒的な手段を用い，大衆の意見（態度・信念）に対し，大衆を操作する側が有利な状況になるような方向に意図的に定め，大衆にある一定の行動を起こさせる言動」である[2]。

　通常一般の説得は，論理を媒介としながら相手の自発性を尊重し，納得と合意を獲得するところに特徴がある。しかし情緒への訴えをまったく度外視するわけではない。ところが大衆説得の場合は，理性や知性よりもむしろ情緒や感情に訴えて，「強制なき同調」というスタイルを用い巧みに相手を誘導している。強制なき同調という手法はとくに攻撃的なものでなく，相手の感情面に直接的・間接的に入り込むもので，いたるところでその手法が取り入れられているのをみることができる。

（2）　世論操作

　近代の社会においては，つねに特権的な階級が有利なように，新聞紙面などを通じ，宮廷の様子，議会の討論や議論の内容が掲載されていた。送り手側は，それを読んだ多くの人びとに新聞に掲載されているそれらの内容が，あたかも社会全体の意見のように思わせ，一つの世論を規定する方法をとってきた

のである。

　今日，マス・メディアが論説などで都合のいい解釈や誇張した報道，特定の意見を流すことで，ある方向に世論が誘導されることも多い。とくに資本主義の発達とともに，マス・メディアそのものがスポンサーなどと強い結びつきをもつようになったため，報道の仕方もより複雑になっている。

　新聞社のイデオロギー性や，特定の傾向をもつ編集記者，論説委員，テレビ番組の編成，キャスターコメントの発言・誘導，それに特定のタレント使用とプロダクションの関係などによる独占の影響も計り知れない。近年のマス・メディアを中心とした娯楽には世論操作的な画一化された内容が溢れ出ている。こうしたメディアの現実には，受け手自身の判断によることすら容易にはならない展開に覆いつくされている。

2　世論操作とプロパガンダ

(1) 宣伝・プロパガンダ

　世論操作は，その方法により政治的なものから一般情報やPR的なものと多岐に分類される。もっとも重要なのは宣伝（propaganda）である。宣伝とは，「多くの人びとの生活様式や行動様式，それに態度・意思決定などに多大な影響を与え，送り手の意図するある一定の方向へ，受け手を向かわせる組織的な試み」である。

　送る側は自己の都合のよい部分を表出させ，人びとに共鳴させる手段を用いる。また，立場や見解の対立する問題に関し，言葉やその他のシンボルを駆使し，個人あるいは集団の態度と意見に変容を与えるような環境をつくる。そして意図した方向に彼らの態度や意見を変化させ，ある種の行動へと誘うことを目的とした説得的コミュニケーション活動である。

　宣伝者は通常，本来伝えるべき内容の真実の宣伝意図を隠蔽し，送り手側である自己に有利な情報や主張を一方的に提示することや，人びとの情緒的共鳴を得やすい象徴やスローガンを巧みに操ることによって大衆を操作する。マス・メディアの発達と，それにかかわるスポンサーなどの強い結びつきでその

効果は年々高まっているといえよう。

（2） 政治宣伝と商業宣伝

　宣伝は，プロパガンダと表記される場合が多い。一般に宣伝は，政治宣伝と商業宣伝に分けられる。政治宣伝は，論争的な政治的・経済的・社会的問題をめぐって，世論を宣伝者にとって有利な方向に操作する場合である。

　商業宣伝は，消費者に商品やサービスあるいは企業についての情報を提供しながら，広告主に有利な態度や行動そしてイメージを誘導しようとする。商業宣伝は，デパートや企業が消費者に自社の商品の有利な点やサービスを提供する。これにはチラシや看板，テレビのCM，新聞・雑誌の広告記事などがあり，送り手側のイメージアップを図っている。

第3節　政治的プロパガンダ

☞　1　政治宣伝の意味

（1）　政治宣伝の目的

　政治的プロパガンダである政治宣伝は，送り手である宣伝者が政治や社会問題などを受け手の人びととの動向に対し，送り手が有利な方向に誘導しようとするものである。たとえば，対立している攻撃相手にダメージを与えるような中傷やデマを流し，マイナスの印象を植えつけたりする。選挙活動中における怪文書，中傷ビラなどは，攻撃相手のウィークポイントにめがけて発せられることが多い。

　最近では政治宣伝の趣向もメディアを駆使しながら複雑性を醸し出し，本人以外にも被害がおよぶような攻撃も目立っている。活字をもとにした文書類などにみられた中傷やデマなどから，パソコン・ネットによる巧妙な方法も増加している。政治宣伝そのもののスタイルも大きく変わろうとしている。宣伝する側は，いかに目的が達成できるかに絞るためその手段を選ばない風潮もでて

いる。

（2） 政治宣伝の効果

　政治宣伝の方法としては，プレステージのある人物を用いて，弱者の立場や大衆向けのスタンスをとりながら，その内容を伝達する。宣伝者は自分たちこそ，世論の動向そのもので大多数の人びとに支持されているような演出を行ったりする。そして大衆はその宣伝者に同調することによる何らかのメリットを受けると信じ込んでしまう。

　戦争中の政治宣伝はそのよい事例である。自陣は攻撃相手のマイナスの印象ラベルを貼り，それを人びとに伝達する。その伝達は社会的なプレステージをもつ者に代弁させる。伝達は大多数の人びとが支持する言葉や表現を用いながら，大衆的・庶民的ポーズによって演出する。自陣の体制に乗り遅れないようと訴えながら煽動を繰り返す。対外的には自陣の不利な内情は隠蔽する。つねに優位であるように仕向ける。結果的に，多くの人びとを自陣の政策に共感させ，自陣が提起した方向へ導かせることである。

☞ 2　政治宣伝の特徴

（1）　煽動・アジテーション

　政治的プロパガンダに必要不可欠なのは，煽動・アジテーション（agitation）である。煽動とはある対象とする内容を多くの人間に教示する活動である。指導者が大衆を説得し，組織化する。具体的には，情緒的な不満や愛憎を刺激しながら，演説やビラなどで大衆の説得を行い，特定の行動へ人びとを動員する。

　アジテーター（agitator）は，煽動を行うものを指す。つまり煽動者であるアジテーターには大衆心理に対する冷めた態度と病理的性格が付与されているといわれる。

（2）　アジテーターの背景

　歴史的なアジテーターとしては，ロシア革命の代表的指導者であるN・レーニンがあげられる。レーニンは，アジテーターとしても革命的エリートとい

われた。彼の煽動は一つの観念を多くの大衆に伝え広めることができた。その結果，ロシアにプロレタリア革命を実現させ，帝国主義論を代表作として，マルクス主義の理論と実践に新しい指針を示すことにもなった。アジテーションは社会主義国マス・コミュニケーションの特徴の一つとしても考えられる。

もう一人の代表的アジテーターにロシア，マルクス主義導入に貢献したロシアの革命思想家G・プレハーノフがいる。プレハーノフはレーニン同様，革命的指導層を理論武装させる宣伝と煽動を理論的に区別し，それぞれの効果を発揮させることに成功した。マルクス主義哲学的にも独自の見解をもち，研究書も多い。

（3） ナチズム

ドイツ国家社会主義とも呼ばれるナチズムは，A・ヒトラーの指導としても有名。ヒトラーは1919年にドイツ・ミュンヘンにて国家主義ドイツ労働者党を結成，1929年の世界大恐慌によった社会不安に乗じて勢力を伸ばした。単なる極右政党ではなく，国家の粋を前面に押し出したアジテーションで大衆行動的な党であることを国民に植えつけた。ヒトラーは権威主義や反ユダヤ主義などを掲げて大衆集会やテロリズムを繰り返した。支持者層も小農民から婦人，青年層へと広げていき，1933年には政権を奪取し，ドイツに独裁体制をしいた。ナチズムはアジテーションが政治に浸透した歴史的事例といわれている。

（4） ファシズム

ファシズムとは，民主主義を全面的に否定した全体主義的な政治体制であり，その体制の実現をめざした思想的イデオロギー運動である。歴史的には20世紀前半からの資本主義体制の危機的状況に便乗し，国民の不安や不満，反資本主義的感情を最大限利用した。そして資本主義を誹謗し，ファシズムは各国で勢力を伸ばしていった。

ファシズムの特徴は，独裁者・一党独裁，自由主義の全面的抑圧であり，経済への国家介入などがある。また体系的な思想や理論というイデオロギーはなかなか見出せないが民族や国家の絶対化は明確である。

現実には独占資本と癒着した,「予防的反革命」の思想と運動であったといわれている。国際的にはイタリア,ドイツ,スペイン,日本などでファシズムが権力の位置についた。国内における過度の弾圧,民主主義の否定,他国に対する侵略,好戦的排外主義を特徴とする政治体制であり,第二次世界大戦の大きな引き金となった。

第4節　説得的コミュニケーションと大衆説得

☞ 1　説得的コミュニケーション

(1)　説得的コミュニケーションの意味

　これまで何度となく登場した説得的コミュニケーション(persuasive communication)とは,「一般的には人びとの意見や態度,あるいは行動を説得者の意図する方向に非強制的方法によって受容させる,コミュニケーション行為」を指す。それには送り手の意図する方向に受け手の志向などを変容させようとすることである。その多くは言語的コミュニケーションのスタイルをとっている。説得的コミュニケーションの効果は,送り手,メッセージ,媒体,受け手,状況などの媒介要因が主要な変数となっている。

(2)　大衆説得

　説得的コミュニケーションは,ある意味大衆説得の浸透によってより大きな効果がもたらされてきたともいえる。大衆説得は,人間の情緒的な手段を用いて,大衆の意見・態度・信念をあらかじめ意図する方向に変容させ,一定の行為を起こさせる過程である。

　通常人びとが行う説得は,一つの問題に対して論理を媒介としながら相手の意思や考えを尊重し,相手の理解し得る説得方法から同意を得るというものである。それに対して大衆説得は,人間への情緒的訴えを無視するものではないが,人間の理性とか知性などより,もっと強い感覚や感情が用いられているこ

とは否定できない。その情緒的な側面こそ一般大衆に,「強制なき同調」を誘うことを意味している。

また今日,大衆説得は,大衆社会の到来との関係を抜きに語れない。日常あるコミュニケーションのスタイルが,これまでのような命令的は手法をとらないことからも伺える。説得的コミュニケーションによる多くの人びとへの説得,つまり大衆説得が登場したのも多様な人びとが自由に参加可能になった,画一的な大衆社会の背景があることも忘れられない。

☞ 2 R・K・マートンの実証研究

(1) 大衆説得の事例

さらに大衆説得を可能にしたのは,マス・コミュニケーションの発達によるところが大きいのも特徴である。その根拠ともなる大衆説得にかかわる研究がR・K・マートンによってなされた。[3]

マートンは,大衆説得のいくつかの事例を紹介している。もっともポピュラーなものは,「ケイト・スミスの債権募集運動」である。これは1943年9月21日,コロンビア放送局の戦争債権の日,ラジオスターのケイト・スミスは,ラジオ放送を通じて朝の8時から翌朝2時まで,65回にわたり戦争債権の購入を懇願した。その結果,最初の募金では100万ドル,2度目は200万ドル,この3度目の公債アピールでは,一日に900万ドルの債権誓約が得られることになった。マートンはこの運動をつぎの6つの視点から分析した。

第1は,「現実生活の状況」である。現実生活のなかでプロパガンダに対する反応の状況分析をしたものは,工夫してつくられた状況のなかのものに比べて相対的にかなり少ない。つまり余計なノイズが入らないことである。工夫して用意された実験室的な状況の反応とは異なり,多くのリスナーは進んでスミスの放送を聴いたのである。大衆説得の媒体としてのラジオの具体的な働きを理解するためにこの研究が価値のあることは明らかであった。

第2は,「説得的効果の指標」である。これはリスナーの現実は,スミスの説得に対して戦争債権を購入するといった形で反応した。他のものでは戦争債

権を購入しなかったという事実が残る。これは説得についての効果的な一つの指標となっている。

第3は,「自我包絡」である。スミスの説得にある,罪,憐れみ,同情,不安などは,深い感情を惹き起こし,これを活発にしたことである。放送によって与えられた文脈のなかで,多くの人びとの,心の奥底にある感情があらわれてきた。人びとを情緒的に惹きつけたことになろう。

第4は,「刺激の型」である。問題は客観的な刺激の型の本質部分に対して,スミスが放送した言葉を通じて接近することである。放送中におけるスミスの話しの内容と,スミスの声も刺激状況になっていることからも,客観的な局面を確定することができた。

第5は,「インフォーマント・被調査者」である。この研究対象はさまざまな教育程度,宗教集団,広範囲な社会階層,いろいろな人種的背景などの社会集団に所属する人びとからなる。これらのインフォーマントが,スミスの放送を聴いた代表的なサンプルであると限らない。しかし,この多彩な社会的地位というものが,同質的インフォーマント集団によるものに比べれば,プロパガンダ状況に対して,より広範囲な反応をすると考える根拠になる。

第6は,「社会的・文化的脈絡」である。実際,この事例研究における文脈のなかで,スミスの放送に対する反応をよみとる重要性が発見された。それはスミスの説得の基礎に含まれていることである。スミスのアピールの内容にもとづいて解釈することの適応性だけではないこと。つまりスミスについてのリスナーのイメージ,社会の階級構造,住民のさまざまな階層の文化的基準,社会的に惹き起こされる期待,感情,緊張など,これらすべてが複雑に絡み合って,債権募金運動に対する型に含まれてくるということであった。

マートンはこの6つの視点は,スミスの債権募集運動が大衆説得の事例研究に適切な材料を提供したことになった。またマートンによれば,この事例研究にみる内包的な分析は,2つの目的に役立つという。[4] 一つ目は,具体的な生活状況の複雑さのなかから,説得が起こったか起こらなかったかを確定するのに,決め手となる変数を探し出すことができる。2つ目は,そうした説得に含

まれる過程とダイナミズムとをはっきり見極めることができるようになるなどであった。結局, これらの事例からは, プロパガンダと説得についてさらに進んだ研究の方向性を提供するようなプランも立てられる道をつくった。

(2) 大衆操作

　大衆説得の方法を用いて, 一般大衆に特定の行動をとらせる過程を大衆操作 (mass manipulation) という。通常, 大衆操作は政治権力によって行われることが多いが, 商業宣伝もまた大衆操作の例としてあげられる。とくに大衆社会につきものであるマス・メディアの発達と, それに並行したコマーシャリズムこそ, 大衆説得をより増長させる最大の要因であった。

　今日では大衆操作の意味も多角的に取り上げられ, 日常, 人びとの行動, とくに消費行動を左右させることや, ある対象に人びとを誘発させるような性格を有するものとなっている。

　したがって, 大衆操作は, 強制的・暴力的な手段によるものではなく, ほとんど言語やシンボルなどの操作を駆使して, まとまりを欠いた状態の受け手である大衆の内に入り込んでいく。場合によって, 大衆操作は非合理性・情動性を一定の方向に位置づけることにもなる。いずれにしろこれも「強制なき同調」へと導くスタイルに変わりはない。

第5節　説得的コミュニケーションと広告

☞ 1　消費社会と広告の誕生

(1)　消費社会と消費文化

　社会が高度に成長すると, 人間生活にもそれに沿ったスタイルが取り入れられるようになる。多くの品物を生産するよりもそれを消費する状態が優位となる。商品つまりモノの価値や機能よりも, それに付加された要因が他の商品との差別化となり, 優遇されたと思う商品を消費者は選択する。それが消費社会

である。

　人間生活が豊かになることで関心は，財とサービスに向けられる。消費を通じて表出化するライフ・スタイルは，その社会を区別する主要な基準の一つとなっている。日常，マス・メディアの提供する各種の情報は，つねに新しいイメージを形成し，人びとはそれに適応可能な環境実現を求めている。そうした環境から生まれるのが消費文化であり，消費文化を象徴する媒体が広告である。

　広告の最大の役割は，送り手側が受け手である消費者の行動をコントロールしようとする。広告の社会的な機能としては，特定の商品をいかに大量に売ることができるかにある。つまり，広告は受け手である消費者の消費活動をある程度制御する一つの試みである。

(2) 消費行動と広告

　消費文化は，消費行動をともなう。消費行動とは，人びとがさまざまな商品やサービスを購入し，それらを消費し消耗する行動である。人びとは日常生活で個々人の生活プランを立て，それに見合った行動を行う。消費行動での判断材料になるのは，消費者が関心を示す対象商品をインフォメーションする広告そのものである。

　消費者は，つねに独自の購買力をもっている。ライフ・スタイルに必要最低限の商品を備えたものから，個人の嗜好に合わせたより高い消費行動の拡大に果たす広告の役割は強大である。したがって，広告の発達は消費行動の発達をより促していることになる。

☞ 2　説得的コミュニケーションと広告

(1) 広告の意味

　それでは，消費社会の消費行動に果たす役割の強い広告の意味を考えたい。説得的コミュニケーションとしての広告は，「マーケターである送り手側が，消費者である受け手の意見や態度，そして行動を送り手側の意図する方向に作用させるもの」である。

一般に商品やサービスを生産または提供する側は，その商品と生産者の存在を告知する必要がある。そこで何らかのコミュニケーション手段を駆使し，その内容を知らせ，それに対する人びとの態度を送り手に有利に運ばせる。まさにそれが生産者側の商品の販売促進を試みる説得的コミュニケーション活動となる。

(2) 広告の機能

つぎに，広告を機能の面から追っていきたい。まず消費行動そのものには，消費者の先有傾向にもとづく選択的受容が存在している。マス・メディアの説得的コミュニケーションは，受け手の既存の態度を反対の方向に改変させることはなかなか困難であり，逆にその多くは既存の態度をより強化する方向に動いてしまう。これでは説得的という機能は発揮しないことになる。

そこで広告には，消費者の消費意欲高揚をめざすことが義務づけられる。営利を追求する目的を掲げる資本主義社会では，一つの商品を送り出そうとする側，つまり生産者は，商品やサービスの存在を多彩なコミュニケーションを用いて，その内容を消費者に認知させることに全力を注いでいる。広告はこのような消費社会において，商品や生産者側の意向をある種の方法を通じて受け手に伝える説得的コミュニケーションであるといえる。

さらに，広告はイメージ高揚の機能をもつ。今日の広告は単に印刷物を各個人や各家庭に配達するものや，マス・メディアから流されるものだけではない。広告内容を前面に出しながら，各種のイベントなどに協賛したり，ビジュアル的に訴えたりするイメージ戦略を駆使した方法によってより効果を高めようとする多彩なものが増えている。広告は商品やサービス内容を消費者や該当者に知らしめる役割をもつとともに，それは消費意欲を促進する機能をともなっている。今日では企業などの組織が生産する商品や価格などの情報のアナウンスメント，イメージ高揚のための努力の数々は広範囲にわたっている。

(3) 広告の本質

ふつう広告とは，ある一定のモノを認知させ，仲介し，説明したりするための宣伝意図のような存在である。ここに示した宣伝意図というと，主にマス・

メディアによって遂行されるものが目立っているにすぎないことがわかる。本来,マス・メディアの意味は大衆における伝達である。ところが,広告は単に情報を伝達する媒体ではないという特殊な事情によるところがある。通常呼ばれているマスコミ4媒体に,広告が含まれていないことに留意すべきである。[5]

それでは広告の分類基準を示しながら,広告の本質に触れておきたい。広告はマス・メディアのような物質的基準ではないこと。なぜなら広告は,宣伝意図というかなり抽象的な精神性に関するものだからである。したがって,ほとんどの事象が広告になる可能性をもっていることであり,広告として機能するものが多いことでもある。

第6節　広告の分類と分析

☞ 1　目的別の広告

(1) 意見広告

まず意見広告 (opinion advertising) がある。意見広告とは,各種の団体や組織,企業から公共団体,政党,クラブ・サークルなどが,特定の問題の争点や送る側のもつ理念や信念,考えなどの意見を,マス・メディアを通じて有料でメッセージを発することである。営利的な目的をもつ商業広告とは異なり,送り手の理念や主張に同調する支持を得ようとする性格の説得的コミュニケーションの一つである。

また意見広告は,アクセス権の一つとして類型づけられてもいる。[6] 意見広告を広義に解釈すれば,商品広告と対比される非商品広告を意味するが,狭義では,広告主の主義・主張などを広告という形式で宣伝するものということにもなる。これはマス・メディアが広告主に開放している広告欄ないしは広告時間を買い取る方法であるが,広告はその掲載・放送に対価が支払われるものであるところから,純粋な言論とは区別されるのが普通である。

（2） 比較広告

つぎに比較広告（comparative advertising）がある。比較広告とは，商品の競合する他社の商品をターゲットに，自社製品の優秀性・優位性を消費社会に訴えるものである。自社商品のPRのために競合他社製品を登場させ，比較する手法を使った広告である。

比較広告を細分化すると，一つ目は競合するライバル他社の商品を露骨に批判するノッキング・コピー（knocking copy）。2つ目は競合ライバル相手の商品の優れた面を認知しながら，自社商品のさらなる優秀性を説く，アクセプテッド・ペアリング（accepted pairing）がある。

比較広告は主にアメリカを中心に発展してきたが，近年日本においても登場した。1991年3月から放映された日本ペプシコーラが日本コカ・コーラに対して行った「挑戦CM」は，日本初の本格的挑戦CMとして注目された。アメリカでは，ペプシがコカ・コーラの比較広告を出すことは盛んであったが，日本では長くタブーとされていたために，逆にマスコミの反響をあおる戦略でもあった。このCMの反響は大きく，在京の民放キー局5社がペプシコーラのテレビCMを中止にした。放映中止の理由は，業界秩序を乱すことがあげられた。それに対し，日本ペプシコーラは，5月に独占禁止法を理由に，公正取引委員会に妨害排除を申し立てた。テレビCMが使えず，新聞広告にその内容を掲載し続けた。今度は日本コカ・コーラが，日本ペプシコーラの比較広告自体が景品表示法違反だとする報告書を，公正取引委員会に提出した。これらを受けた公正取引委員会は，両社に対して一切の行政処分は行わなかった。ただ，公正取引委員会は，望ましい比較広告は，同種の商品の品質や取引条件についての特徴を適切に比較し得るための具体的情報を提供するものと見解を表明した。[7] ノッキング・コピーに対する消費者側の好感度は複雑であり，必ずしも商品の売り上げに直結するとはいいがたい。

（3） コマーシャル・メッセージ

そしてもっとも認知度の高いのが，コマーシャル・メッセージ（commercial message），通称CMがある。一般にCMは，電波メディアであるテレビ放送

を中心として，それを経済的側面で支えるための広告放送であり，その内容や画面を指している。とくにCMは，大衆文化を背景とした人びとのライフ・スタイルのなかでテレビ番組と同じように浸透している。しかし，いまでは，過剰な商業主義批判やCM批評も盛んに行われるようになり，CMはかなり身近なものとして人びとの関心を惹いている。

またCMからは，消費文化の形成をみることもできる。人びとの生活が安定し豊かになることで，多くの人びとの関心は財やサービスの消費に向けられ，消費を通じて社会的な階層や生活様式の基準が計られるようになった。メディアやエンターテインメントを象徴する消費文化を支える上で，CMの存在は欠かすことができない。

☞ 2 広告の分析

(1) 広告が浸透する過程

そうした広告が，消費者にはどのように浸透していくのであろう。最初に，広告と密接な関係をもつマーケティングを取り上げながらその過程を追ってみたい。

マーケティングとは，財とサービスに関係するすべての流通過程を，生産者また流通機構で管理する企業経営の組織的活動，あるいは企業活動をいう。一般社会に積極的にマーケティングが登場した背景には，戦後社会で顕著にみられるようになった大量生産と大量消費にみる消費活動のメカニズムをスムーズに回転させるという理由づけがあった。マーケティングはあらゆる手段を用いて，いつしか消費者の欲求を満足させるように仕向けていく。マーケティングはマーケターの設定する経営的目標に，消費者の欲求を喚起させながら管理されるようになった。

マーケティングを機能的に考えるならば，第1に製品計画，第2に販売促進，第3に広告・宣伝，第4に市場調査，第5に物的流通など，あらゆるマーケティング活動に関連する部門機能を有機的に統合した総合機能を意味しているが，その考え方の根底には，消費者の欲望と必要を察知し，これを満たすこ

とによって初めて企業の存続，繁栄も可能であるとする消費者志向の思想が流れており，その意味で従来の販売思想に，視野の上でも，質の上でも革命的な変化をもたらした考え方ということができる。[8]

そうした現状のなかで，広告が消費者に浸透する過程を説明したのが有名な「アイドマの法則（AIDMA's rule）」である。この法則は，消費者の購買心理の過程において広告を制作する基本原理である。マーケティングのプロセスを意味している。

あまりにも有名なアイドマの法則とは，最初の「A（attention）注目」であり，マーケターが送った商品の存在を知ってもらうために消費者へ注意を惹かせる。つぎに「I（interest）興味」であり，その商品への関心を抱かせる。そして，「D（desire）欲望」であり，提示された商品を入手したいという欲求を受け手にうえつける。さらに「M（memory）記憶」であり，その商品が消費者の頭から離れないように仕向ける。最後は「A（action）行為」であり，消費者を購買行動そのものに向かわせる。アイドマとは以上の頭文字をとって名づけられた。

この浸透過程を実現させるために企業は，マーケティング・リサーチなどの市場調査を行い，消費者の購買行動などの詳細な動向を正確にとらえるための企業活動に努力を重ねている。

アイドマの法則は，マス・コミュニケーションの受容過程における心理的プロセスに共通する考えでもあり，説得的コミュニケーションの基本をみることができる。

（2） 広告分析の目的と方法

まず，広告は説得的コミュニケーションとしての意味をもつことがもっとも重要である。つぎに広告を用いたコミュニケーション活動である。その広告は送り手側の企業・組織などにとって，どのような目的をもっているかを知り，理解することが必要である。そして広告によって送り手は，受け手側にどのような効果をもたらしたいのか，その効果分析である。さらにその広告によって受け手は，どのような影響を受けたのかをつかむことである。最後にその結果

として，当初の送り手の目的は達せられたかである。広告を総括的みればこのようにその目的と方法を集約することができる。

☞ 3 広告の類似概念

(1) 広報

　広告と呼ばれるものには他にもいくつかの類似概念が存在している。その一つは広報（publicity）である。広報は主に，行政機関や公共団体，一般企業，個人などがその組織の方針や制度，見解，活動を人びとに伝達して，理解・強力を求めるための努力のかたちである。

　広報には，その組織体が好感的な態度で多くの人びとに受け入れてもらえるような意味も含まれている。通常は，公共機関の広報と認識されていることが多い。最近では公共団体に限らず，地域サークルやコミュニティが自分たちの活動を積極的にアピールするために広報活動は利用されている。それによって幅広いネットワークも生まれている。広報は住みよい環境づくりにも一役買っている。

　広報が公共団体から一般個人まで広く浸透した背景には，広報を発行するハード面の充実も忘れてはならない。とくに印刷技術の媒体として，（パソコン・ネットワーク，デジタル・カメラなど）の普及・発達は，個人の私的な集まりで威力を発揮している。結果的に，専門業者に負けない情報誌を発行している団体の増加している様子をみることができる。

(2) パブリシティ

　パブリシティ（publicity）とは一般に，企業・学校・公共団体などの組織体が，その活動や製品，サービス内容などを自己へ有利に報道してもらうことを目的としている。その手段として，マス・メディアなどの取材活動に積極的に協力するスタイルをとり，無料で情報を提供する。当然，メディア側もその情報を社会的に有益と判断して紹介・報道する。

　このパブリシティは広報と同義語的に用いられる場合が多い。日本語では主に広報を意味する。

（3） パブリック・リレーションズ

通常，パブリック・リレーションズ（public relations）はPRと呼ばれている。PRも広報と同義語的に使用される頻度が高い。

パブリック・リレーション，つまりPR活動は，個人や集団などのあいだで生じる利害関係や競合などの問題をスムーズに解決するために，それぞれの関係者が自己の立場を明確にして，各人の主張に支持を得るための表現活動の全体を意味している。PRも広報と同じく，これまで行政主導であったものの，今日では民間企業で積極的に使われることが多くなった。どの組織でも自己のイメージ高揚の動きとしてPR活動は重視されている。

（4） PR・パブリシティ

ここで「パブリシティ」と「PR」そして「パブリック・リレーションズ」の意味について補足しておきたい。

マスコミ研究においては，PRという言葉は通常日本語であり，国際的には通用しないものであった。アメリカでPRといえば，プロポーショナル・リプレゼンテーション（proportional representation）つまり比例代表制のことをいう。日本語にあるPRは，パブリック・リレーションズ，一般に広報を指している。

パブリック・リレーションズという表現からよみとれるように，PRは単なる商品宣伝の技術ではなく，「大衆説得または大衆動員の技術」ともいわれていた。[9]

◆注

(1) Tarde, G., 1901, *L'Opinion et la Foule*, Alcan.（稲葉三千男訳，1964，『世論と群衆』未来社，12ページ）
(2) Merton, R. K., 1946, *Mass Persuasion : The Social Psychology of a War Bond Drive*, Harper & Brothers Publishers.（柳井道夫訳，1970，『大衆説得―マス・コミュニケーションの社会心理学―』桜楓社，3ページ）
(3) 同上訳書，4-17ページ
(4) 同上訳書，17ページ
(5) 後藤将之，1999，『マス・メディア論』有斐閣，196ページ

（6） 堀部政男，1978，『アクセス権とは何か』岩波書店，162ページ
（7） 「世界を魅了する清涼飲料水①―コカ・コーラVSペプシー」「産経新聞，2003年6月10日付東京版朝刊」参照
（8） 城戸又一編集代表，1974，『講座　現代ジャーナリズムⅤ―広告・大衆社会―』時事通信社，53-54ページ
（9） 同上書，112-113ページ

参考文献

W・リップマン，掛川トミ子訳，1987，『世論』岩波書店
R・K・マートン，柳井道夫訳，1970，『大衆説得―マス・コミュニケーションの社会心理学―』桜楓社
清水幾太郎編集，1955，『マス・コミュニケーション講座2―マス・コミュニケーションと政治・経済―』河出書房
城戸又一編集代表，1973，『講座　現代ジャーナリズムⅤ―広告・大衆社会―』時事通信社
城戸又一編集代表，1974，『講座　現代ジャーナリズムⅥ―ジャーナリスト―』時事通信社
内川芳美・新井直之編，1983，『日本のジャーナリズム―大衆の心をつかんだか―』有斐閣
千輪　浩監修，1957，『社会心理学』誠信書房
岡部慶三・竹内郁郎・飽戸　弘編，1972，『社会心理学』新曜社
池内　一編，1977，『講座　社会心理学3―集合現象―』東京大学出版会
後藤将之，1999，『マス・メディア論』有斐閣
堀部政男，1978，『アクセス権と何か』岩波書店

第8章　マス・コミュニケーション　ネットワークと流言/うわさ

第1節　ネットワークとしての流言/うわさ

☞　1　流言/うわさ

（1）流言/うわさを考える

　コミュニケーション・ネットワークがもたらした情報環境のなかでも，パーソナルな部分を強調しているのが，くちコミュニケーションというスタイルである。通称，くちコミと呼ばれるこの形態は，第1章第4節コミュニケーションの分類でも取り上げた。本章では，パーソナル・コミュニケーションとくちコミに近いものでもありながら，両者とは異なったコミュニケーション形態である，流言/うわさ（rumor）に注目してみたい。

　流言とは，人から聞いて他人に話すという伝達・拡散の形式をもつコミュニケーション過程である。流言はつねに，事実無根・正体不明・出所不詳のニュースでありながら，鮮明なイメージをもち人びとのあいだを走るように拡散する情報の流れである。したがって，デマのように特定者に向けてダメージを与える目的で行う煽動された情報の流れというものではない。

　以上の流言の基本的性格をふまえながら，しばらくは，流言/うわさは並列して論じていきたいと思う。後ほど両者の違いを総括する。

（2）流言の原形

　その原形は，一般にマス・メディアを中心に流れて，受け手の側で2次拡散する場合も少なくない。流言は自然発生，拡散の過程で伝播者たちの嗜好に応

じて変形される。さらにマス・メディアにかかわる部分を除いては，発生から消滅まで，口伝で発生・拡散・消滅の過程をとる個人間コミュニケーションでもある。

しかし，メディアの発達と地域社会の変貌などによって，流言の原形にみられる口伝で広がるというスタイルも変化を遂げている。流言のスタイルの変貌はコミュニケーション・ネットワークの変化でもあり，流言/うわさを媒介するコミュニケーション・メディアにあらためて注目していきたい。

☞ 2 流言/うわさの類似概念

(1) 流言蜚語

無根拠のうわさとしての流言蜚語がある。清水幾太郎による流言蜚語の事例をみると，相手に対する敵意と恐怖を動機とするものが圧倒的である。もっとも多い敵意を動機とするものは全体の66％，つぎが恐怖を動機とするもので25％，残りはほとんど少ない希望を動機とするものが2％，分類不能が7％となっている。憎悪と恐怖はほとんどが外部的集団に対する感情のあらわれであった。[1]

また流言蜚語を特定する場合，はっきりとその分類をすることは困難な面も多い。流言蜚語という言葉自身も，風評のようなよくないうわさとは異なっている。清水幾太郎も流言蜚語はもっと異常なスリルを感ぜしめるもののようにとらえながら，社会生活において普通にあるものではなく，いわばある程度アブノーマルなものととらえた。[2]

流言蜚語は，まったく無根拠なうわさ話ではなく，多くの人びとを納得させるだけの真実らしさをもっていなければならない。環境の曖昧さと重要さに比例して流言の量は増えていったり，蔓延したりする。しかも曖昧さと重要さのどちらかがゼロであるなら流言蜚語はあり得ない。しかし，マス・コミュニケーションの力によってこれらの特徴が心理戦争に利用され，流言蜚語が自然発生的とは限らなくなっている。大震災や戦争以外にも，マス・コミュニケーションが政治的な理由でその報道機能を十分に果たすことなく，言論の弾圧によ

って，大衆のコミュニケーションが妨げられる時も，流言蜚語は発生するとも考えられていた。[3]

もともと流言蜚語と流言は，同一の意味によって語られる場合も多い。しかし，根拠の度合いと相手への影響度が強い場合は流言蜚語，比較的軽いものであれば流言として区分されよう。ただこの区分はあくまでも流言蜚語との比較において存在することで，実際の流言はもっともっと周囲に与える影響度は強い。むしろ流言蜚語はつぎのデマゴギーと重なる要素が強いと考えられる。

（2） デマゴギー

通常，デマと呼ばれているデマゴギー（demagogy）がある。デマは政治的な目的を中心に，特定の個人・集団・人種，その他の少数勢力などをけなし，陥れる目的で，非好意的，捏造的な情報を流すことである。

デマは敵とみなす相手への陰謀，秘密工作，悪意などを陰湿な方法で拡散させようとする。宣伝などの手段もその効果として，成功や利益への期待というより，まず当面狙いをつけている相手に政治的・社会的な痛手を与えることにある。デマゴギーを別に煽動と用いるのも，大衆を導いて相手にダメージを与える操作手段をとるからである。

またデマの発生は，その社会の成員全体に関係のある危機的な状況の下で生じている。個人よりも社会的な事件や問題が対象となり，何らかの形で社会の意見を集約しながら直接的・間接的に拡散していく。危機的状況とは，多数の人びとが社会的不安に陥る用件の備わっている社会状況下に遭遇することにほかならない。

（3） ゴシップ

マス・メディアの芸能情報などで頻繁に取り上げられるゴシップ（gossip）は，特定の個人やある事件について情報源が不明確なニュースの一つである。主にパーソナル・コミュニケーションを中心に広がっていく。

ゴシップは流言蜚語と異なり，それを伝達，交換する人びとはその個人や事件に関する出来事には関係してはいない。もっぱらニュースをおもしろおかしく語り合って楽しんでいる。今日のワイドショー的ネタにある個人攻撃やプラ

イバシーに入り込んだ報道などはゴシップの典型である。

ゴシップの影響はデマゴギーなどに比べ，それによって人気を獲得し，突然注目を浴びるような芸能タレントなども見受けられる。その場合，周辺の関係者がリークして仕掛けることも多分にある。娯楽性の高いマス・メディア世界においては，その内容を受け取る側もあまり深刻にならないケースも多い。ゴシップの中身の問題もあるが，流言蜚語，デマゴギーとは明らかに性格が異なることに注意しておく必要はある。

☞ 3 流言/うわさの分類

（1） G・W・オルポートによる分類

代表的な流言/うわさ研究として，1946年に，オルポートとL・ポストマンが出した『デマの心理学』（the psychology of rumor）がある。そのなかでオルポートらは戦時における流言として4つに分類した。[4]

第1は，「分裂/不満流言」である。これは，憎しみと反感を反映している。具体的には，反ユダヤ，反イギリス，反黒人，反軍隊（徴兵拒否・指導者の無能，汚職，不道徳，酷使）などである。不平と非難が入り交じり，理由は不明だが戦時中の流言として，海軍は，貨車3台分のコーヒーを，ニューヨーク港に投げ込んでしまったとか，陸軍は牛肉をムダにつかっているとかである。またソビエトはアメリカのバターの大部分を受け取って，それを大砲の油差しに使っているなどがある。そこにあるのは危機にあたって欲求不満を経験している人たちが，不正な手段で欲求を十分に満足させている人たちの存在を流言の材料としていることである。

また，ある事態，政策，偽政者，権力者などに対する不満を主たる動機とするもので，困難な事態があり，大衆がこれを改善する希望をもてない場合などにこの流言は多くあらわれる。

第2は，「恐怖流言」である。具体的には，軍隊関連の残虐行為，敵の秘密行動，悪疫と流行り病，自殺，発狂，スパイ活動などである。とくに現実に起きた恐ろしい事実が伝えられる。不安流言に近いが，直接・間接に特殊な経験

的事実に接した場合の恐怖感が基底となっている。

第3は「願望流言」である。たとえば,楽天主義によって安心した満足感を導いているとか,平和到来,終戦,戦争勝利など朗報を聞いて気が緩むことなどがある。この背景には現実の欲求不満を空想のうちに解消しようとする代償満足の要素が内在している。とくに極度に緊迫した事態における非現実的な,倒錯した願望を基底として成り立っている。むしろ何かにすがりたいという気持ちのあらわれでもある。

第4は,「その他の流言」としての「不安流言」である。将来に対する不安の流言で,来るべき危険や脅威の予想としてあらわれる。具体的には,水不足,米不足,紙不足などで,特殊な対象をもたない不安感,危惧される危険,起こるべき危機の予想にもとづく不安感を基底としている。

第5も「その他の流言」としての「好奇流言」である。好奇心や見栄にもとづくもの,これを他人に伝えれば自分の威光が増すような場合などにみられる。自らへのフィードバックを狙ったものとして考えられよう。

(2) オルポートとポストマンの実証研究

オルポートらの実証研究を紹介したい。この研究は,デマの内容が伝達過程においてどのように変化していくかを検証したものである。実験例としてはつぎのような段階を踏んで行われた。[5]

最初に,ある室内において,スライドの絵や写真を見ている人びとが,室外にいる第一の伝達相手をその室内に呼ぶ。つぎに第一の伝達相手にはスライドを見せないで,その内容についての話しだけをする。つづいてそれを聞いた第一の伝達相手は,その聞いた内容を今度は室外にいる第二の伝達相手に話す。このように順番に6～7人のくちを経て,最後の人が聞いた話しと原因を比べてみる。

この結果として,つぎのような聞き伝えのゆがみが生じた。一つ目は「平均化」である。これは話しの内容は伝達されていくうちに一定の限界に達するまで短くなるということ。最後は要約され平易になる。

2つ目は「強調」である。スライドのなかのある部分,ある要素だけが選び

出されて強調されてくる。大きなもの，目立つもの，時事的なトピック。それに身近なシンボルの強化，完全化，合理化などである。

3つ目は「同化」である。これは伝達者がもっている知的，感情的な条件の影響が出ることである。中心テーマへの同化，圧縮あるいは単純化，先入態度による意見などである。そして予期への同化，ことばへの同化，衣服の関心への同化（とくに女性の場合)，職業的関心への同化，自己関心への同化，偏見への同化などである。

ただし，オルポートらは実験には制約があることも指摘している。それは伝達者たちが，スライドを見ている人の前で話しをするのだから，見物効果が加わることを配慮するということである。

第2節　流言/うわさの構造

1　流言/うわさ発生の社会的背景

（1）流言発生の前提

流言の発生は，潜在的に進行している社会的危機や異常事態が一つのインパルスになる。特殊で不自然な諸現象や一部の階層に予想される変化のような漠然とした不安感，恐怖心，または逆に期待や願望の意識などの社会的背景が絡んでいる。きわめて心理的な要因が強い。

（2）流言発生の特質

流言の発生は，話題がマス・メディアから伝達される場合ほど速度は速く，その話題は広範囲にわたり，その内容に対する疑いも少ない。流言になるためには，個人間における直接的コミュニケーションによる口頭で伝え合う形式をとる。流言は，多少とも閉鎖的な未確認情報を伝達し合っている。

流言の内容は根拠が確かで信用できる公的な性格のものより，根拠が曖昧で閉鎖的，私的な興味本位中心の話題が多い。

流言はそれをキャッチする個人の意思決定にとって，必ずしも必要な情報ではない。もし流言が意思決定の根拠になるとすれば，受け手が異常事態に遭遇しているとか，流言の送り手側にコントロールされている場合である。

流言に直接かかわり相互にやりとりしている人びとは，流言の種類によって自分の利益にかかわる流言を流したり媒介したりすることもある。しかし多くの人びとは，直面している不鮮明な部分をはっきりすることで，少しでも正確に事実を知りたいという情報欲求によるところが大きいといえる。

☞ 2 流言/うわさの発生条件

(1) 流言発生の社会的条件

第1に，社会的危機においてである。社会全体が戦争や革命などで解体の危機にある時である。社会全体に内在する経済的・政治的矛盾が激しくなり，経済恐慌やファシズムが発生した場合などである。それに社会のある部分で起こった暴動や変動，天災などの災害などにおいてである。

第2に，マス・メディアの報道不足や欠如である。戦時中にあったような支配層による報道の統制，人びとに正確な報道が伝えられない時，国家権力による報道の検閲，政府の報道による不適正報道，または災害などによる通信機関の途絶のように，報道が技術的に困難になった場合などにおいてである。

第3に，意見発表の制限と規制である。これも支配層によるご用新聞やご用放送にみられた言論自由の制限などにおいてである。長期にわたり参照しているメディアには何事もなく全幅の信頼をおいていることによって生じる。

第4に，人的ネットワークの存在である。これは，その組織や集団内で不確実な内容の情報を仕掛ける人物の存在とその影響の流れである。そこに起きてもおかしくない内容や，当該人物に重なっても不思議ではない内容の話題を関係者に伝承することである。人的ネットワークによってゴシップ的にまたたく間に広がっていく。

(2) 流言発生の心理的条件

つぎに心理学的な条件を探っていくと，いずれも戦時中や政治情勢不安がと

もなっている。また大部分は，災害時などによって正常に社会が機能していない状況下で生じる。

　第1に，大多数の人びとがもつ一般的な欲求不満である。これは経済的な悪条件，政治的統制などから起こる物質的・精神的な不満である。これからもいまの生活状態や水準は維持するための不安である。

　第2に，大多数の人びとがもつ一般的な不安である。これは統制力を失った社会の遠い将来へ抱く不安と，近い将来に訪れるかもしれない食糧不足に関する不安である。体制が明確でない社会では個々人の未来がよめない不透明な不安である。

　第3に，大多数の人びとがもつ現実の恐怖である。これは，身近にある暴力的不安や，飢え，傷害などでみられる恐怖の数々である。平常時ではない体制のなかで起こる不安である。基本的な生活の安定を求める要素が皆無になった時，それはピークを迎える。

（3）　流言発生を緩和させる過程

　こうした危機の社会的な条件と心理的な条件が複雑に絡み合った時に流言/うわさは発生する。つまり流言/うわさは，社会的危機のなかで正確な報道と自由な意見が十分に行われず認知できない時，多くの人びとのあいだに，不正確で信頼性のない情報が伝えられることになる。いずれの時も人びとは正常に物事を判断する意思が弱まっている。結果的にそこでの意思決定の判断材料におよぼした情報そのものが，流言/うわさの発端となる。

　そうした不安や恐怖をやわらげ，積極的に心理的安定を得るためにはつぎのような心理的な緩和過程が生じることになる。人びとの願望，希望，時々刻々の希望的な観測，それらの発展としての空想である。そこには危機あるいは脅威に対して，実践的な行動によって立ち上がる代わりに，消極的な抵抗が試みられ，抵抗の欲求が発散される。

☞ 3 流言/うわさによる弊害

(1) 情報の氾濫的拡散現象

　流言は，その話しの中心部分が誇張された報道である。情報の氾濫的拡散現象という直接的コミュニケーションの次元を超えてしまっている。個人的にも集団的にも社会病理学的な症状や現象を生じさせる。確かに冷静に判断できる状況であれば，そうした報道を客観的にキャッチはできる。しかし流言が発生している環境の多くは，そのような状況下にはない。

(2) 誤報からデマに発展

　流言という擬似内容がメディアの上でニュース化した時，それが誤報として広く認知される。それが訂正されればよいが，真偽不明のまま影響力だけを増殖すれば誤報はデマに発展する。そして受け手とする多くの人びとは，その担い手として巻き込まれながら，拡散過程において流言から大きなダメージを受け，一人歩きしていく。とくに個人のプライバシーにかかわることは，重大な問題を引き起こすことにもなる。

(3) 人為的な災害に陥る

　社会的背景との関係で広義の流言/うわさは，実に危険な問題をもちすぎている。非常災害時の流言やデマが，マスコミの誤報との関係のなかで拡散する時，深刻なパニックが起こるのは不可避である。現実に大震災をはじめとする災害時の人びとの暴徒化した混乱はあらゆる現場で目撃されている。

　人為的な災害は，何も非常災害時だけではない。平常時でも人的被害は起こりうることを誤報やデマからよみとることも必要。

第3節 流言/うわさ研究の多様性

☞ 1 都市伝説としての流言

(1) 都市伝説・フォークロア・伝承としての流言

　都市伝説とは，一般に民俗学者が注目しているきわめて現代的な「フォークロア・伝承」(folklore) である。これは民俗学者が伝統的に研究対象としてきた昔話や伝説ではない。誰もがいかにもありそうだと思える話を「都市で信じられる話」(urban belief tales)，あるいはより簡潔に「都市伝説」(urban legends) と呼んだものである。(6)

　都市伝説は，そこに住居している人びとにとって語り継がれ，批判的におもしろおかしく解釈されながらも，現実的な話しとして信じられてもいる。しかしそれを多くの人びとは検証したりすることはほとんどない。あくまでもフォークロアは，都市伝説のなかの伝承である。結果的に，その伝承がいつしか流言として人びとの世界に入り込むこともある。

　アメリカの民俗学者 J・H・ブルンヴァンは，言葉や習慣によって人から人へと日常的に伝えられるものを「伝承」と呼んだ。そこにある知恵，知識，誰もが受け入れる行動様式に従うとき，自分自身のフォークロアのスタイルは気にしないという。それどころか，自分たちは他人が話す情報にはただ耳を傾けている。このように無意識のうちに伝えられてゆく口述の回路のなかで，一つのはっきりした話の筋を獲得してゆく情報を，「語りのフォークロア」(narrative folklore) と呼び，これは本当のことだと主張されるような話を「伝説」(legend) であるとする。(7)

(2) 都市伝説としての流言

　ブルンヴァンのいう都市伝説はあくまでフォークロアなのであって，事実としての歴史がそのまま語られているというわけではない。それでも口から口へ

と語られていく過程に流言に近いスタイルをみることもできる。つまり都市伝説が、「フォーク・ナラティヴス」（口述の語り）の下位のクラスである伝説に属すと考える。それは、おとぎ話と違って、人びとが信じることのできるものである。[8]

　それでは、ブルンヴァンが取り上げた多数の都市伝説を追いながら、流言との関係を探っていく契機としてみたい。

　著名なものとしては、ヒッチハイクをしていた女性を乗せて、しばらくして後ろのシートをみたらその女性は消えていたという、道端の幽霊「消えるヒッチハイカー」がある。それに関して「予言する乗客」「車の中の死人」などがモチーフされた。これは、自動車にまつわる古典的な都市伝説として名高い。これは、アメリカのみならず日本をはじめ全世界でも類似した都市伝説が生まれている。

　車をもちたいという欲望にまつわる話として注目されたのが、車のなかに死体が放ってあり、その臭いが消えず安く売られている、「死人の車」がある。

　同じように、車に関しての都市伝説に「女たらしのポルシェ」がある。これは新車同様のポルシェ、状態良好、50ドルで売りたしという広告が出る。どうしてこんなにポルシェが安いのかに、広告主の女性が言うのは、夫が数日前に、秘書と二人で逃げた。夫の書き置きには、この車と家を売ってその代金を送るようにいうことであった。これには妻が本当に自分の財産を誠実に処分してくれるのであろうか、それとも裏切られるのであろうか、男女のあいだにおける多様な考え方が浮き彫りになる。しかしこれは十分にありそうな話であり、ブルンヴァンいわく、実証できたら最初のフォークロアになるであろうとしている。[9]

　また多くの都市伝説が、知らないあいだに食べ物のなかに紛れ込んだものを題材にしているものも多い。それもファーストフード・チェーンを中心にしたお店のメニューにかかわっている。たとえば、フライドチキンならぬ「フライドラット」を出したファーストフード・チェーンを訴えた女性についての話である。内容は、そこのお店で加工された食品のなかにネズミの身体の一部が発

第8章 マス・コミュニケーションネットワーク... 159

見されたという。このような何か変なものが食べ物のなかに紛れ込んでいるという、いわばリアリティに富んだうわさや伝説は、アメリカのフォークロアのなかではなじみのあるものだ。とくに発展しているものとして「ケンタッキー・フライドラット」がある。日本でも同様の都市伝説は時代を問わず多く発生しているのは記憶に新しい。

　本来いるはずのない場所での生き物のテーマもある。1960年代後半の話として、ニューヨークの下水溝のなかにワニがいるという。これは飼い主に飽きられたペットがトイレに流されたものらしい。いくつかの説明によれば、このペットはネズミを食べながらとてつもない大きさに成長したという。これは「下水溝のワニ」として有名な都市伝説となっている。

　怖い話として、鉤手の男が人を襲うという、「ザ・フック」。ここから関連したのに「バックシートの殺人者」「ベビーシッターと二階の男」「オーブンに入れられたペット」などがあり、怖い話で恐怖心をあおぐとともに、誰にでも起こり得ることと警告の意味も発せられていた。[10]

　さらにアメリカの新しい都市伝説として、犬が不審な侵入者をかみ切ってそれがのどにつまった、「のどをつまらせたドーベルマン」の話がある。これには複数のヴァージョンが登場し話題になった。

　その一つは、ラスベガスでの出来事である。ある婦人が仕事から戻ると、大きな飼犬のドーベルマンが床に横たわりあえいでいた。彼女はすぐにペットを車に乗せ、獣医の元へと向かった。獣医の診察では、呼吸困難の原因がわからず、犬が呼吸できるように手術をすることになった。飼主はいったん帰宅したあとのその夜、獣医から婦人に電話が入った。獣医はあわてた声で、「すぐ家から出るんだ！　隣の家へ行って、警察を呼びなさい！」と叫んだ。獣医が手術をして原因を突き止めたら、なんと人間の指が3本犬ののどにつかえていたという。指を食いちぎられた不法侵入者がまだ家のなかにいるのではないかと案じて、獣医はその婦人に注意を呼びかけたのだった。しばらくして警官が彼女の家にやって来て、クロゼットで気を失って倒れている指のない侵入者を発見した。

さらにもう一つは，夫が夜ボーリングをして帰宅すると，飼犬のドーベルマンがベッドルームでのどをつまらせてもがき苦しんでおり，妻はひどく興奮していた。彼女を落ち着かせながら，床にひざまづくと，ベッドの下から血が流れてくるのに気づいた。ベッドの下をのぞくと，半裸の男がひどく出血している手をハンカチーフで押さえていた。妻は泣きながら，浮気をしていたことを白状した。犬は明らかに2人の行為を女主人への攻撃だと誤解し，男の手を食いちぎって女主人の身を守ろうとしたのであった。これらの都市伝説にみられる一貫したテーマは，個人の家庭で起こった，男性が女性をその対象とするような，住居侵入や暴力犯罪の脅威に対する最近の関心のすごさを如実に示しているという。[11]

最後に「メキシコから来たペット」とするヴァージョンには，滞在した国でみためずらしいペットを自国に連れてきてそれがとてつもないドブネズミだった話や，国境を走る車のフロント部分に付着していたのが毒蛇という「蛇の缶」「毛布の中の蛇」などがある。[12]

☞ 2 社会構造と社会変動における流言/うわさ

（1） 天変地異や集団的災害の流言/うわさ

パニック状況下での流言である。これらは災害が起こるなどと予言して生じることもあるが，実際，災害が起きた後に生じる流言も多い。それが災害以上の悲惨な結果を招いた例もある。

たとえば，ロサンゼルスに大地震が発生するという，「ロス大地震」，カリフォルニアで起きたノストラダムスの予言によるパニック，「ノストラダムス予言パニック」，日本で繰り返し語られる火山の大噴火，「富士山噴火，伊豆大島噴火」，伊豆沖海底火山の噴火によって引き起こされた津波パニック，「津波情報パニック」，明治期に起きたコレラの流行は医師と警察官の陰謀，「コレラ」，関東大震災時における朝鮮人に関する流言，朝鮮人が攻めてくる，朝鮮人が井戸に毒を入れた，朝鮮人が暴動を起こし，日本人がやられる，「関東大震災朝鮮人流言」などがあげられる。

（2） 社会諸事象と流言/うわさ

　その時代や世相を特徴づける事象や，その時々の世間の注目を集めている事象に関する流言もある。これらは，時代を象徴する事象を題材にしている点で共通している。

　この流言の例としては，追突事故を装って示談金を巻き上げる当たり屋が北上しているという流言。当たり屋情報として該当する山口ナンバーのリストが掲載されたチラシが流された。リストに掲載された山口ナンバーは実在せず，これは見えない恐怖がチラシの流布を促進させた，「当たり屋」，ファースト・フード店のハンバーガーのパテは猫の肉である，厨房の奥から猫の泣き声がしているという，「ネコバーガー」，昭和のつぎの新元号をめぐっての流言，「新元号」，グリコ・森永事件の怪人21面相の逮捕にまつわる，「怪人21面相」などがある。

（3） 社会変動と流言

　社会変動期における流言もある。さまざまな革命や政治の混乱などの社会変動期において起きる流言の数々である。「中国天安門事件」は，1989年の中国天安門事件の暴動制圧による人民が虐殺や，中国革命が起こったなどの流言，「フィリピン革命」は，マルコス大統領が国外に退去したとか，カリフォルニア米がなくなるという流言，「北朝鮮」は，いまもつづく金正日総書記にかかわる流言の数々である。

☞ 3　子どもたちの都市伝説

（1）　日本の子どもたちの都市伝説

　日本独自の都市伝説にも，口裂け女やナンチャッテおじさんなどをはじめ多数存在している。その流言の担い手が小学生から中学生の子どもである部分が興味深い。

　1988年頃出没した「口裂け女」の話がある。この口裂け女は，耳元まで口の裂けた女が，通りすがりの人に，「わたし，キレイ？」とたずねた後，白いマスクをはずしニッと笑うものである。この流言は子どもたちから大人まで巻

き込んで日本中に伝わり、いつの間にか消えていった。[13]

またアイドルやタレントに関する都市伝説にもなったのが、「レベッカ、オフコース、少年隊」にみる流言である。それぞれのタレントによって、録音されたレコードを聴くと聞こえないはずの声が聞こえるという内容。レコードのところどころに意味不明の音声が吹き込まれているという。ただのノイズでないところがいかにも不気味であるという。「岡田有希子」という都市伝説の発端は、自殺したアイドルタレントの岡田有希子の霊が死後もテレビに出たという内容などがある。

（2） 都市伝説にみるコミュニケーション・ネットワーク性

「クリネックス・ティシュー」のたたり話がある。1985年4月から1986年9月までテレビで流されたこのCMは、白い寝巻き姿の松坂慶子と赤鬼の子どもが登場、伴奏なしの静かな歌声が流れるなか、赤鬼役の子どもがつぎつぎに引き出すティシューが空中を浮遊する。このCMがオンエアされてから、松坂慶子本人が病気になり、鬼役の子どもが死んだという「うわさ」が中高生を中心に広がった。製造元にもオンエアされた翌月から電話による問い合わせが殺到したという。

クリネックス・ティシューのうわさは、つぎのように整理された。①赤鬼に扮している男の子が金縛りにあって死んだ。②プロデューサー、カメラマンなど製作スタッフがつぎつぎと事故にあったり、死んだりした。③松坂慶子が「今度は私の番」とノイローゼになって精神病院に入院、重体である。④CMに使われている英語の唄を最後まで歌うと金縛りにあって、死んでしまう。また、歌詞を訳した人はみんな死んだ。⑤作詞家や松坂慶子の家が全焼した。⑥すべての原因はCMのバック・ミュージックで、実は黒ミサに使われていた唄だった。[14]

流言の内容にもよるが子どもたちの場合、ある種の都市伝説として、その背景にあるオカルトやホラーにみる非日常的な超常現象にかかわる要因も多数見受けられる。むしろ非論理的・非現実的に子どもたちの興味の対象を引いて、それが子ども独自の情報としてコミュニケーション・ネットワークを構成して

楽しんでいるという見方もできよう。

（3） 現実の生活に沿った内容

　同じ都市伝説でも現実社会にありそうな家族や生活の一側面が加わった有名なものとして大人も知っている，「サザエさん」の流言があった。内容は波平がハワイ旅行（海外旅行）クイズに当って，サザエさん一家がみんなでハワイに出かけ，帰りに飛行機が落ちて，一家はみな海に帰った最終回の話しである。このヴァージョンは，ハワイ旅行と海外旅行があり，飛行機が海に落ちて，サザエさんだけがみつからなかったものもある。

　さらに波平が寝たきり老人になり，暗い家庭になっていく。マスオが浮気に走り，サザエさんと不和になり，それが原因でカツオが非行に走り，ワカメも家出してしまう。そんな話が子どもたちのあいだを駆けめぐった。

　「ドラえもん」は，ドラえもんとは植物人間になったノビ太がみていた夢の話しであり，最終回でそれが明らかになるという内容。モデルの主人公の少年は実在するという。それを受けて月刊「コロコロコミック」（小学館）に連載中のドラえもんが近々終了するといううわさも全国に広まった。編集部にも問い合わせの電話が入った。

　いずれの流言もいかにもありそうな今日的状況に該当する内容であり，現代的なフォークロアともいえよう。

第4節　流言/うわさの相違

☞　1　流言のイメージ

（1）　流言の多様性

　流言/うわさを社会学から考えると，流言のもつイメージと現実の流言の多様性を再考すべきことが浮かび上がる。これまでの流言/うわさについては，早川洋行の諸説を中心に論じてきたが，流言を再検討するために必要な点をこ

こで再確認しなければならない。

それは社会学における流言研究での災害流言が占める比重である。流言研究はあたかも災害によって生じるような言説も多い。この災害流言をもって流言全体を考えることは、純粋な流言研究を阻む、大きな間違いの元になる危険をはらんでいるという指摘は大変重要に思う[15]。流言は日常の中で出現し、日常の中で人びとを惑わしたり行動を制御したりする要因のあることなど、その流言の本質である多様性にもっと言及すべきである。

（2） 流言のイメージ再考

そこで流言にかかわる現実の多様性を考える場合、これまで抱いてきた流言のイメージをもう一度検討し直さなくてはならない。早川洋行によれば、再検討するのはつぎの3点である[16]。

第1点は、「流言が非日常的な状況で生じるものだという認識は現実に妥当しない」。この点としては、災害流言や社会変動期に生じる流言も確かにある。非日常的な状況でも流言は生起している。同じ意味で、流言は情報が途絶したときにのみ生じるのではない。むしろ、今日の情報氾濫のなかで生じている点を無視してはならないことである。

第2点は、「流言を伝達内容の客観的な虚偽性をもって特徴づけるのは適切ではない」。これはT・シブタニの指摘でもあるが、過去2000年のあいだに流言について著述した人びとの第一の関心は、口頭で伝達される報告が、不正確であるといったことである。しかし、過去の誤りは流言の必然的な特性でないことを、ここで強調しておかねばならない。その時は確証されなかった報告が、その後事実とわかることもあれば、虚偽とわかることもある。シブタニの指摘にあるように、客観的な真偽は、伝達される時未確定であることも多いし、その後しばらくしても、天安門事件を想起すれば明らかなようにいまだ不明なこともある。

第3点は、「流言を伝える人びとの動機として知的欲求を前提するには限界がある」。R・H・ターナーとL・M・キリアンは流言の概念から、認知的明白さが欠如した状況において、何が起きたかという集合的な解釈をつくりあ

げることを示した。同じくシブタニは，曖昧な状況において，ともに巻き込まれた人びとが，自分たちの知識を寄せ集めることによって，その状況について有意味化した解釈を行おうとするコミュニケーションであり，こうしたコミュニケーションが繰り返し生じる形式を流言と呼んだ。流言は非日常的な状況で発生するという前提のほかに，人びとの状況を解釈しようとする知識欲求だけから生じるものではない。流言は多種多様な心理傾向から生じるとみた方が正しいといえる。

☞ 2 流言とうわさの相違

（1） 流言の概念規定

ここまで，流言／うわさを並列して論述してきた。事実，流言をうわさと言ったり，うわさも流言であったりと結構同じ意味で使われてきたことは否定できない。そこでもう一度流言の概念を考えよう。

早川洋行は流言を，「コミュニケーション連鎖の中で，短期間に大量に発生した，ほぼ同一内容の言説」と規定する。流言発生においても，このコミュニケーション連鎖は大事な条件である。そしてほぼ同一内容の言説というくだりをとらえると，まさに流言がコミュニケーション過程にあることに疑いをもたない。

（2） 流言とうわさの相違

それでは流言とうわさの違いをみてみよう。流言の場合，コミュニケーション過程で伝達・拡散されるということは，そのコミュニケーション過程は複数にわたるということである。それに対してうわさの場合，小規模でコミュニケーション過程も身近なことが多い。流言同様，同一内容の言説という性格は一致しているがその規模や生成する範囲が異なると考えられる。

結果的に，流言は複数以上の人間関係におけるコミュニケーション過程が生じた時に成り立つ言説である。うわさは複数のみの個人間コミュニケーションで十分に成立する言説といえよう。

したがって，流言とうわさの大きな違いはその波及規模にある。波及規模の

小さいものを「うわさ」と呼び，大きなものを「流言」と呼ぶ。同じ言説が広範囲に広がるためには，伝達内容の普遍性が要請される。流言の場合，伝達内容は普遍的なものにならざるを得ないと考えられる。[17]

(3) 連鎖的コミュニケーション

　流言はこれまでによく指摘されたような個人間コミュニケーションやパーソナル・コミュニケーションに沿った，くちコミュニケーションとは一線を画すものである。流言そのものは情報の受け手が送り手になるという場合もあるし，その逆もある。マス・メディアは流言を情報化し，流言はメディアに媒介された現象でもある。したがって，流言をくちコミュニケーションに限定することはできない。

　流言が連鎖的なコミュニケーションであるといった意味は，今日の流言は，メディアに媒介されたものが多いということを指す。テレビ・ラジオ・電話・パソコンネットなどを通じて流言は拡散している。流言は連鎖的なコミュニケーションであり，さまざまなメディアの利用が可能となった今では，流言をくちコミュニケーションのみに限定することはあまり意味をなさなくなったのである。

第5節　マス・コミュニケーションと流言

☞　1　情報環境の拡大と流言

(1) マス・メディアの規模

　情報環境の拡大は，人びとの日常生活を変えた。それは多くの人びとがつねに中央に向けた情報の送受信が可能になったことを意味する。これまで以上に大都市と地方の情報環境が接近したことでもある。しかし，大がかりなニュースなどの情報キャッチは可能になっても，こと私的な部分になるとそうはいかない。それは大都市と地方の生活環境との違いがかかわってくる。

一般的に大都市の機能は日常生活がさまざまな領域に分化され、各自の役割分化が明確である。それに比べて地方ではそれぞれの機能が大都市ほど分化されておらず、一つの機関が複数の業務を兼ねる場合がまだ見受けられる。都市化の浸透が激しくても、地方での第1次的な人間関係は大都市よりは高いと考えられる。そのような環境においては、流言よりうわさ的な言説が多いことは明らかである。むしろうわさは共同体が意思統一するための一つの方法でもあり、無理に議論を闘わせ、全体意見の集約する場だけではないという見方も十分にうなずけよう。

(2) コミュニケーション機会の有無

流言は、コミュニケーション空間の頻度が高いこと。人間関係のコミュニケーションの規模が狭い地方よりも、それが多い大都市の方が流言は発生されやすい。うわさのように単なるその場での話題を楽しむ次元とは異なり、流言はあいだに入る人間が多く、情報量の多い社会ではその内容がより拡散されやすいことをものがたっている。

2 マス・コミュニケーション世界と流言

(1) 擬似環境の拡大と流言の発生

情報が大量に流れる環境においては、その信頼性を確定する前に受け手自身自らの判断による情報認知が不可欠である。しかし多くの人びとは確かな情報を正確にキャッチする状況にあるかと問われればそれはなかなか困難と答えるしかない。そのような情報環境でマス・メディアから送られる内容は、現実環境から距離をおいた擬似環境が主であることは必然的な帰結である。それでは擬似環境の拡大は何をもたらすであろう。

ニュースはともかく、メディアがバラエティ的に流した内容が真剣に受け手へ届くかといえば疑問の余地が多い。当然そこから発せられる言説的な表現はたくさんの流行語を生んでいる。それがトレンド的なことばであったら何の問題もないが、流言のような性格をもつ言説であったらいかがなものか。擬似環境の多い大都市は、容易に流言が発生する下地にもなっている。

（2） マス・コミュニケーション世界と流言

　流言の規模も都市伝説なレベルのものから，近所の井戸端会議にあるようなレベルへと多岐にわたる。それが流言とかうわさとかの次元で分けられ，日常生活に拡散されていった。今日，マス・コミュニケーション世界の広がりのなかで考えられる流言は，必ずしも大規模ではなくなった。これはこれまで論じられてきた流言とは異なる，小規模解釈流言の発生をあらわすことになる。[18]

　それは，単に規模が小さいからうわさであるといった見方ではない。かつての小規模流言を地方などの第1次的な環境のなかで語られていたうわさというものと同一にあつかうものではない。むしろ都市特有の多元的レベルにみられるような流言を，小規模解釈流言として意味づけるのだ。この流言はお互い面識のない人びとに共有された一般的なテーマに関して起こるとされている。

　流言は，人びとのコミュニケーション過程を分析するには多角的な見方が必要な研究である。流言にかかわる類似概念をみてもそうであったように，流言/うわさから，流言とうわさの違い，情報環境の規模によって発生する流言のレベルなど多様である。マス・コミュニケーション世界の広がりはあらたな流言を生む可能性も十分であり，流言研究もそれに沿ってより進展していることを念頭におきながら進めていきたい。

◆注
（1）　清水幾太郎，1951，『社会心理学』岩波書店，195ページ
（2）　清水幾太郎，1947，『流言蜚語』岩波書店，7ページ
（3）　清水幾太郎編集，1955，『マス・コミュニケーション講座6―マス・コミュニケーション事典―』河出書房，220ページ
（4）　Allport, G. W. and Postman L., 1947, *The Psychology of Rumor,* Holt.（南博訳，1952，『デマの心理学』岩波書店，11-14ページ）
（5）　同上訳書，74-118ページ
（6）　Brunvan, J. H., 1981, *The Vanishing Hitchhiker : American urban Legends and Their Meanings,* W. W. Norton & Company, New York.（大月隆寛・菅谷裕子・重信幸彦訳，1997，『消えるヒッチハイカー――都市の想像力のアメリカ―』新宿書房，14-18ページ）
（7）　同上訳書，21ページ

第 8 章　マス・コミュニケーションネットワーク... 169

（ 8 ）　同上訳書，24 ページ
（ 9 ）　同上訳書，51-53 ページ
（10）　同上訳書，140-141 ページ
（11）　Brunvan, J. H., 1984, *The Choking Doberman and Other : New Urban Legends*, W. W. Norton & Company, New York.（行方　均訳，1997，『ドーベルマンに何があったの？―アメリカの「新しい都市伝説」―』新宿書房，19-35 ページ）
（12）　Brunvan, J. H., 1986, *The Mexican Pet : New Urban Legends and Some Old Favorites*, W. W. Norton & Company, New York.（行方　均・松本　昇訳，1991，『メキシコから来たペット―アメリカの「都市伝説」コレクション―』新宿書房，23-25 ページ）
（13）　「いま子供たちに密かに囁き伝える"奇妙な噂"のネットワーク」『週刊文春，1986 年 11 月 27 日号』，178-181 ページ
（14）　同上書，178-179 ページ
（15）　早川洋行，2002，『流言の社会学―形式社会学からの接近―』青弓社，15 ページ
（16）　同上書，15-16 ページ
（17）　同上書，21-23 ページ
（18）　同上書，87-89 ページ

参考文献

清水幾太郎，1947，『流言蜚語』岩波書店
清水幾太郎，1951，『社会心理学』岩波書店
清水幾太郎編集，1955，『マス・コミュニケーション講座 1 ―マス・コミュニケーションの原理―』河出書房
清水幾太郎編集，1955，『マス・コミュニケーション講座 6 ―マス・コミュニケーション辞典―』河出書房
G・W・オルポート，南　博訳，1952，『デマの心理学』岩波書店
早川洋行，2002，『流言の社会学―形式社会学からの接近―』青弓社
J・H・ブルンヴァン，大月隆寛・菅谷裕子・重信幸彦訳，1997，『消えるヒッチハイカー―都市の想像力のアメリカ―』新宿書房
J・H・ブルンヴァン，行方　均訳，1997，『ドーベルマンに何があったの？―アメリカの「新しい」都市伝説―』新宿書房
J・H・ブルンヴァン，行方　均・松本　昇訳，1991，『メキシコから来たペット―アメリカの「都市伝説」コレクション―』新宿書房

J・H・ブルンヴァン，行方　均訳，1992,『くそ！　なんてこった―「エイズの世界へようこそ」はアメリカから来た都市伝説―』新宿書房
J・H・ブルンヴァン，行方　均訳，1997,『赤ちゃん列車がゆく―最新モードの都市伝説―』新宿書房
千輪　浩監修，1957,『社会心理学』誠信書房
南　博，1957,『体系社会心理学』光文社
内川芳美・岡部慶三・竹内郁郎・辻村　明編，1973,『講座　現代の社会とコミュニケーション1―基礎理論―』東京大学出版会
池内　一編，1977,『講座　社会心理学3―集合現象―』東京大学出版会

第9章　マス・コミュニケーションの社会的責任

第1節　テレビニュース番組の検証

☞ 1　ニュース番組の性格

(1)　護送船団ニュース

　アメリカのジャーナリスト，M・メイヤーが「アメリカ3大ネットワークのニュース番組はいずれも似通っている。この広い世界では毎日毎日いくたでもニュースストーリーがあるのに，ネットワーク3社が同じような項目を取り上げ，同じようなオーダーで配列しているように見えるのには驚かされる」と批判したのは20年余り前のことである。

　わが国においても「横並びニュース」「独自性に欠けるニュース」「護送船団ニュース」などといった批判がある。その理由はつぎのようなものである。

　第1の理由に，ニュースのルーチン化をあげることができる。よほど大きな事件でもない限り，「報道特別番組」は編成されない。通常，朝昼夕そして夜にニュース番組が組まれているのが現状だ。各局はその時間に間に合うように取材，編集を行う。つまり，その出来事が起きた時間によってニュースになるかどうかが決まる。夕方のニュースの場合，午前中に起きた出来事に関しては取材に十分時間をかけたり，資料映像を集めることが可能だが，午後遅く発生した事件は，現場に中継者が到着できるかどうかでニュースとしてあつかわれたり，「ボツ」になったりすることもある。

　第2の理由に，記者クラブ制度がある。国会，官公庁，警察などには各社の

記者が常駐している。記者会見や発表は一斉に行われ，クラブ所属の記者は，特ダネ，スクープは例外として，同時に事実関係を知らされる。つまり，同じニュースソースから同時に事実を知ることになる。

また，要人への「ぶら下がりインタビュー」も，終わったあとには各社の記者が額を寄せ合って，「メモ合わせ」という発言確認の作業が行われる。ミスのないようにという配慮から行われるこうした記者の行動がニュースを均一化させていることは否めない。

しかし，それでも各社のニュースには違いがある。テネシー大学のD・ニモンとJ・コームズは，「3大ネットワークのニュース部門には特有の伝統的カルチャーが存在する。そのカルチャーの働きによって，ニュースストーリーを構築するいわば建築ブロックのレベルで三者三様の違いがでてくる」と述べている。これが今日でいうメディア各社の特色として表現することに該当しよう。

(2) 民間放送のニュース番組

ここでは，とくに若年層において情報源として視聴されていると思われる民間放送のニュース番組に焦点を合わせることとする。

ニュース内容に関しては，事件，事故，災害などの発生ニュースについて，通信社からの配信ニュースをベースとすることが多く，また事実報道のみに留まる場合が多い。そのため局ごとあるいは番組ごとの特徴的傾向が顕著に見出せない傾向にあることから，ここでは「政治ニュース」に限定する。

政治ニュースは，いわゆる「特ダネ」ではなく，公平な取材機会が確保され，なおかつ相当な重要度をもつ。換言すればすべてのニュース番組が取り上げるテーマであることが，比較検討する上で不可欠である。

さらに，そのニュースが「ホット」であることも重要である。時間が経過すればするほど，ニュース制作者は素材を「加工」したくなる傾向が強くなり，解説的，評論的内容を付加しがちである。また，他者の同ニュースのあつかい方に影響されたりして，「バイアス」がかかる懸念が生ずるからである。

以上のような前提条件のもとに選定したニュースは，「小渕総理大臣の所信表明演説」(当時)である。

て終わっている。

（2）レポート評価

　これらのレポートの評価を見る限り，小渕政権が長引く不況，金融不安，参議院選挙での自民党敗北を受けて誕生したこともあり，前向きな期待感はまったく見られない。橋本総理（当時）辞任後の総裁選挙で度々メディアに登場した小渕氏の主張やキャラクターに対する「頼りない」というイメージ，世論調査では小泉純一郎，梶山静六各氏に支持が集まり，最下位だった小渕氏が自民党力学で総裁に選出されたことへの抵抗感などがメディア側にも存在していたと考えられる。小渕総理自身も，演説原稿からほとんど目を離すことなく言内弁な印象を与えたことは否めない。内容的にも，総裁選ですでに公約していたことの集大成に過ぎず，大胆な提言や新鮮味に欠けていた。

　このような状況を前提として各メディアを比較してみると，テレビ朝日がもっとも否定的スタンスをとっていることが伺える。

☞ 2　PRIMACY EFFECT（第1次的効果のあるニュース）

（1）第1次効果をもつニュース

　ニュース制作におけるマクロ的構成，つまりニュース番組の全体像に関して，E・カッツは，「テレビニュース番組において最初に提示されるニュースはより良く記憶される」と述べている。さらにB・ガンダーは，「ニュースの順序によって，とくに後方のニュース項目は記憶量が大幅に落ちる」とも指摘する。この説を福田　充は，「一つのニュースにおいて，最初に提示される情報ほどより良く記憶される」(1995) ことを実証した。

　これらの諸説に対応させながら各ニュースを考察すると，テレビ朝日「スーパーJチャンネル」第1部がトップ項目として放送されており，もっとも記憶されやすい配置がなされている。しかし，前項内容分析で触れたごとく，いきなり強い否定的コメントを導入部で使用している。つまり「小渕演説を強く否定するメッセージ」が鮮明に記憶されることになる。

　ニュース製作過程では常識的に，もっとも重要なニュースから順にオーダー

をつけていくものである。つまり，"primacy effect"とは，もっともインパクトのある第1次的効果をもつニュースである。だとすれば，このニュース制作者はもっとも重要なニュースを否定しつつ放送したのか，あるいはこの日の最重要情報は，「小渕演説をまったく評価しない」ということであるとの認識をもっていたのか。おそらくそのどちらでもなく，単なる演出，受け狙いであった可能性が高いのではないか。「あの田中眞紀子が何を言うのか？」といった興味本位の視聴者を惹きつけるために仕組んだ演出が，ある種の先入観を与えてしまう危険があると考える。

つぎに，フジテレビ「スーパーニュース」についてみれば，オーダーが10番目である点が他番組との大きな相違点といえる。前述の諸説に従えば，記憶量は相当程度希薄になっているはずで，しかも量的に1分41秒ときわめて短いあつかいである。小渕演説そのものはわずか12秒しか使われていない。さらにキャスターコメントは否定も肯定もせず，評価を先送りしたものとなっている。まさに「どうでもよいニュース」としてのあつかい方といえる。

その日の午後に行われた新首相の最初の国会演説に対するニュース価値基準として妥当なものであったかどうか。参考までに当時のオーダー上位項目は，①ナイロビ爆破事件，②殺人事件，③中学生自殺，④月ヶ瀬村殺人求刑，⑤和歌山カレー事件続報，⑥モニカ・ルインスキー続報，⑦JR感電実験などである。

(2) ニュース番組の変容

夕方のニュース番組に関しては，かつての「各局のメインニュース」という位置づけからこの2～3年変質しており，いわゆるワイドショー的になったといわれている。この点を坂本　衛は，「報道側の主体的なニュースの価値判断ではなく，視聴者の興味を惹くかどうかという判断でニュースを出し，見せ方の工夫もする。(中略)おもしろそうなネタ以外のニュースはとりあえずフラッシュ的にふれておく。しかし，伝えなければならない重大ニュースは何で，どんな切り口で伝えるべきなのかという問題意識が感じられない」と指摘した(「事例研究一夕方ニュース一」GALAC，1998年9月号)。

☞ 3 映像表現

(1) カメラ位置

　総理演説を含め，国会内の撮影に関しては多くの制約が存在する。映像材料の許可権限は議長，委員長にあり，「議事を妨げない範囲」でのみ認められる。したがって，カメラ位置はきわめて制限されたものとなる。新聞中心の記者クラブと映像主体の映放クラブとの見解の相違も自由な映像取材を妨げている。具体的には，本会議場での各社1台のカメラ席が固定されており，それぞれカメラをケーブル接続することで隣接の国会記者会館を経て各社の本社へ送られ，そこでVTR録画される仕組みである。

　その結果，いわゆる「紋切り型」の映像が多くなり，編集者はニュース制作過程で文字スーパーを挿入したり，関連映像をはめ込んだり演説部分を細分化したり，「見せる」ための加工を強いられることになる。総理演説はつねに本会議場2階最前列がカメラ位置であるため，各局とも斜め上から見下ろすアングル，つまりハイアングルで撮った映像となる。

　S・クラッカーは，ナチスプロパガンダ映画の研究において，「ローアングルがヒトラーに支配力と崇高さを与えた」と述べている。この「支配の原則」を実証したR・テメンズは，「映像対象を見下ろすハイアングルでは，見識があるという反応の程度がもっとも低く，下から見上げるローアングルではもっとも高いという有意な差が見出された。また，ハイアングルでは伝わりやすさという点でもっとも低く，下から見上げるローアングルではもっとも高いという差が見出された」という実験結果が示されている。

(2) 会見スタイル

　1991年，宮沢内閣（当時）の官房長官であった加藤紘一氏に，午前と午後に官邸内会見室にて行われる定例会見を立ってやるように進言したことがある。それまで着席スタイルで行われていたものからカメラアングルを水平にするためにアメリカ型のスタンドアップ会見を提案したのである。半年後，ようやく実現して現在の官房長官会見のスタイルが定着した。

通常，総理演説には関心が低く（NHKの平均視聴率3.5%）説得力に欠けるのは，カメラアングルにも原因があるのではないか。少なくともこの点に配慮がなされずに，今日までただ「前例にしたがって」行われてきたことは事実である。

ニュース表現に関しては，動画を多用した場合，受け手は，「おおまか」「曖昧」というマイナスイメージと，「おもしろい」というプラスの印象をもつ。文字ばかりのニュースに対しては，「詳しい」「正確」である反面，「つまらない」と感じるデータ（鶴木　眞・露木　茂・藤田真文共同研究，1988年，第11章第4節参照）もある。

ニュース制作者は，基本的に「正確な情報をわかりやすく」伝えることに専念するものであるが，一方で，より多くの支持（視聴率）を取り付けようともする。同時間帯で競合する番組にあっては，ともすれば後者に力点が置かれることになりやすい。殊に夕方のニュース番組においては，ワイドショー的色彩が濃くなっており，エンターテインメント重視の傾向が強い。一連の出来事のある部分のみをクローズアップして伝えようとする手法は，果たして受け手（視聴者）を満足させるものとなっているのか，4局合計の視聴率29.4%（ビデオリサーチ）の視聴者の理解度と満足度をさらに検証してみる必要がある。

第3節　情報の送り手の責任

1　イエロー・ジャーナリズム

（1）　マス・メディアの企業化

マス・コミュニケーションは，送り手と受け手の図式によって成り立っている。マス・コミュニケーションの発達は，マスコミそのものが送り手の情報をもとに大量の受け手の獲得をめざすことにあった。その背景こそ，マスコミは利潤追求を目的とする企業としての側面を象徴することにほかならない。いま

やマスコミは市場を巻き込んだ産業そのものの中心に位置するほど強大な世界になっている。

そもそもマスコミの発達は，19世紀後半に資本主義体制の確立を基盤としていた。大量の受け手を獲得するために，多くの人が関心を抱く情報内容を用意することに苦心してきた。情報量とそれを送る速さを競うために，マスコミ業界は多大な努力を執り行ってきた。マスコミが企業であることを忘れてはならないし，そこには利潤追求という命題が存在している。したがって，マスコミ自体，受け手を興奮させるためのセンセーショナルな情報，低俗な内容の情報を商品化する傾向が生じたことは自明の理でもある。

（2） 新聞の商業化

大衆の関心をとらえるために記事内容をセンセーショナル化し，新聞の商業主義化が確立されていった。マス・メディアの中枢でもある新聞は，発行部数の大量化や広告媒体化などによって資本主義企業として，大きな利潤をあげるにいたった。それは大量の読者を獲得するために，政治的には中立化し，大衆の関心をとらえるためには記事内容をセンセーショナル化するという新聞の商業主義化傾向に走ることにもなった。19世紀後半にはこうした傾向がより強まっていった。結果的に新聞は完全に商業化するようになった。

（3） イエロー・ジャーナリズム

こうした新聞を中心とするマス・メディアの商業化は，読者を興奮させる徹底した低俗なセンセーショナリズムを実行させた。それがイエロー・ジャーナリズムの出現をもたらした。イエロー・ジャーナリズムと呼ばれる情報の欠陥は送り手側の大きな問題となった。

そもそもイエロー・ジャーナリズムとは，犯罪・スキャンダル・猟奇的な事件などを煽動的に取り上げ，人びとを興奮させる低俗なジャーナリズムを指す。この背景こそアメリカの大衆紙の激烈な販売競争の結果にあった。このネーミングは，大衆紙の紙面を飾った黄色の服を着た主人公の少年イエローキッドの色刷り連載をめぐる大衆紙の泥仕合に象徴された。後にニューヨーク・プレスの主筆であったワードマンが，これらの大衆紙をイエロープレスと皮肉っ

たことから端を発している。

まさにイエロー・ジャーナリズムは，著名人のスキャンダラスな暴露記事や事実誤認に等しい内容そのものを売り物にした情報である。送り手側にしてみれば，事実か否かは当事者の判断に委ねるものの，このような情報が主流になることで通常の情報の価値そのものを失うことになりかねない。

☞ 2 欠陥報道とジャーナリズム

(1) 欠陥報道

つぎに，情報の送り手側であるジャーナリストの姿勢としてあげられるのが欠陥報道である。欠陥報道とは取材段階での聴き取りミスや，ジャーナリストのモラルに反した重大な事実誤認を含み，事実に反した内容で信頼性に欠けた報道である。

欠陥報道の要因は，ジャーナリストの取材段階での誤認，単純な取材ミスから重大な事実誤認まで，すべてジャーナリストとしてのプロ意識そのものが問題となっているところにある。

たとえば，取材対象として予想される原事実が現れる前に，いくつかの可能性を推測して記事を書いておく予定稿がある。この予定稿は，まさに取材記者側のステレオタイプ化の典型でもある。これは，明らかに取材内容に対する正確性の欠如である。こうした背景にあるマスコミ各社とのスクープ合戦のなか，社名を高める速報だけが意識され，記事内容の確認も欠落し，さらには同僚との地位競争のために功名心に駆られたスクープへの執着などによる事実無根の創作記事の掲載によるジャーナリスト自身の欠陥が指摘される。それにジャーナリストのなかにある受け手像からくるものなどもある。

誤報に関する一連の記事では，情報源から送られてきたものが，情報の到達地点で正確に受信されねばならない。誤報はどの型をとってみても情報源の原事実と受け手が受信する情報内容とに差があることを特徴としている。誤認の問題はジャーナリズム批判の一つになっているし，結果的にニュースの中身を薄くし，つまらぬ目玉記事を氾濫させる状況を生み出すことにもなりかねな

い。

(2) 不均衡報道

　ジャーナリストの使命は，正確な報道とともに公正な報道も要求される。しかしそれに反するものがつぎの不均衡報道である。不均衡報道とは，報道内容が何らかの形で均衡を崩しているものである。ニュースは原事実に正確でなければならないのに，どちらか一方に偏向する報道内容となる。

　不均衡報道の問題点としてあげられるものは，第1に，センセーショナリズム (sensationalism) である。センセーションとは刺激された強い感情であるとともに，伝達されたメッセージによって受け手の感情を刺激する社会現象をいう。

　第2に，報道される記事内容そのもののバランスである。とくに政治を中心とした報道番組の時間やニュース選択などに支障が生じてくる。

　第3に，取材する側の人間に対する名誉毀損や人権侵害の問題である。犯罪容疑者の家族をはじめ，有名人，著名人のプライバシーが損なわれたりするような記事であれば，そのニュースのあつかいは不均衡である。

　第4に，ジャーナリスト自らがニュースを創作しようとすることである。事件や事故，災害，スキャンダルなどのニュースを探すのはジャーナリストの仕事である。しかし，その取材過程における問題で，ジャーナリスト側の主観が入り，本来の事実から分離することでバランスは崩壊してしまう。

☞ 3　情報の送り手の責任

(1) 送り手側の姿勢

　何よりジャーナリストの報道責任は適正報道につきる。適正報道とは，マス・メディアの報道を正確と感じ，受け手に信頼をいだかせる報道内容である。適正とは適当かつ正当な報道のことで，適当とはある性質，状態，要求などに見合い，取材が現実の変化に対しよく対応できるように受け手の情報要求を充足させる報道内容である。また正当とは正しくて道理にかなうことである。

当然のように適正報道の重要性は，送り手とするマス・メディア側がもっとも重視すべき姿勢の一つである。適正報道は送り手が受け手に信頼を抱かせる情報を送ることから始まっている。どのような事件に遭遇しても，マス・メディアの使命を忘れず，冷静に適正かつ正当な報道を心がけることが要求される。伝達されるニュースや解説・評論・論評などが，原事実の全体を歪曲しないように努めて公正に可能な限り客観的に報道しなくてはならない。まして今日のような情報社会ではよけいに受け手の人びとはそれに注目している。その結果に，マス・メディア側の努力を認める人びとは，伝達される報道のメッセージを正確で信頼性のおけるものとして受け取ることになる。イエロー・ジャーナリズムのような欠陥報道を否定するためにも，マスコミの適正報道への期待は高まるばかりである。

(2) 送り手の責任

マスコミ側のみによる一方向的な報道に対しては，全責任が送り手側の自主規制にかかっているといえよう。したがってこれだけの責任を負わされていることはきわめて自然でもある。情報の価値が重要視されている今日，マスコミの情報はすべてであるといっても言い過ぎではない。ゆえに送り手自身の自主規制によってのみ情報は送信されているのだ。

送り手側には報道の自由があり，知る権利もあり，情報には多くの開かれた環境が存在している。そのいい例がマス・メディアの報道には，それぞれの意見を外部に発表するにあたって，いずれの干渉も受けることはなく，検閲などもない。

またマス・メディアが情報の入手や伝達を妨げられることはない。マスコミには，取材の自由，報道・評論の自由，媒体・流通の自由が確立している。つまり送り手自身の自主規制によってのみ情報は流されるのである。

☞ **4 情報の受け手における「知る権利」**

(1) 受け手側の対応

マスコミにおいては長く，マスコミの自由と称して「取材の自由」「報道・

評論の自由」「媒体・流通の自由」などのスタイルが現場において貫かれてきた。その一方で，受け手側にも情報を知る権利がある。一つは情報公開であり，公共機関のもつ公文書などの情報の公開を，受け手側は要求することができる。さらにプライバシーの面からも，私生活を第三者の目から守るための法的権利が存在する。

こうした権利が施行された裏側には，イエロー・ジャーナリズムや欠陥報道の横行に対応した司法側の措置がある。その他に情報の洪水に対し，受け手が送り手に一方的に流されず，マス・メディアと公平にわたりあうためのアクセス権などもある。

(2) 知る権利

これまで「知る権利」については，ジャーナリストが情報源に自由に接近して取材する権利というように考えられてきた。ところが近年ではより広い意味で，マス・メディアの受け手が自由な報道を通じて，真実を知る権利をも含むものとされている。つまり報道のもっとも重要な意味は，国民（人びと）に真実を知らせることである。同時に国民には公共的な内容を中心に「知る権利」がある。

そもそも知る権利とは，聞く権利・受ける権利，見る権利などを指し，アメリカにおいては第2次世界大戦中および国際情勢に関する国家の言論統制に反対するためにアメリカのジャーナリストが運動を展開したときに主張された。[1] その点から知る権利の発端は，国民というより国家の言論統制に対するジャーナリズムの自由思想が根底にあったことも見逃せない。そして知る権利の流れは行政側の情報公開という制度の確立へと進んでいく。

(3) 情報公開

この権利は公文書の閲覧・謄写権に属し，国民の知る権利を保障するために，国家・地方自治体・企業などがその保有する情報や資料を自発的に，あるいは市民の請求にもとづき公開することをいう。情報公開制は，国など公共機関のもつ公文書などの情報を，一般国民である住民の請求に応じて公開する制度である。

一般に，情報公開制度は，中央レベルに比べ地方レベルの方が運用しやすいともいえる。第1に，中央と異なり，地方は議会の多数勢力が地方政府をつくるわけではなく，知事は住民の直接選挙によって選ばれるので，そこに立法機関と行政機関に制度上の癒着関係がない。第2に，秘密行政を正当化する口実としての軍事，外交情報がないという点があげられる。(2) その象徴的な例としてわが国初の情報公開性をしいたのが地方町村である山形県の金山町（1982年4月1日施行）であった。

情報公開制度にともなう主要な問題としては，第1に中途半端な法律はつくらない方がいいということである。法律というものは権利義務の主体，性格，内容，限界を明らかにするため，つくり方や運用の仕方によっては，従来よりもさらに不自由になってしまう。第2に情報公開のアキレス腱である。諸外国の例をみても防衛，外交に関するものなどは非公開になっているため問題が多い。第3にプライバシーも問題である。好むと好まざるとにかかわらず，国民の個人情報を集めざるを得ないという現実がある。まさに情報公開法最大の問題である。第4に公開強制の方法である。公開を義務づけ，それを履行させる手段をともなわなければ何の意味もない。常時公開を確保する事実が不可欠であろう。(3)

(4) 名誉毀損とプライバシー

つぎに，プライバシーにかかわる問題である。これは，私生活を第三者から守る法的権利である。これまで西欧においては，私生活と名誉の尊重は人格権の一部として長く認められてきた。

これが法的問題となったのは，19世紀末アメリカにおけるイエロー・ジャーナリズムの氾濫によってで，日本では戦後の週刊誌ブーム以後である。さらに20世紀末のコンピュータ時代の到来によって，プライバシー問題はいっきょに加速して複雑な様相を呈していった。

(5) アクセス権

公平原則（principle of equality）ともいう。特定のメディアを通じて，公的に重要な意味をもつ問題について意見が提示された時，これと利害関係をもつ

ものが公平原則にもとづいて，同じメディアを通じて反論することを要求できる権利である。これも，思想表現の自由をめぐる新しい権利として浸透している。

　今日のようなアクセス権が主張されるようになった理論的背景としてつぎのような考えがある。(4) 近代社会における言論の自由は，理念的には「国家からの言論の自由」，すなわち，国家によって言論を抑圧されない自由を意味し，言論の自由をめぐる緊張関係は，国家権力と言論主体のあいだに存在していた。これは言論の自由における二極構造と把握することができる。ここでは，メディアと市民は一体となって国家による言論弾圧とたたかってきた。

　ところが，資本主義の発展にともなって，メディアもマス化し，集中化し，独占化の傾向を強めるようになった現代社会においては，市民一般はマス・メディアから疎外され，情報の「送り手」と「受け手」という二つの階層が生まれるにいたった。しかも，両者には資本主義と労働者の関係にみられるように，一般的には立場の互換性がなくなってきている。ここでは，元来，言論の自由として一体のものと考えられてきた，メディアと市民のあいだに一定の対抗関係が生じるようになり，今日の言論状況は，かつての「メディア」イコール「市民」対「国家」という二極構造から，「市民」と「メディア」と「国家」という三極構造への移行として特徴づけられるようになった。

　本来，アクセス権のもつ意味から現代のもつ意味の過程をたどることで，情報の送り手と受け手の関係が変化していく様が理解できよう。今日の人びとがおかれているマス・メディアとの関係は，単に複雑さが増しただけではない。マス・コミュニケーションそのものの機能と受け手側とのバランスがいかに計られているかを再考する時機にきていることも意味している。

(6) インフォームド・コンセント

　最後に知る権利としてあらたに登場するようになった概念としてのインフォームド・コンセント (informed consent) は，「説明にもとづく同意」の意味で用いられる。一般には，医療の提供者が，医療の内容を十分に明らかにした上で，患者側の理解と同意を踏まえた医療行為を行うことを意味する。今日では

医療世界に限らずメディアの報道記事一つとっても適用されている。

第4節 マス・コミュニケーションの社会的責任

☞ 1 マス・コミュニケーションにおける社会的責任

(1) マス・コミュニケーションの質に対する責任

情報中心である今日のメディア社会，時には情報のバランスに人びとが左右されることは少なくない。たとえ，人びとはさまざまな権利に守られようとマスコミに対し，受け手は常に弱い立場にあることは否定できない。とすれば送り手も受け手にとっても都合のいい情報社会とはいかなる条件がそなわっている状態をいうのであろう。それを指摘したのが W・シュラムであった。

1957年にシュラムは，「マス・コミュニケーションにおける社会的責任」のなかで，社会がマス・メディアを勇気づけたり，励まして，責任ある行為をさせたりするために使ってさしつかえない手段は，大きいものではつぎの3つであるとした。[5]

第1に，政府とその全国，州，地域の各種の取り締まり機関である。これはある意味行政機関を指している。公的機関がマス・メディアを管理したり制御したりする可能性にも言及されることにもなる。

第2に，メディアそのもの，すなわちその各職員，公式，非公式の団体と管理組織である。これはマス・メディア自身の自主規制を意味しており，メディアそのものに全責任が覆いかぶさることにもなる。

第3に，公式，非公式の組織と団体をもっている一般の公衆である。これは行政でもメディアでもない完全なる第三者機関であるため，その人選，構成メンバーによって左右される恐れも考えられる。

ある意味でシュラムの指摘した手段はまさにそれぞれが独立したものとしてあつかうのではなく，「政府・メディア・公衆」の三者のあいだにおけるバラ

ンスの重要性そのものである。たとえば、アメリカにあるマス・コミュニケーションの性質に対して、また国民がマス・コミュニケーションの望んでいる改革に関して、三者のどれに責任があるかと問うならば、責任は分担されているというきわめて明快な答えが出てくるとシュラムはいう。

結局、政府・メディア・公衆のいずれか一つにその仕事を期待することはできないし、他方どれでもその仕事を遂行する責任は免除されていない。国民が求めているのは、三者のあいだでの責任の望ましいバランスである。

そのバランスの上に人びとの日常生活が存在している。これはまた同時に、正確な情報を送る側と受ける側とのバランスを維持するものにほかならない。情報中心のいまのメディア社会に生きる人びとの本来あるべき姿でもある。

(2) 「プレスの自由に関する委員会」の見解

マス・メディアの社会的責任として、歴史的重みのあるのが1947年にシカゴ大学から出版された、「自由で責任あるプレスをめざして」における、プレスの自由委員会の勧告である。とくに、委員会の見解の論点は、つぎの2点にみることができる。[6]

一つは「メディア」と「公衆」が、自由かつ責任あるコミュニケーション制度を保証しようとすればするほど、「政府」のすることが少なくなるという結論である。確かに今日問題になっているメディア規制の問題もわざわざ法制化する必要もなくなるし、政府による報道規制も起こらなくなる。

もう一つは「法律」や「世論」という"外部勢力"は、メディアの行いの悪い面は抑制できるのであるが、良い行いをもたらすことのできるのはメディアそのものだという結論である。これもメディア自身が真摯に送り手の責務を果たし、自ら自浄化できる体制を維持できれば必要はなくなる。

(3) 公衆の責任に対するシュラムの見解

プレスの自由に関する委員会の見解に対して、シュラム自身の見解は明快である。[7] もしメディアがその責任を負わないならば、またメディアが高度な専門的レベルで自主的に、われわれの社会が必要としている公共サービスをしないならば、われわれのコミュニケーション問題は、われわれが望ましい行動の限

界と規定したような，その限界からある程度抜け出せないで解決できるとは思えないというものであった。

さらに具体的に，①公衆がコミュニケーション動態における第一の推進者になることを望んでいる。公衆が自らを欲しているものを知り，それを発言することが必要である。②われわれの見解や意図していることをメディアに直接知らせることである。③メディアに対する知的批判を推奨することである。まさに公衆側の主体的は発言が世論を盛り上げることのみならず，核心をメディアに伝えることにもなる。④公衆がマス・コミュニケーションに関する見識ある関心を示すことができる。重要な方法は新しい冒険となる試みを推奨することにある。⑤公衆はマス・コミュニケーションに関し特殊の責任を負っている。メディア批判というより受け手側の声を反映させるための積極的な行動こそ重要である。⑥われわれがマス・コミュニケーションに関して，活発な，はっきりものをいえる見識の公衆をもつことを，現実に期待できるかどうかということである。公衆自身が高い見識をもちメディアに対応していく環境構築を目指す必要性もあること。

シュラムの見解はマス・コミュニケーションの質に対する責任に象徴されるとおり，「メディア」と「政府」と「公衆」のあいだの微妙なバランスにあるといえよう。三者間のバランスこそマス・コミュニケーションの社会的責任そのものを示す完全なる姿である。しかしこのバランスを維持するためには社会全体の構造変動につねに適応できるシステムの安定的供給が不可欠である。三者の微妙な立場がその安定を遵守するための道は言葉どおりには進まないこともまた社会である。それでもこの意識はつねに持ち続けたい。

☞ **2 自由で責任のあるプレスをめざして**

(1) プレスの自由委員会の勧告

「自由で責任のあるプレス」(1947年) シカゴ大学

プレスの自由委員会の勧告は，1949年にシュラムによって『マス・コミュニケーション』のなかに収録された。原文はつぎのとおりである。[8]

I 「政府を通じて何ができるか」

① われわれは，プレスの自由についての憲法上の保障が，ラジオと映画を含むものとして承認されるよう勧告する。

② われわれは，政府がコミュニケーション産業における新しい冒険的事業を促進すること，反トラスト法により大企業間の競争を維持すること，またコミュニケーションの集中が避けられない場合は，公衆が集中による利益を受けられるよう，政府が努めて注意することを勧告する。

③ われわれは，文書誹毀にたいする現行の救済手段にかわるものとして，被害者が加害者にたいし，取り消しまたは事実の再述を求めることができる，あるいは反論の機会をもちうるような立法を勧告する。

④ われわれは，その表現は暴力行為をひき起こすという明白かつ現在の危険がない場合は，現制度の革命的変革のための表現を禁止している法律を無効にすることを勧告する。

⑤ われわれは，政府がマス・コミュニケーションの媒体によって，その政策と政策の基盤にある目的に関する事実を公衆に知らせること，また，マス・コミュニケーションの民間機関が，政府にその媒体を提供できないか，あるいは提供しようとしない範囲内で，政府自身が自己所有の媒体を使用することを勧告する。

⑥ われわれはまた，マス・コミュニケーションの民間機関がこの国についての情報を，特定の外国の1か国あるいは数か国にたいし供給できないか，あるいは供給しようとしない場合，政府は自己所有のマス・コミュニケーションの媒体を使用して，この欠陥を埋めることを勧告する。

II 「プレスによって何ができるか」

① われわれは，マス・コミュニケーションの機関が情報と討論の共同機関であるという責任を受け入れることを勧告する。

② われわれは，マス・コミュニケーションの機関がその分野における新しい，実験的な活動に資金を提供する責任を引き受けることを勧告する。

③ われわれは，プレスに属する人びとが活発な相互的批判をたたかわすよ

う勧告する。
④　われわれは，ラジオ事業がその放送番組を規制すること，また広告を一流新聞が取りあつかうことを勧告する。

Ⅲ　「公衆によって何ができるか」
①　われわれは，非営利機関がアメリカ国民の求めているような種類，質，量のプレス・サービスの供給を援助することを勧告する。
②　われわれは，コミュニケーションの分野における高度な研究，調査，出版の学術的＝専門職業的センターを創設することを勧告する。
　さらに，現行のジャーナリズム学部がその大学の全資源を利用して，学生にもっとも幅広く，もっとも自由な訓練を与えるようにすることを勧告する。
③　われわれは，プレスの仕事について毎年評価し報告をする，新しい独立機関の開設を勧告する。

☞　3　マス・コミュニケーションの表現の自由と責任

(1)　意見を外部に発表するのにあたって干渉を受けない

　これはマス・コミュニケーションから送られた内容に対して，当局による検閲による管理を受けることはない。それゆえに，送り手は責任ある意見を行わなければならない義務がある。

(2)　情報・思想の入手や伝達を妨げられない

　久しく送り手の記事に関してその入手や検索にあたってスムーズに遂行できるために管理されない。それとマス・コミュニケーション内容のニュース記事などの伝達にあたりその経路を妨げることのない環境を維持する。それゆえ万人に対して等しく情報を開示する義務がある。

(3)　マスコミ自体と公衆，そして政府とのバランス

　最後はやはり強大な力をもつマスコミ自体が，公衆に対する協力関係と政府に関与されない強い信念をもった姿勢を維持することに帰結する。結局，シュラムいわく，「政府・メディア・公衆」という三者のバランスである。いつの

時代でもこの関係に変わることはない。マス・コミュニケーションの表現の自由と責任は，この上に成り立っているのである。

◆ 注
（1）　堀部政男，1977，『アクセス権』東京大学出版会，23 ページ
（2）　清水英夫編，1980，『情報公開と知る権利』三省堂，27 ページ
（3）　同上書，29-31 ページ
（4）　堀部政男，1978，『アクセス権とは何か』岩波書店，31-32 ページ
（5）　Schramm, W. (ed.), 1949, *Mass Communications*, University of Illinois Press.（学習院大学社会学研究室訳，1949，『新版マス・コミュニケーション―マス・メディアの総合的研究―』東京創元社，343 ページ）
（6）　同上訳書，343 ページ
（7）　同上訳書，344-352 ページ
（8）　同上訳書，358-359 ページ

参考文献

W・シュラム編，学習院大学社会学研究室訳，1949，『新版マス・コミュニケーション―マス・メディアの総合的研究―』東京創元社
F・S・シーバート編，内川芳美訳，1953，『マス・コミの自由に関する四理論』東京創元社
清水幾太郎編集，1954，『マス・コミュニケーション講座 3―新聞・雑誌・出版―』河出書房
清水幾太郎編集，1955，『マス・コミュニケーション講座 5―現代社会とマス・コミュニケーション―』河出書房
城戸又一編集代表，1973，『講座　現代ジャーナリズムⅡ―新聞―』時事通信社
城戸又一編集代表，1973，『講座　現代ジャーナリズムⅥ―ジャーナリスト―』時事通信社
内川芳美・新井直之編，1983，『日本のジャーナリズム―大衆の心をつかんだか―』有斐閣
堀部政男，1977，『アクセス権』東京大学出版会
堀部政男，1978，『アクセス権と何か』岩波書店
堀部政男，1980，『現代のプライバシー』岩波書店
奥平康弘，1979，『知る権利』岩波書店
清水英夫編，1980，『情報公開と知る権利』三省堂

現場実証編

第10章 マス・コミュニケーションとテレビ

第1節 ワイドショー

☞ **1 ワイドショーのルーツ**

(1) みんなテレビ人間

　日本人ほどテレビが好きな国民はいないといわれている。1995年の国民生活時間調査によると、平日で3時間32分テレビを観ているという。それに対して「新聞を読む」は、1日わずか18分である。ビデオリサーチ社がまとめた『'98年テレビ調査白書』によれば、関東地区で1世帯当たり1日のテレビ視聴時間は8時間9分、ここ数年減少傾向にあったものが、'98年は再び増加に転じた。長野オリンピック、和歌山カレー事件などがあったためと説明されている。そして、スポーツ報道番組の視聴量も増えている。

　田宮　武による調査では、つねに視聴するニュース番組は、1位「ニュースステーション」(テレビ朝日) 73.5%、2位「スーパータイム」(フジテレビ) 18.1%、3位「モーニングワイド」(NHK) 11.2%であった。

　それから10年後、著者の討論の参考として実施した1998年調査では、すべてのテレビ番組のなかから学生が好んで視聴する番組名を記述させたところ、1位は「SMAP×SMAP」(フジテレビ) の25%であった。ニュース番組では、「ニュースステーション」10.6%、「ニュースJAPAN」(フジテレビ) 8.9%、

「めざましテレビ」(フジテレビ)」6.9％で，民放ニュース3番組の合計は26.4％となった。そして，同時に行った新聞購読に関する調査では，15.3％が購読していないと答えている。

　この結果は，谷藤悦史の指摘にある「情報入手経路は多角化しているのに，政治情報を含むニュースに関しては，テレビと新聞へ異常なほど集中している。とりわけテレビへの依存が著しく，テレビ媒介として政治，映像媒体を中心とした政治の時代が確実に到来している」のデータ上の裏づけにもなっている。

　また，インターネットの普及率が10％を超え，ホームページやメールを利用した情報の交換は今後ますます盛んになるであろうが，しばらくは，日常の情報獲得手段は，テレビ中心であることは変わりないと思われる。

　テレビ人間が作り上げた「テレビ社会」とは，いったいどのような歴史的経過をたどってきたのか。そこでテレビの情報系といわれる番組を考察してみることにする。

　昨今，各局のニュース番組に対し，「ワイド化」「ワイドショー化」という指摘がなされている。「ワイド化」というのは長時間化である。現在のニュースの原型といわれるTBSの「ニュースコープ」は，1962年のスタート時は正味20分であった。その後ENG，SNGの導入で，1時間，1時間30分といった長尺のニュースが編成できるようになったのはこの10年余りのことである。

　「ワイドショー化」とはニュースの内容にかかわる指摘であるが，何をもって「ワイドショー化」というのか，その論拠は曖昧といわざるを得ない。そこでつぎに，日本のワイドショーの成り立ちを振り返りながらニュースが制作されるプロセスと問題点など，放送現場からの分析を行っていきたい。

(2) テレビ草創期

　1959(昭和34)年2月1日に日本教育テレビ(現テレビ朝日)が，そして3月1日にはフジテレビが開局し，東京のテレビチャンネル，NHK教育テレビを加えて6波となって，「テレビ競争時代」の舞台が整った。4月10日の皇太子(現天皇)と美智子妃(現皇后)結婚パレードの中継放送を前に，4月6日はNHKの「総合」と「教育」のチャンネル体制から，総合はナンバーワンにこ

だわって第1チャンネルを取った。

　このようにハードウエアの面では今日のし烈な視聴率を予感させる状況が整備されたことになるが、ソフトの面ではまだまだ草創期を抜け出せないままに推移していた。NHK総合は放送時間が午前7時から、8時の「けさのニュースから」が終わると、11時の「劇」まで休み時間がある。日本テレビも午前7時から、9時まで放送した後は正午のニュースまでテストパターンのみ映し出しているといった状態であった。日本教育テレビは、午前中放送していたが、免許条件が、教育番組53％以上の番組編成を義務づけていたため、正午まではもっぱら小学生向き教育放送にあてられていた。

　昼間の放送休止期間がなくなり、全日放送が実現するのは2年後、1961（昭和36）年からである。この年のフジテレビが、まず午後の空白時間に「テレビ名画座」を、秋からは午前に「奥さま映画劇場」をスタートさせた。経営不振の新東宝などからフィルムを購入して、いわゆる名画座方式で、同じ時間に同じ作品を3日、あるいは1週間繰り返し放送するというものであった。

☞ 2 アメリカに範を求めて

(1) リハーサルなしの生放送

　アメリカのアジア財団から、放送視察団の招待状が届いたのは、皇太子ご成婚の直後のことであった。1959年夏、NHK、民放の第一線スタッフで構成された視察団が3か月のスケジュールで渡米した。メンバーの一人に日本教育テレビの報道課長、江間守一がいた。江間は教育局という特殊な立場であったために見学の対象も他のメンバーとは異なり、単独で行動することが多かった。一人でふらふらと訪れたNBCのスタジオで「トゥデイ」の生放送を見学する。江間はまず、朝からテレビ放送をやっていることに驚き、それがリハーサルもなしの生放送であることに彼我の差を感じた。

　江間は、東海大学教授になってからも、9月25日の「トゥデイ」のシーンを鮮明に記憶している。午前8時から9時30分までの生放送中、新しいニュースが飛び込んできた。「ちょっと待った、今、新しいニュースが入ってきた。

日本に巨大な台風が上陸した。中部地方，とくに名古屋で大きな被害が出ているようだ」。こうした司会者のニュース・リード後，「中部地方の駐留軍はピッツバーグ出身の部隊が中心だ。ピッツバーグのスタジオを呼んでみよう」。そして心配する留守家族の声が入ってくる。これがアメリカで伊勢湾台風を伝えた第一報であった。

　当時は衛星回線があるわけでもなく，マイクロ回線も簡単には接続できない時代であるから，もちろん映像もなく，番組中のやりとりも電話であった。しかし，番組の臨機応変のダイナミックな対応に江間は，「テレビって良いものだなあ」という正直な感慨を抱き，「これからのテレビはこれだ」と確信したという。

（2）幻のモーニングショー

　アメリカ視察から帰国し江間は翌年の1960年，「モーニング・ニュースショー」なる企画書を仕上げる。放送は月曜から金曜の午前7時から8時の1時間生放送，スタジオの司会は三国一朗を予定していた。当然ベースにはアメリカで見た「トゥデイ」がある。そして，一方に開局時に江間が始めた「本日○月○日」という生放送15分番組の拡大版という意味合いももたせている。

　しかし，この企画はいきなり一つの壁につき当たることになった。まず横やりを入れたのは営業であった。午前7時台はニュースを除けばほとんどが再放送のミニ番組，10分，15分きざみの枠である。番組ごとのステーションブレークは営業の金城湯池である。スポットCMを収容するいわば宝庫であるわけで，そこに1時間の番組が入ってくれば貴重な収益源が削られるという理由である。

　さらに，これは後発局の弱点であるスタジオ不足である。限られたスタジオを時間で区切ってやりくりしながら，かろうじて番組を制作している局にとって，一つの番組に毎日スタジオを占拠されては他の番組作りに支障が出るというものである。銀座電通1階のガラス張りの部屋をサテライトスタジオとして使う案も出たが，機械や人員の点で対応できないなどの理由で，結局，日の目をみることはなかった。新聞の番組表は，この頃まだラジオ欄が上段に大きな

スペースをとり，テレビ欄はその下に小さく載っていた時代である。テレビが新境地を開拓していくには環境が未整備であり，ワイドショー実現には時期尚早であったといわざるを得ない。

第2節　ニュースショー

☞ 1　ニュースショーの誕生

(1)　カギはアメリカ

　1963（昭和38）年夏の終わり，NET（日本教育テレビ）社内でこんなやりとりがあった。「あるアメリカ系のスポンサーが，月曜から金曜まで毎朝1時間，婦人向けの帯番組をやりたがっている。いろんな要素の入ったワイド番組で，先方は相当はっきりしたイメージをもっているらしい。その意向も含んだ上で，NETとしても，これならやれるという企画を考えてみたらどうだ」。高野副社長のこんなメッセージが，制作企画部に下りてきた。「そんな夢のような話」と感じたのは，制作企画部教養番組担当課長の浅田孝彦であった。

　浅田は江間より3歳若い。江間がラジオ東京（現TBS）から移籍した民放育ちであるのに対し，浅田は陸軍航空士官学校出で婦人雑誌，娯楽雑誌の編集者から開局時にNETに入社し，多様な経歴をもっている。1961（昭和36）年には，夜の45分番組「テレビ週刊誌」を手がけていた。特集・コラム・マンガと，当時ブームとなっていた週刊誌を映像化した。浅田の経歴ならではの番組であった。しかし，生番組であっても，週1回ではそこで取り上げるニュースの鮮度がどうしても落ちてしまう。しだいに娯楽色を強めていかざるを得ない。そんな経験を積んできた浅田であったが，週5時間の生放送，それも早朝とあっては，スタッフ不足，スタジオ不足のなかでとても現実性のある話とは思えなかった。

　当時の午前帯の環境はきわめて厳しいものになっていた。夫や子どもは出か

けた後で，家庭の主婦もゆっくりテレビの前に座っている余裕などない時代である。「不毛の時間帯」といわれたゆえんである。民放各局が競って始めた古い映画の放送もそろそろ底をつきはじめ，NHK の「テレビ小説」「うたのえほん」「くらしの窓」に視聴率は完全に奪われていた。民放各局の首脳が集まり，「早朝放送は互いに中止する方向」で話し合いがもたれるところまできていた。朝のワイドショー企画に腰がひけたのかもしれない。

☞ 2　日本経済成長とテレビ

(1) 生活環境がそろう

　時代は早いテンポで進んでいく。'60 年安保，安保条約改定自然成立，池田内閣発足，所得倍増論，東京オリンピック開催準備と新幹線計画など，経済はテイクオフを果たし，家電製品もいっきに普及した。海外も日本マーケットに目を向けはじめていた。レジャー・ブームという流行語があらわれはじめたこの頃，日本への本格進出をねらうアメリカ企業の一つが，製薬会社のヴィックス社であった。日本ヴィックス社長 B・C・ピーターソンは，テレビコマーシャルが販売促進にいかに効果的であるかをよく知っていた。当初，比較的安価なスポット枠を集中的に買って，同じ CM ソングを繰り返し流すという集中スポット方式でヴィックスの名を日本に印象づけた。そして，つぎのステップは番組を提供する。それも主婦向けの生番組のスポンサーになることで，日本人の生活そのもののなかに浸透しようという作戦であった。ピーターソンは直接浅田と面会し，企画のすり合わせをした。そこでも NBC の「トゥデイ」が引き合いに出された。すぐに「トゥデイ」の録画が取り寄せられて，浅田ははじめてこの番組を見た。ローカル局から次々に送られてくる中継，30 分ごとに新しいニュースが差し替えられていく機動性，司会者のリラックスした自然な会話，サテライトスタジオのガラス越しに見物している人たちの楽しげな表情，浅田は「すべての点で，日本の民放はまだ足元にもおよばない」と実感を述べている。ピーターソンは，「番組の魅力の大部分を決定するのは，料理人である司会者だ」と強調し，半ば冗談で「島津貴子さんに司会をやってもらえ

ると申し分ありませんね」といって浅田を驚かせた。

（2） テレビ司会者と生番組

　ピーターソンや代理店博報堂の積極的な動きで制作費のメドも立つと，局もようやくエンジンがかかり出した。当時のテレビ局にとっては毎日1時間，週5時間の生番組といえば，途方もないマンモス番組である。しかし，新たにスタッフを雇い入れるわけではない。やりくりして他の番組から集められたスタッフも約10人。内容はニュースあり，話題のゲストあり，実用コーナー，今週の唄と盛り沢山で，前途は多難である。「ニュースショー」という呼称にも局内から異論が出た。ニュースは神聖なものであり，それをショーつまり見せ物にするとはけしからんというのである。そして，最大の懸案は司会者選びであった。アナウンサーに「トゥデイ」のような自分の言葉で，自然なアドリブで臨機応変の司会役がつとまるだろうか。視聴者は主婦が中心である。それ相当の人生経験を積んだ，40歳前後の人材ということになると開局4年の局内には見当たらない。

　何人かの候補のなかから一番にあげられたのが，元NHKのアナウンサーで，人気番組「私の秘密」の司会で知られた高橋圭三であった。高橋はNHKを離れて1年余り，フリーアナウンサーとして民放のクイズ番組などで活躍していた。高橋はかねがね「これまでのテレビは，まず台本がありカメラの位置が決まるという映画手法からぬけ切れないでいる。テレビは生きもので，直接家庭と結ばれている。スタジオのなかを自由に動き回って視聴者に話しかける司会者をカメラが追いかけるのだ。あらゆるスタジオ番組は実況中継なのだ」と考えていた。高橋は自分が一番やりたい番組に出会った思いであったが，かつて胸を患って2年半療養生活を送った体で，早朝の生放送に耐えられるだろうか。引き受けるかどうか家族会議まで開いて考えたが，断腸の思いでこの話を断った。

　余談だが，高橋の人気を不動のものとした「私の秘密」は，1955（昭和30）年スタートのクイズ・バラエティ番組だが，企画のヒントはNHKディレクター佐藤治男が，VOA（ヴォイス・オブ・アメリカ）へ派遣された時にみた

番組「マイ・シークレット」であった。

　制作企画部副部長になっていた江間も，密かに司会者の人選を進めていた。彼が白羽の矢を立てたのは，やはりNHKのニュースアナウンサーの花形・大塚利兵衛であった。江間は大塚が中学の後輩であるという個人的理由もあって，彼の仕事に以前から注目していた。砂川事件の現場からの実況放送，浅沼社会党委員長刺殺事件の中継，いずれもラジオであったが，大塚の冷静で正確なアナウンスを高く評価していた。皇太子御成婚のテレビ中継で大塚は，パレードのハイライト二重橋前を担当した。NHK内部でも力量が高く評価されていたことがわかる。江間の頭のなかには，朝のワイド番組はあくまでニュース中心，硬派の情報番組という想定があった上での人選といえよう。しかし，ピーターソンや浅田は，もっと柔軟な番組を考えていた。いわば「人間ショー」ともいうべき番組で，司会者も視聴者と同じ立場に置き，一人の人間として反応するこれまでの客観報道の概念を打ち破るものにしたいという思いがあった。

　浅田が高橋圭三のあとに選んだのは，NHKの夜の教養番組として人気のあった，「生活の知恵」を5年余り担当していた木島則夫であった。木島を選んだ最大の理由を，浅田は「NHKアナウンサーのなかで，頭でなく，心でインタビューのできる数少ない人材であることと，彼のもっている庶民性である」，「親しみを込めて視聴者に語りかける表情には，借り物ではない温かさがある」と述べている。

　木島則夫は，二か月間悩んだ末，この番組を引き受け，NHKを退社，高橋に継ぐNHK出身2人目のフリーアナとなった。

　「8時半です。おはようございます」。1964（昭和39）年4月1日。日本のテレビ最初のニュースショー「木島則夫モーニングショー」が呱呱の声をあげた。木島とサブ司会の栗原玲児，井上加寿子が，村越豊子さんを囲む。誘拐された吉展ちゃんのお母さんである。吉展ちゃんがいなくなって1年，手がかりは犯人の電話の声だけであった。視聴者に，犯人捜しの協力を呼びかけた。また「新婚さん」のコーナーは，いわゆるシロウトのホヤホヤのカップルをスタジオに招いて話を聞く，若干のぞき見的趣向であったが，新しい世代の夫婦の

あり方を考えるという側面ももたせていた。歌のゲストにヴィックスのCMソングを唄っている楠トシエを呼んでスポンサーサービスも忘れなかった。

（3） 現場から生中継

事件・事故といった社会現象，街の話題や生活のヒント，息ぬきの音楽ゲストなど，日常の出来事を取り上げながら司会者のキャラクターで味つけをしていくコンセプトは初期の段階ででき上がっていたといえる。伝説的になった「ステテコ論争」も初期のものである。池田首相の「羽田国際空港にステテコ姿で夕涼みに出かける者がふえたが，国辱である」という発言があった。新聞の政治面ではコラムの隅のあつかいである。3人の司会者がステテコの効用に関して賛成と反対に分かれ，スタジオ見学の主婦も巻き込んでの大論争に発展し，視聴者から投書が殺到する。その反響をもとに数日間議論が続いた。それは「生」放送の帯番組だからこそできる新たなテレビ的手法の発見でもあった。

ゴールデン・ウイークや祇園祭りなどでは司会者がさまざまな現場に出向いて中継放送するという方法も定着した。しかし，当時はスタジオの外からの中継は簡単ではなかった。中継車と電源車2台セットで移動しなければならず，技術の人員も20人以上を要する大作業であった。スタジオだけでは手いっぱいの制作スタッフが，中継先にとられては，ますます手薄になる。過酷な労働にならざるを得なかった。精神的な支えとなったのは「視聴率」であった。4月のスタート時，2％前後であったものが，半年後の10月には8.5％に上昇する。将来性をかってスポンサーも増える。花王・日本石油・十條ギンバリーが相次いで参入し，1時間を4分割した。いわゆる「フルゲート」のセールスが完成する。10月からはネットする局も増えて，営業面でも，後発局の悩みの種であるネットワーク拡大にも光明がみえてきた。不毛の時間帯，「民放の火山灰地」（草柳大蔵）といわれた朝の時間に種が播かれ芽を出した。同時にニュースショーは商売になるという手ごたえも確かなものとなっていった。

1年足らずのあいだに，NHKに独占されていた朝の時間帯の活性化に成功したということは，ワイドショーのパイオニアとしての功績もさることなが

ら，完全な全日放送をめざすテレビ界にとって大きな指針となったことは間違いない。NET社内では，同じく「空白の時間帯」である昼にワイドショーを編成すべく準備に入るのである。そして1965（昭和40）年に入ると，もう一つの後発局であるフジテレビが，朝の時間帯への挑戦を宣言する。さらにNHKも，午前7時台のニュースをワイド化する構想を発表するにいたるのである。

第3節 ワイドショー競合時代の到来

☞ 1 初期はキャラクターショー

（1） メイン司会者の存在

　1965（昭和40）年，まず積極的に動いたのはフジテレビであった。当時の編成局長・村上七郎が陣頭指揮をとったことでも，力の入れようがわかる。「古い劇場映画をかけるくらいで，金もないけど視聴率も期待しないような時間帯へ，NETの金も人手もかけて生番組をやるというのは大変なことで，その成果に注目していたが，これが大成功だった。やはり良いものを出せばみてくれるということに今更ながら気がついた。大事なのはやはりメインの司会者，残念ながらうちにはまだそこまでの人材は育っていなかった。倉田充男営業部長（NHKアナ出身）にまずしかるべき人をリストアップしてもらった」と当時を振り返る。

　このリストの第1にあげられたのは倉田充男の同期，野村泰治，2番目が小川　宏であった。ところが，野村はその時すでに，4月にスタート予定の「スタジオ102」のメイン司会者として非公式に接触している事実が判明する。その後のワイドショー競争を象徴するような状況がすでに始まっていた。

　結局，小川　宏はフジテレビに，野村は「スタジオ102」を，NETの「アフタヌーンショー」は，これまたNHK出身でRKB毎日放送に移籍していた

榎本 猛を起用，この年の春からは文字どおりワイドショー競合時代に突入したのである。

ここで注目しておきたいのは，初期のワイドショーはそのメイン司会者の個性を重視した「キャラクターショー」であったということである。毎日決まった時間になると同じ顔が家庭の茶の間にあらわれる。桜が咲いた，台風がきたといった，身の回りの話題やニュースが，それぞれの司会者の人生観や経験によって味つけされ，視聴者も感性の部分でそれに共感する。スタジオと茶の間の段差が取り除かれ，テレビが一方的に伝えるものから，一緒に楽しみ，スタジオを同次元で笑い，泣き，怒るという新しい視聴者との関係を築いていった。

著者は，小川 宏とともに16年11か月にわたって「小川 宏ショー」に携わってきた。したがって，できる限り客観的にワイドショーの歴史とありさまを検証しようと考えている。

(2) 番組モニターレポート

ここに一冊の番組モニターレポートがある。「小川 宏ショー」がスタートして1か月，1965（昭和40）年5月25日および27日放送分に関する，いわば視聴者の感想文である。

① 22歳・学生

「"小川 宏ショー"は，先輩格の"木島則夫ショー"を真似ていることは誰の目にも明らかである。放送が始まって日も浅いし，特色が十分出し切れないのもわかる。これからどういう方向にこの番組をもってゆくかが課題である。この番組で興味を惹かれるのは，子どもたちが自由に自分の意見を述べる"子供の広場"である」

② 32歳・主婦

「はじめに小川 宏が番組の内容を紹介していたのは良い。朝の忙しい時間，予定がわかると仕事をしながらでも見られる。今日とくに良かったのはニュースの扱い。佐世保の原潜と室蘭の火災，普通のニュースでは判らぬ点まで知らせて，見応えがあった。またニュースについて司会者一人一人が意見を述べる

こ␣とも，民放の良さで気持ちが良い」

③　29歳・主婦

「遊びと学習をテーマにした"子供の広場"は小川アナの上手な司会ぶりでとても生き生きとゆかいに興味深く進められた」

④　36歳・主婦

「今日はニュースが充実していた。台風6号の接近を雨の中で皇居見物する修学旅行のずぶぬれの生徒たちの中継をよく表していた。小川アナの対談の場面では，背景の花，鳥かごの小鳥のさえずり，こんな風情が視聴者の心をとらえるものである。

「小川　宏ショー」第1回のPD卓でキューを振った，チーフ・ディレクターの西ヶ谷秀夫は，当時の放送を取り巻く環境とワイドショー開発の経緯をつぎのように語っている。

「舞台中継にしても古い映画の放送にしても旧来のものをテレビに転用していたにすぎない。テレビ的なものといえばほとんどがNHKの模倣であった。もっと民放テレビとしてやれることがあるのではないか。もっと"生"の人間を画面に登場させられぬものかと，ずっと考えていた」。すでに社会教養班としては，"東は東""テレビ結婚式""タワー10時40分"など，"暮らし"や"ヒューマン"の視点に立った番組が序序に制作されはじめていた。

「ブームマイクが画面に写ってもかまわない。カメラがアップを撮るために割り込んできても良い。とにかく新しいテレビ作りに挑戦しようと思った。しかし，"小川　宏ショー"は1時間30分の長丁場，当時の番組は30分が常識で，果たして90分PD卓に座って緊張を持続できるかという不安があった。これも新たな挑戦だ。とにかくテレビらしさとは何かを追求してみようと思った」。

　西ヶ谷を中心としたスタッフは，まず，この番組は「人間ショー」であるというコンセプトで意思統一した。どのような人物を登場させられるか，それを司会者がどう料理するか，とにかく生身の人間にこだわる番組作りをめざすことで一致した。その一方で，先発「木島則夫モーニングショー」を徹底的に分

析して、そこに欠けているものを探し出した。それが「子ども」であった。小川は子ども好きである。視聴者の主婦にとって子どもは最大の関心事でもある。

こうして「子供の広場」のレギュラー企画が決まった。毎日、社会科見学の目的で、小学校の1クラス全員をスタジオに招いて、遊び、勉強、親などについて本音を語らせるコーナーであった。家庭でも学校でもみせたことのない、生き生きした子どもたちの表情を小川が巧みに引き出して成功した。

さらにスタート2年目には、「初恋談義」「家出人公開捜査」などに人捜しとご対面を柱とした企画も加わって完全に軌道に乗った。当初、「木島」の半分の視聴率に苦しんだ「小川」が、逆転のきっかけをつかんだのは、1966(昭和41)年2月4日の全日空機羽田沖墜落事故の報道であった。「小川」は予定された企画をすべてはずし、現場中心に徹底しCMも番組後半にまとめて収容するという大胆な対応で18％の視聴率を得た。これに対し「木島」はなすすべがなかった。なぜなら、事故発生は金曜夜、月〜土で放送していた「小川」に対し、「木島」は月〜金で、事故の5日前にスタートしたTBSの「おはようにっぽん」も月〜金、結局、土曜の朝は「小川」の独壇場となった。

2 ワイドショーブーム到来

(1) ワイドショーブームの到来

NETの「アフタヌーンショー」もスタート10か月で、桂小金治をメインの司会に起用して安定してきた。しかし、社内では「モーニング」と「アフタヌーンショー」に勢力が分散された形になってスタッフのあいだに不満も生じてきたようだ。その後「アフタヌーンショー」は、「脱木島路線」を強めながら、「泣きの小金治」を売り物に、ユニークな番組作りに成功して、1985(昭和60)年まで続いたが、「激写・中学女番長リンチ全告白」の映像が「やらせ」であることが判明。しかもディレクターがそそのかして暴行におよんだことで逮捕されるに至って、20年続いた番組は打ち切られた。まず映像ありきという姿勢と視聴率至上主義が厳しく批判されることになった。

フジテレビも1968（昭和43）年4月に「小川」のノウハウを生かして「3時のあなた」をスタートさせたが，こちらは朝との差別化に成功した。サロン風の雰囲気をもつ内容をコンセプトに，高峰秀子，山口淑子，芳村真理，森　光子，司　葉子ら大女優を司会者に起用し華やかさを演出した。

（2）ワイドショーブームに共通した特徴

　ワイドショー草創期を形成したこれらの番組に共通した特徴は，第1に「素材をスタジオで処理する」という点である。別の言い方をすれば，「ナマ」にこだわった制作姿勢である。体験者や当事者は原則としてスタジオに呼ぶ。珍しい「もの」もすべてスタジオに運び込む。徹底したスタジオ中心主義であった。したがって，それらの素材を料理する司会者の存在がきわめて重要なポイントとなった。

　第2に「お互いの相手の番組にないものを探り続けた」という点である。一般の読者からみると，同じ時間帯に放送される番組で，形式も似ているということで，模倣というイメージで受け止められたかもしれないが，その内容に関しては，つねに差別化という点に重点がおかれていたことは間違いない。西ヶ谷は「作り手の情熱をどうやって視聴者に伝えていくか。毎日そればかり考えていた」と当時を述懐する。

　第3に「初期ワイドショーは新興の後発局によって制作された」という点である。いずれもNET，フジテレビという後発の局であることに注目したい。先発局の日本テレビがワイドショー戦線に参入してくるのはかなり後になってからのことである。日本テレビと，TBSの先発2局は，1960年代半ばには営業的にも安定した状態にあった。夜のゴールデンアワーに，看板番組を数多くもっており，収益率も高い。あえて不毛といわれる早朝に力を入れる必要もなかったと思われる。制作，営業部門共，ゴールデンアワーを中心とした夜の番組重点主義であったことは，日本テレビの最初の本格ワイドショーが「11PM」（1965年11月スタート）であったことからもうかがえる。

（2）民放4大ネットワーク完成

　TBSは，1966（昭和41）年に「おはようにっぽん」でワイドショーに名乗

りをあげたが，2年足らずで挫折，その後「モーニング・ジャンボ」「奥さま8時半です」「モーニング・EYE」とタイトルを変更しながら現在に至っているが，スタートの遅れが，長期にわたって尾を引いた。加えてネットワーク面でも大きな問題をかかえることになった。1969〜70年にかけて，多くの地方新局が開局し，現行の民放4大ネットワークが完成したのであるが，それまで後発局の最大の悩みは，ネット局数が少なく番組を全国規模で放送することができず，いわゆるナショナルスポンサーのニーズに応えることができないことであった。「木島則夫モーニングショー」もスタート時のネット局は5局，当時NETと系列関係にあったMBS（毎日放送）以外は，CBS（中部日本放送），RCC（中国放送）のTBS系2局とNTV系列のKNB（北日本放送）であった。ところが，2年後にはネット局は29局にまで拡大し，民放最大のネットワーク番組に成長した。ネットワークという点でも朝の時間帯は未開拓であったわけで，NETはパイオニアとしての「創業者利益」を享受した。一方，TBSの朝ワイドショーのつまずきは，最強のJNNネットが「木島」によって侵蝕されてしまった後でスタートしたことにも原因があった。

第4節　ワイドショーの多様化

☞ 1　レポーターの誕生

（1）　突撃レポーター

　TBSは，1972（昭和47）年に，鈴木治彦と宮崎総子の司会で「奥さま8時半です」をスタートさせ，朝の時間帯の建て直しに成功すると，翌年，午後帯で「3時にあいましょう」を編成して，フジテレビの「3時のあなた」に対抗した。司会は当初，船越英二と野際陽子でスタートしたが，2年後，NHKの野村泰治を引き抜き，生のニュース重視と，鬼沢慶一らの芸能界情報を売り物にした。

「11 PM」で、夜のワイドショーを成功させた NTV は、その後 1975（昭和 50）年に、土曜夜の「ウィークエンダー」を登場させる。ウィークリーマガジン的な番組で、泉ピン子ら個性豊かなレポート陣が、事件・事故のニュースを取材し、写真や地図を使って、紙芝居風に報告した。彼らの体当たり取材が評判となり、最高 39％ の視聴率を獲得したが、日本 PTA 全国協議会からは事件を興味本位にとらえ、表現が低俗だとして、1978 年には「ワースト番組」に指定された。事件の現場やゴシップの当事者に直接「突撃取材」をして、それぞれのレポートの個性でおもしろおかしく見せることが、ワイドショーの一つの手法となり、メイン司会者のキャラクターの重要性は次第に薄れていくことになった。メイン司会者の冠した番組も次第に姿を消していった。

(2) ENG

「小川　宏ショー」初期からのスタッフとして参画し、現フジテレビ編成局長の重村　一は、ワイドショーの変質の原因は「ENG の発達」だと言い切る。記者クラブも協定や、ネット局のしがらみと関係なく、番組レポーターを現場に送り込み、取材を敢行するという手法も当初はフィルムによる取材が中心であったが、1970 年代の後半には ENG (electronic news gathering)、つまり軽便なハンディ VTR の普及で一層加速された。トーク中心に番組を進行していたワイドショーのスタジオの雰囲気も変わった。昨日発生した事件を VTR でレポーターが現場に立って伝える。昨夜の芸能人の記者会見の模様を VTR で見せながら、取材したレポーターがスタジオで補足説明する。司会者は、VTR スタートのきっかけを作る進行係のようなものになっていた。

ENG の導入は、1972 年、アメリカ CBS が最初であった。日本でも経済性やカメラマンの過重労働につながるなどの理由で、より小型化が進んだ 1975（昭和 50）年天皇皇后訪米時に本格的に導入された。初期のものは、カメラと VTR が分離していたので、カメラマン、ビデオエンジニア、ライトマン 3 人チームで移動しなければならなかった。VTR 一体型カメラが開発されたのはずっと後のことである。

現場第一主義、映像優先主義に移行していった原動力がこの ENG であっ

わけだが，同時に新たな取材方法を生み出すことになった。フィルム取材の時代に，現場では「3分が勝負」といわれていた。標準的カメラは，フィルムが100フィートしか装てんできない。カメラを回し始めると3分でフィルムを交換しなければならない。400フィート用のカメラもあったが重くて大きすぎた。

ところが，ENGはVTRが20分回せるのだ。しかもVTRは再使用可能でフィルムに比べコストも格段に低い。レポーターが取材に向かう時点から収録を開始し，玄関先で断わられ，追い返されて，やむなくインターフォン越しにインタビューを試みるといったプロセスを逐一映像化することが可能になった。記者会見なども延々VTRで収録して，おもしろい部分だけ編集して放送することもできる。プライバシーの問題や劇作者の節度が問われるケースが数多く起こるようになったのもこのあたりに大きな理由がある。

取材対象をカメラが徹底的に追いかけるという，カメラマンとレポーターが一体となった手法は，低俗，下品という批判を浴びながらも，一方では「体当たり取材」「突撃レポート」といったタイトルが冠せられ，元気のあるニュース，「イキ」の良いレポートとして評価され，とくに芸能ジャンルのものは高視聴率を獲得して，ワイドショーには不可欠のコーナーとなっていく。「つぎにどうなるかと思うとドラマを見ているよりおもしろい」という視聴者の感想も肯けるものがある。

(3) 芸能ジャーナリズム

1976（昭和51）年雑誌記者から「アフタヌーンショー」芸能レポーターになった梨元　勝は，「品位がなくて下世話なことがそんなに悪いことなのだろうか。人間はみんな上品で，下世話な話などしないんですか。上品な人間にも下品な部分はあるだろう。だから人間はおもしろいんで，そこにある人生ドラマを正確に伝えていくことだ。芸能ニュースは人間そのものだとぼくは思っている」という表現に，この時代から始まったワイドショーにある突撃レポーターの特質をみることができよう。

さらに梨元は，「初期のワイドショーにぼくらが持ち込んだものは，芸能ジ

ャーナリズムで培ったスキャンダリズムとスクープだった。これによってワイドショーの芸能ニュースは増え，活性化したと思う」と述べ，週刊誌的手法プラス ENG イコール，ワイドショーの芸能ニュースという図式が完成したといってよい。しかし，彼ら芸能ジャーナリズムにはつねにさまざまな圧力が加えられた。局との関連で，映画会社，レコード会社，タレントプロダクションから所属タレントのスキャンダルを放送させまいとする圧力である。これに対し，彼らは，テレビの芸能レポーターであると同時に，古巣の週刊誌やスポーツ紙に署名入りコラムをもち，テレビではいえない部分は活字にする。圧力に対しても活字で反論する部分は確保するという。つまり，二重作戦，保険をかけることによって，自らの立場も守ってきた。

　その週刊誌は，テレビのワイドショー全盛となった時代にも販売部数は落ちなかった。日本 ABC 協会による，大手女性週刊誌 4 誌の合計販売部数をみても，1975 年平均 218 万部，1980 年平均 226 万部，1985 年平均 249 万部とむしろ部数をのばしている。加えて，1981（昭和 56）年には写真週刊誌『フォーカス』が創刊，1984 年に『フライデー』も後を追い，映像ジャーナリズムの新たな時代を迎えることになった。

　梨元は「写真雑誌が登場するまで，芸能ジャーナリズムは"噂ジャーナリズム"だった。ところが写真誌は噂を写真によって実証してしまった。タレントの密会や不倫が噂の域を超えてしまった。ワイドショーはさらに詳しく深く追いかけなければ視聴者の納得は得られなくなる。レポーターの取材はよりしつこくなり，カメラは周囲に張りつくようになって，噂ジャーナリズムはスキャンダラスなジャーナリズムに変質した」と述べている。

　この手法は，ひとたび事件が起こるとそのまま応用された。1984（昭和 59）年 1 月 26 日号の『週刊文春』が報じた「疑惑の銃弾」に端を発した「ロス疑惑」がその典型だろう。三浦和義被告をめぐるし烈な取材合戦は記憶に新しいところである。全ワイドショーが競って当事者や現場の映像と音を取り巻く状況は，昨今の阪神大震災，オウム真理教事件にもそのまま受け継がれているといってよい。こうした一つの出来事に関する集中豪雨的報道は，制作者にとっ

ては、その見切り時を見定めるという難しい決断を迫ることになる。「いつやめるか」「いつまで続けられるか」という問題だ。どうしても横にらみの状態にある。一局がやめれば、あるいは一番組みがやめれば、ウチもやめるという安全策をとるようになってしまう。「三派連合」などという言葉が同業のなかでささやかれるようになるのもこのあたりに理由があった。芸能人の記者会見の設定も質問も、いわば各局ワイドショーの「談合」によってすすめられているという批判である。取材される側もうまく便乗して、「なあなあ」で事を済ませてしまおうという意識が働く。記者会見なるものも、一つのショーとして組み立てられてしまうのである。局内の「関東軍」「ゲリラ部隊」などといわれたワイドショースタッフは、記者クラブの約束事や協定を無視して現場に突っ込んでいくというダイナミズムがあった。視聴者もそれを支持した時期もある。しかし次第にワイドショーが成熟期に入ると、皮肉なことに自らルール作りをはじめて、その枠のなかで番組作りをしていこうとする傾向に走ってしまったのである。

☞ 2 ワイドショーの多様化

(1) 総ワイド化

　ENGとSNG (satellite news gathering)、つまり衛星ニュース装置の発達で、おびただしい量の映像素材が、国内外から瞬時にしてどの局にも集まってくるようになった。いわゆる「正統派」のニュース番組もワイド化が進むことになった。NHKの「ニュースセンター9時」の開始は、1974（昭和49）年ともっとも古いが、その後、フジテレビ「スーパータイム」、TBSは「ニュースコープ」の拡大、テレビ朝日の「ニュースステーション」と1時間ないしそれ以上のワイドニュースは常識となった。

　さらにワイドショーとニュース番組の中間をゆく「情報系」といわれる番組の誕生である。どれがワイドショーでどれが情報番組なのか明確な区別は難しい時代になってきている。「ゲスト・コメンテーター」の顔ぶれもほとんど同じだ。「われわれはワイドショーといわれたくない」そんな意識からスタート

したのが情報系ワイド番組といってよい。概ねこれらはウィークリーマガジン的番組である。「スペースJ」「ブロードキャスター」「サンデープロジェクト」などなど。ディリーの番組より手をかけている。ひとひねりもある，より知的であるという自負もあるのであろう。

（2） これからのワイドショー

　現在，「ワイドショー的」という表現にはあまりプラスの意味は含まれていない。ここ数年「脱ワイドショー」を宣言してスタートしたワイドショーがいくつかあったが，いずれも成功していないのが現状だ。つまり「ワイドショー」という言葉がひとり歩きをはじめて，30余年の歴史のなかで，その言葉があまりにも手垢にまみれてしまったのではないだろうか。制作スタッフ側も「ワイドショー」という枠のなかで自縄自縛になっている面がある。「ワイドショー」が，テレビ的文化の一翼を担ってきたことは，紛れもない事実である。ワイドショーの企画コーナーが，独立した番組に生まれ変わって成功している例は「あっぱれさんま大先生」や「初恋談義」など枚挙にいとまがない。そうしたことが，ワイドショーの企画を枯渇させてしまったという面もある。もう一度原点をみつめることによって，ワイドショーとは何かを問い直すべきだ。

　その鍵の一つは「スタジオワーク」にある。取材VTRをスタジオに持ち込めば，あとは司会者となじみのコメンテーターに処理はすべておまかせという状況が，各局の特徴を失わせている。スタジオトークの展開については，極論すれば演出不在，制作者のメッセージが感じられない。どういう角度で，どこをポイントに議論を進めていくのかという設計図をきちんと描くこと。換言すれば，制作者の問題意識を前面に出すことで番組の個性が生き生きと発揮されていくのではないか。「ネオ・ワイドショー」が生まれることを期して待ちたい。

第11章 マス・コミュニケーションと政治ジャーナリズム

第1節 テレビと政治を語る

岩見　隆夫（毎日新聞東京本社特別顧問）
田原総一朗（ジャーナリスト）
露木　茂

☞ 1 テレビは政治を変えられるか

(1) テレビと政治の新しい関係

岩見　私は長年，新聞の政治記者をつとめ，新聞の政治報道に愛着もある。しかし，報道の迫力という点で，新聞からテレビに重点が移ってきたことはハッキリしていると思う。とくに政治分野で，新聞がテレビにお株を奪われた印象が強い。日曜の早朝にもかかわらず，政治記者は今日ご出席のお二人の番組（田原総一朗「サンデープロジェクト」テレビ朝日，露木　茂「報道2001」フジテレビ・当時）にもつめかけねばならず，いささか口惜しい思いもありますね。

　政治家もスタジオではニュースをしゃべろうとし，新聞の会見では腰を落としてしゃべる。政治家が活字と電波を器用に使い分けするようになった。政治報道は新聞とテレビが役割分担するようになったという気がします。

田原　僕も，政治報道の視点が新聞からテレビに変わったということはまったくないと思う。ただ，以前は新聞が政治を独占し，テレビは娯楽メディアだった。そもそもテレビの人間が，政治と新しい関係を結べるなんて考えもせ

ず，テレビの報道局は新聞記者に対するコンプレックスの塊だった。ところがテレビに，それも生番組に政治家が出るようになってきた。すると政治家は一億国民と向かい合わざるを得ない。誰が質問しようが，政治家は国民に対して答える。そこに新しい緊張感も生まれてきます。

　つまり，テレビがこうも大きな影響力をもつなんて政治家もテレビも知らなかった。その影響力とは何なのか，実はまだよくわかっていない。いまでもテレビは，どこまで政治とかかわりあえるか迷い，試行錯誤している。そして，テレビマンたちは，自分たちの政治報道をまだ非常に過小評価していると思う。

露木　岩見さんがいささか口惜しいとおっしゃったけど，いささかどころじゃないと思う。月曜の新聞政治面を見ると「～幹事長は」と始めて，文章の終わりに「～と民放番組で語った」と必ず最後に書きますよね。あそこに，新聞の皆さんのやりきれない気持ちがよくあらわれているように思う。われわれの番組では別室にモニターを置き，新聞記者の方たちに入ってもらう。多いときで40人ほど「接待」しています（笑）。

　でも，これは別にテレビの人間が偉いわけじゃない。テレビがもつメカニズム，仕組みでそうなっているんだと思う。生番組で国民を説得するために，政治家はいろんなことをいわなければならない。ニュースになるような発言も飛び出す。リップサービスもする。そこでたくさん約束してしまい，実際は少ししか実行できない。そんな民主主義の欠損状態が，僕は政治不信の一つの要素になっていると思いますね。

岩見　柿沢弘治さんが，お二人の番組で都知事選出馬を表明した。なぜ新聞会見でやらなかったか。それは，政治家にとってテレビが真剣勝負の場だからですよ。新聞会見は必ずしも真剣勝負の場ではなく，補足的な説明などに向く。柿沢さんの気持ちはわかるんだ。あれで何10万票といった人すらある。

　テレビは視覚的なメディアだが，新聞は推理小説のような想像力の世界。かなりマニアックな，権力に入れ込んだ人でないと記事の中身がよくわからない。しかし，テレビの政治報道は，子どもにもよくわかるような見せ方を

する。これはかなわない。

（2） テレビは玉虫色に決着をつける

露木 スタッフ全員が週6日議論を続け，いまの課題はこれだとひろいだし，ゲスト以外に2倍，3倍の取材をしながら意見を集約していき，最終的に誰を呼ぼうと決める。私を含めて手作り全員に慎重に公平に正確にという自覚はあると思う。その目的は，政治を動かそうとか変えようという意図ではなく，政治をわかりやすく伝えようということに尽きますね。

田原 新聞とテレビの違いは2つあると思う。一つは，新聞の政治部には「書かない記者」がいるが，テレビにはいない。新聞は決定的ダメージになるとか，肝心なことは書かない。だから政治家も安心してしゃべる。しかし，僕も露木さんも政治部の経験はないし，政治部の風土なんて知らない。だから，「それを聴くか」ということまで平気で聴いてしまう。PKO問題で，当時の自民党・綿貫幹事長に公明党との折衝の舞台裏を聞いたことがある。「そんな大事なこと，ここではいえない」というから「じゃあ料亭でやるのか」と聞くと，「俺，帰る」と怒り出した。知らない強みで，政治家が一番隠したいことバラシちゃったわけ。

　二つめは，テレビが果たした役割があるとすれば，玉虫色の問題を白黒はっきりさせた。数年前，与野党が金融再生法案で合意したと新聞が書いた。そこで自民党の池田政調会長（当時）と民主党の菅代表（当時）を番組に呼んだ。そこで長銀問題にケリがついたのかと聞くと，2人ともそうだという。では長銀にカネを出すんですかと聞くと，池田さんは「救う」，菅さんは「救わない」。気が短い2人だから結局ケンカになっちゃった。玉虫色の合意は政治の長い伝統だったが，それを玉虫色でなくしてしまったのが，テレビ政治報道の一つの新しさではないか。

岩見 わかりやすくするのと，はっきりさせるのは，ちょっとニュアンスが違うのではないか。玉虫色というのは一つの知恵。政治は議論ばかりではダメで，どこかで利害を調整し，実行しなければならない。新聞は長い政治報道を通じて，玉虫色のメリットにやや引きずられたきらいがある。その玉虫色

第11章 マス・コミュニケーションと政治ジャーナリズム　217

の膜をテレビが剝いだことも確かでしょう。しかし，依然として玉虫色の政治が続いている。新聞の名誉のためにいいたいのは，新しさだけですべてケリがつくかということ。玉虫色じゃなきゃ，ケリがつかないこともあるんですよ。

露木　わかりやすく贅肉部分をそぎ落として，問題を浮き立たせる。そこで党の責任者がテレビに出て発言する。すると，活字では政党の意見として語られていたことが，個人の意見として視聴者に伝わる。テレビでは個人がクローズアップされるんですね。その個人がクローズアップされるんですね。その個人が玉虫色だと，立脚点がブレているとか論旨が曖昧だと批判されてしまう。だからますます物事をはっきりさせる方向に進む。

岩見　どう玉虫色かを解明することも含めて，わかりやすい政治報道は，政治をよくする重要な柱だと思う。新聞も長いこと七転八倒してきたが，人間の欲望が渦巻く政治の世界を活字でわかりやすく描くのは限界がある。そこで新聞報道は壁に突き当たった。一方，テレビ画面でパーッとやると，大きな風穴が開く。開くけれど，それが政治の全体像かというとそうでもない。新聞とテレビを足しても解明できないことがまだ残っていると思います。

田原　新聞の政治記者はどんどんプロになっていく。しかし，テレビは露木さんも僕も，素人であることが強み。'93 年に宮沢さんにインタビューしたときも，政治改革するしかないなんて，新聞記者が聴けばいいんですよ。でも，誰も聴かなかった。プロはそんな馬鹿バカしい素朴な質問はしないものだと思っているから。

岩見　いや，あのときは「嘘じゃないですね」っていうのが決定打。僕らやっぱり「嘘じゃないですね」とは，よういわんもの（笑）。

田原　でも，自民党は嘘つき政党だと，国民がみんな思っていたんだ。僕は素人だから素人代表として念を押した。

露木　橋本龍太郎さんもそうでしたね。

田原　あのときは，橋本さんが熊本で恒久減税を口にした。その 2 日後のサンデープロジェクトで，僕が財源はどうするんですかと聞いた。すると「大幅

恒久減税するとはいっていない」という。じゃあやらないのかと聞くと「やらないとはいっていない」という。「じゃあどっちだ」と聞かざるを得ないよ。こういこうことは，わかりのいい玄人の政治記者は聞かないんでしょう。きっと。

岩見　う〜ん。だから，テレビカメラが入らないやりとりと本質的に違う。カメラあるなしで，間違いなく別の反応をすると思う。生で，しかも突っ込み上手の田原さんに聞かれると，やっぱり動転しますよ。そこで本音が出たり，自己矛盾に陥ったり，ボロが出るわけだよね。新聞記者が相手なら，うまいこというんだ。

露木　テレビにはカメラワークもある。ムッとした表情や，答えに詰まり，いい澱んだ表情を，カメラは克明にとらえる。そこで，わからなかったものが見えてくるということも大きい。

岩見　演技できないときは出演拒否しますよ。今週は勘弁してくれと。僕は，テレビは戦いだと思っている。政治家は自分のPRをしたくて出る。それに乗せられてしまったら向こうの勝ち。いかに乗せられず，彼らから本音を引き出すかという戦いだと思っている。

☞　**2　テレビ政治のショー化**

（1）政治のテレビショー化の危険性

岩見　都知事選の報道を観て思うのは，「報道2001」と「サンデープロジェクト」は別格。しかし，それ以外の番組を観るとほとんどショーだね。候補者はテレビ局の小道具みたいな感じ。テレビが始めから終わりまでショーをやって，政治をよく変えることにつながるか。きわめて疑問です。

田原　だって，ワイドショーってショー番組やるんだから，ショーになるのは当たり前。

岩見　そりゃそうだけどね。テレビの20秒ではわからないことが，立会い演説会で1時間じっくり演説を聞いてわかる。

　　　そっちのほうが大切だということがあると思う。わかりやすくすることは

大切だが，ショーアップすれば本当にわかりやすくなるのか。視聴者は候補者の正体をつかめるのか。とても心配ですね。

露木 僕はある都知事候補に「まるで旅回り一座だね」といった。すると「そりゃテレビ局が恫喝するからだ。出演を断ろうとすると，ほかの候補者は全員出ますがよろしいですかと脅かす」と。そういう面もたしかにある。ショーアップで肝心の問題がぼやけることもあるでしょう。

しかし，前にTBSがクリントン前大統領を呼んでタウンミーティングをやった。アメリカには，政治家が市民を集め，膝を突き合わせて語り合うという200年の伝統がある。それがあの形になったと思うんです。一方，テレビ時代といいながら，「サンデープロジェクト」はスタートして10年ほど。たったそれだけの歴史で，政治家の資質がテレビ情報時代に対応するように急激に変わるとは思えない。

(2) 政治が自信喪失で介入

田原 ただね，いろんな雑誌があるように，いろんなテレビがあるんですよ。露木さんの番組は真面目に都知事選をやっても，露木さんの局でムチャクチャやっている番組もあるわけ。それを露木さんが「やるな」とはいえない。いろんなものがごちゃごちゃになって，チャンネルをつくり，テレビをつくっている。問題は，そのいろんなテレビを許さない動きです。

ダイオキシン問題で，テレビ朝日社長が衆議院通信委員会に参考人招致された。これは明らかに政治的圧力で，言論報道の自由を圧迫するものだと思う。自民党やそれ以外の党が，「ニュースステーション」，とくに久米　宏さんの発言がよくない，機会があればつぶしてやろうと思っている。それでダイオキシンにかこつけて社長を呼ぶと。全然筋違いの話だけどね。

テレビの政治報道が力をもってきて問題なのは，権力をもつ自民党がマスコミ，とくにテレビを敵と思い始めたこと。本当は敵と思ういくつかの番組には，陰に陽に非常な圧力をかけてきている。僕は新しい言論の戦いの場に入ってきたなと思う。そう状況が変わってきたことが，案外知られていませんね。

岩見　権力がマスコミを操作するのは、どの時代どの国にもあることで、避けて通れない。もちろん権力の介入は断固として排除すべきなのが大前提。

　ただ、テレビが権力側の批判を許すスキをつくっていると思う。椿問題と久米「ニュースステーション」(2004年3月終了)に共通点があるとすれば、どちらも権力批判の仕方が非常に刹那的なんです。

　椿発言のときも、政権を変えたほうがいいと報道の責任者が思う。これは一つの見方です。そこへもっていく刹那的ではない議論の積み重ねがあれば、僕はまったく違う結果になったと思う。自民一党政治への批判にしても、説得力があるかどうかだと思う。

田原　久米さんは、メディアというのは権力ウォッチャーだ、政権をチェックするのが自分たちの役目だと考えている。僕は、それは当たり前だと思うし、擁護したいと思う。

　結局のところ、テレビを支えるのは視聴者ですよ。僕は、視聴率を取れない番組は、どんなよい番組でもやるべきではないと思っている。民放はスポンサーがつくことが第一条件。これをはずしてはダメで、そのなかで自分のやりたいことをどこまでやれるかが勝負なんだ。久米さんがあんまりひどければ、視聴者がソッポを向くと思う。そんなに視聴者は賢くないよというのは、これは国民を馬鹿にした話。

岩見　ただ、ちょっと甘えがあるような気がする。権力の怖さを知らず、自分の放送の影響力を知らないという脇の甘さはあると思う。

田原　僕は、あの報道は誤解でもなければ放送法違反でもない、大した問題はないと思う。

露木　なにかといえば個人の責任に転嫁されがちですが、メディアは共同作業。作り手に共同責任があると思う。ダイオキシン問題でいえば、新聞ならば支局が地道な取材を重ね、厚生省(当時)記者も裏取りして、脇を固める作業が行われたはず。久米さんの番組がどうかは知らないが、テレビの人間として、そこまではやらずオンエアしてしまう例を知っている。これは自戒が必要。

田原　「サンデープロジェクト」は都知事選でボイスリンクという世論調査をやった。すると自民党の圧力がかかり，番組ではやるなとお達しがきた。僕はそんなもの断固はねのけるべきだといった。新聞だって，そんな圧力は日常茶飯事で，はねのけながらやっている。ところが，テレビ朝日ははねのけられなかった。露木さんのところもはねのけられなかった。免許事業の致命的な弱さです。政治権力は，どこからでもつけ入ってくるんですよ。そこがテレビのもつ最大のウィークポイントだと思う。

露木　自由競争に晒されていないし，新聞のように権力と闘ってきた歴史もないから。

3　テレビの役割

(1) マス・メディアの役割

田原　マス・メディアの役割が変わるか変らないのか，あるいは変えるべきかどうか。僕はそれが大問題だと思う。これまでマス・メディアは権力ウォッチャーで，極端な話，批判をしていればすんだ。しかし，どうやらその時代は終わりつつあるんじゃないか。権力が自信を持っているときは批判一色でいい。しかし，いまは権力がすっかり自信を失っている。番組が終わると，党の首脳が「そういうけど田原さん，どうすりゃいいんだ」と聞くわけ。岩見さんもそんな相談ばかり受けているんじゃないか。これにマスコミはどう対応したらいいのか。マスコミの弱さは，シンクタンクもなく，対案を作れないことですね。

露木　ウォッチャーとしての見解と，ここから先は番組としての意見だということは，きちんと区分けして伝える必要があると思う。

　僕が政治の側だったら，ポリティカル・マーケティングというか，どう政治をニュースとして取り上げさせるか，また取り上げざるを得ないイベントとして政治をズームアップするかを考える。一方，メディアはそれに乗せられない防御が必要ですね。小渕さんの両手にパフォーマンスくらいでは，われわれは乗らないけど。

岩見　僕はテレビが日々政治を変えつつあると思うが，それを越えて，日本という国は将来どうなるか……滅びるのか滅びないのか，それはテレビ次第だという気がだんだん強くなってきた。新聞の責任はだいぶ弱くなってきたね。テレビ人は，この国の生業についてのグランドデザインをもたなきゃならん時期だと思う。漠然でいいからそれを描き，番組に反映してもらわないと困る。もう少し真面目路線というか硬派路線に変えてくれないと。午前中テレビをつけたらどの局も梅宮アンナ。これは異常ですよ。

露木　新聞6紙を並べて読む人はいないが，テレビは瞬時に茶の間で6局見えちゃう。新聞を6つ読めば，やっぱり同じようなことをやっている。それもテレビの仕組みではないでしょうか。

田原　若い人たちに政治を見せるやり方，新しい語り口を開発する必要がある。怖いのは，若者に見せようと媚びちゃうこと。媚びたらだめだね。

岩見　梅宮アンナばかり見せるから，若者の投票意欲がなくなるんですよ。

（2）権力監視だけでいいのか？

露木　大衆ってそんなにマスコミのいうままに動くのか。メディアには限定的な効果しかないし，限定的な効果に止めておくべきだろう。もっと別の公共的な空間で政治の論議をする必要もあるのではないか。

田原　テレビが参入して，政治がわかりやすくなったのは確かだね。政治の馬鹿らしさも，結構大変だなあということもわかってきた。

岩見　ただ，わかりにくいことを何でも白か黒かに収斂させること，そこにゴマカシが入る。

田原　それ僕がよく批判されるんだけど，政治は究極的にはイエスかノーだと思いますよ。そして滑稽なことに，自分がイエスかノーか，わからない政治家が多い。僕はもっともっと単純化して報じる必要があるかなと思う。

露木　メディア・リテラシーというか，視聴者がどう情報を取捨選択し役立てるかという訓練は必要だと思う。民放では視聴者がなくなれば番組は消えていく。良い番組と悪い番組を見分け，厳しい審判を下して欲しいと思う。

岩見　新聞にはまだ啓蒙主義が残っている。視聴率を稼げる啓蒙的な番組とい

第11章　マス・コミュニケーションと政治ジャーナリズム　223

うのはあり得るし，もっとあっていいんじゃないかな。

第❷節　テレビ・メディアを語る

☞ 1　テレビ・メディアからみた政治家像

(1)　テレビと政治家

　政治家でテレビ・メディアをうまく利用した最初の人は，1960年のアメリカ大統領選挙の際に，リチャード・M・ニクソンと争って勝利した，ジョン・F・ケネディではないかと思う。このことは，いわゆる「マスコミ」関係の教科書にも載っているくらいである。

　それに比べると，日本は20年くらい遅れている。政治家がテレビに頻繁に出演するようになったのは，やはり1980年代になってからである。それは撮影技術が発達して，簡単に移動できるVTRカメラは，街頭，国会内，あるいは政治家の地元や自宅でも簡単に撮影できるようになったからである。そのために，政治家の映像がテレビに多くなったと思う。

　その結果，テレビと政治家との関係が密接になり，テレビ・メディアの政治に対する影響力が強まってきたといえる。

(2)　新聞記者のプライド

　さらに，80年代の後半になると政治家が登場する番組がつくられるようになった。以前担当していたフジテレビの「報道2001」もその一つで，日曜日だけでも，テレビ朝日の「サンデープロジェクト」やNHKの「日曜討論」などの番組がある。ここでは，従来考えられなかった政治家の発言やパフォーマンスが見られる。

　ここ数年間，政治家のテレビでの発言が非常にウエイトを増してきた。そのために，例えば「報道2001」は，日曜日の朝7時30分からの放送にもかかわらず，通常でも10人程度も，多いときには40人もの新聞記者が集まる。それ

は「報道2001」だけでなく，どこの局も同じで，この種の番組は，与野党を問わず，時の政局または政策のキーマンが出演するからである。そこで，その政治家や政党を担当している新聞記者が，政治家のテレビでの発言をウォッチし，それを新聞記事にするためにやってくるわけである。

　新聞記者というのは，朝が遅い。それが日曜日にはテレビに出演する政治家たちを追って，朝早くからテレビ局めぐりをしなければならなくなってきた。こんなことは，10年前のメディアでは考えられなかった。テレビよりも新聞の方がメディアとしては先輩であり，テレビでの政治家の発言を新聞記事にするなどということは，新聞記者のプライドが許さなかったのである。

　記者の第一歩は，「直当り」といって，政治家に直接会って話を聞くことであったわけである。それがテレビのスタジオで政治家が何を言ったかを取材して，翌日の朝刊に記事を書かなければならないということは，かなり新聞記者のプライドを傷つけているのではないかと思う。それは記事の書き方にあらわれている。普通は「いつ，どこで」ということが最初にくるのが記事の書き方の原則である。がテレビで取材したものは，「誰が」からはじめて，どういう発言をしたかということにカギカッコをつけて書いて，最後に「～と，どこの民放で言っている」などとなっている。

　そういう意味で，テレビのもっている影響力ないし政治家のテレビでの発言の重みが，この10年間で大きく変わってきている。

☞ 2　政治家のテレビ発言

（1）　政界に波紋を呼ぶテレビでの発言

　政治家は最近，テレビでの発言の術を心得るようになってきた。これまでのように，いいたいことを「番記者」（取材担当の新聞記者）との懇談で話すよりも，テレビで発言した方が効果のあることがわかってきたようである。

　テレビでの発言は，政治の波及効果があるからね。まずテレビで多数の視聴者に，肉声で訴えることができる。その発言をテレビニュースが伝える，さらにそれを翌日，新聞がフォローしてくれるからである。そのために，重要な事

柄を「番記者」にではなく、テレビで発言するようになってきた。

「報道2001」を例にあげると、かつて梶山官房長官（当時）が「辞めたい」ということを最初にいったのは、この番組の時だった。また、小泉厚生大臣（当時）が「きちっとした行政改革ができなければ、私が橋本内閣の閣僚にとどまっている意味がない」といったのも、この番組だった。さらに、自民党の山崎政調会長（当時）が「10兆円を超える景気対策が必要だ」と発言している。こうして、政治家が政局や政策のカギとなるようなことを、テレビ番組で発言することが多くなった。

そして、テレビの使い方についても、政治家たちは、いつテレビでどのような発言をしたら効果的かということを、計算するようになったと思う。こちらも鋭い切り込みを心がけ、政治家の計算とこちらの聞きたいこととの戦いになる。こちらの追及がきびしくて、はからずも計算と違った発言をしてしまうこともあり得る。そうしたテレビでの発言が、政界に波紋を呼ぶことになるわけである。

それだけにこの種の番組は真剣勝負である。お互いに真剣を抜いて、渡り合うような緊張感がある。視聴者は、その緊張感を半分楽しんでいるところがあり、それは視聴率に結びついていると思う。

（2）ソフトで理解しやすい言葉

そうした真剣勝負のなかで、政治家が変わってきたのは、話し方である。政治の専門家に話すような言葉づかいではなく、誰にでもわかるような言葉を使うようになった。「報道2001」の視聴率は平均7％であるから、約800万人が視聴していることになる。それらの人たちに、自分の考えや政策をどう理解してもらうか、ということを研究しはじめたようである。

はじめの頃は、テレビでの発言も国会でのやりとりも区別せずに、国会論議と同じような口調や言葉づかいで発言する人が多かった。ところが、最近は、自分の言葉で、わかりやすく話す人が増えてきた。その技術を早くマスターした人が、どうやら人気のある人ということになる。

テレビを通じてのコミュニケーションには、言葉による「言語コミュニケ

ション」と，言葉以外の服装，ネクタイ，髪形，それに表情などの「非言語コミュニケーション」とがある。それらが情報として視聴者に伝わっていくわけである。そのため，非原語も人気の大きな要素となるでしょう。

小渕総理（当時）は，私から見て表情に乏しい人だと思う。喜怒哀楽をあまり表に出さないタイプである。また菅　直人民主党代表（当時）などは，ふだんは非常に落ち着いてソフトな語り口で，わかりやすい政策を説明するが，論戦になると大変アグレッシブルな態度になり，使い分けがうまい。そこに彼の人気の秘密があるように思う。

「報道2001」では，毎週500人に対してアンケート調査をしている。「次の首相には誰がいいと思いますか」という質問では，毎回，菅さんが上位に登場する。ところが，次に「誰が次の首相になれるとおもいますか」という質問には，菅さんは急に低くなってしまう。つまり，「なって欲しい人」と，現実に「なれる人」とが必ずしも一致しないわけである。それは視聴者に情報が正しく伝わっていて，政治の実態を理解しているから，「なって欲しい人」と，「なれる人」とを区別して見ているということでしょう。

（3）　ファッションの重要性

出演者の顔が汗で光ることもあるから，テレビ局では控室などで政治家にもメーキャップをほどこす。かつてはメーキャップに拒否反応を示す人がおり，控室で担当者が怒鳴られたりすることがあった。いまはそういうアレルギーはない。むしろ，積極的にメーキャップをする人が増えました。いろいろ注文を出す人もいる。やはり，少しでも「イメージをよくしよう」という心配りのあらわれであろう。

政治家は服装やネクタイにも，気を使うようになった。一般的な言い方をすれば，大変お洒落になった。タレントと見紛うばかりのスーツを着てくる人もいるくらいである。ただスーツの色は圧倒的に紺である。落ち着いて見えるというのが，その理由のようである。なかには自分だけ違う色のスーツを着て，変化をつけようという個性的な人もいる。若手の政治家に，この傾向が強い。

これだけテレビの影響力が強くなると，やはり「非言語表現」にも十分気を

つけることが必要になってくる。選挙も「イメージ選挙」といわれる時代であり、どう自分をアピールするかが大事なのではないだろうか。

　それをつけても思い出すのは、1985（昭和60）年、当時首相だった中曽根康弘さんが、静岡県の函南町で行われた自民党の研修会で、「総理と語る」という番組についての講演はいまも印象に残っている。そのなかで中曽根さんは、「どうも女の人は、私のネクタイの色とかスーツの柄とかを気にしていて、私の話の中身についてはちっとも聞いていないようだ」ということをいった。そしたら、女性の国会議員からひんしゅくをかい、確か国会でも陳謝したと思う。

　中曽根さんは、「女性は」という主語を使ったことが大きなミスだったわけで、話の中身を聞いていないというのは極論である。ただ、テレビというものは、映像から受ける情報の方が多いわけで、中曽根さんは、もう10年以上も前から、それがわかっていたということである。テレビを熟知していた政治家第1号でしょう。

☞ 3　テレビと有権者

（1）　若手政治家と有権者

　政治家というのは、みなさん自己顕示欲が強い。また、そうでないと政治家はつとまらない。その意味では、みなさんが個性的だといえる。

　そんななかでも、とくに個性的な政治家をあげれば、渡辺美智雄さんである。渡辺さんはつねにホンネで発言される。そしてわかりやすい内容である、声が大きい、表情が豊かである、思いもかけないことをいう、というようなことで、テレビにとっては視聴率の稼げる、大変ありがたい存在だった。

　やはり、個性というのは演技によってつくられるものではなくて、中身である。中身がちゃんとしていれば、それが個性となってにじみ出てくるものである。

　それが、最近の若手政治家たちは、全体的に頼りなさそうで、線が細くて、ひ弱な感じを受ける。「骨太で、自分の信念はテコでも動かない」というよう

な政治家は、いなくなったような気がする。これは世間一般の若者像ともぴたり一致するというか、世相を反映している。

こうした傾向は、世襲議員が増えてきたことが、その一因となっているのではないかという意見もある。確かに、世襲議員が増えてきました。いまや2世から3世、4世の議員もいる。しかし、若くして政界入りするためには、親の遺産を受け継がなければならないが、それなりに「一日の長」はあるのではないだろうか。

父親あるいは祖父さんがやってきた政治や、取り組んできた政策を間近に見て育ってきており、それを土台にした政治家になるわけである。その意味では、まったくの政治の素人とは違うために、その点は前向きに評価してもいいのではないかと思う。ただ世襲議員には2種類あるようである。

第1は、親代々が政治家であり、周りからもすすめられ、その地盤を受け継いで「政治家になってしまった」という人である。

第2は、親を超えるために自分なりのアイデンティティをもち、努力を重ねて、自分の積極的な意思で「政治家になった」という人である。

そのうち第1のタイプの人が問題なのかもしれない。

世襲議員は、外国にはあまり例のないことで、こうした議員が増えていることは、日本の有権者があまり急激な変化を求めていないということの反映であろう。また、個性のない（顔がみえない）政治家を選ぶということは、有権者にも個性がなくなってきているということではないだろう。いわば、政治家のありようというのは、一般社会を反映しているといえる。

（2） テレビの空しさ

衆議院議員の選挙制度が、小選挙区比例代表並立制になり、これは、政党が主導する選挙制度だといわれている。そして、確かに党首が「政党の顔」としてよく出てくる。テレビの政治討論の番組にも、党首や政策責任者が頻繁に登場している。そのために、これらの人たちの役割が非常に高くなってきたと思う。つまり、その人たちの印象によって、「比例代表選挙で何党に投票するか」が決まってくることになる。

したがって，有権者の側から見ると，ますます中央に政治の力が集中しているように見える。政治家一人ひとりの個性やキャラクターの影響力は，相対的に薄れてきて，その代わりにテレビ出演している党首や政策責任者の個性やキャラクターが全国の選挙区に対して強い影響力をもつようになってきたのではないかと思う。

さらにもう一つの問題は，テレビ・メディアの機能は，ブームをつくり出すことだったわけである。テレビに登場した歌手が人気歌手になったり，テレビで紹介した場所が観光地として脚光を浴びたり，テレビドラマに使われたレストランやホテルが大繁盛したりということで，良くも悪くも，映像化することによって社会現象をつくったり，ブームを巻き起こしたりしてきたわけである。

ところが政治の世界だけは，そうはいかないのである。政治家のテレビ出演の頻度は高くなっても，投票率はいっこうに上がらないのです。政治家がこれだけ頻繁にテレビに登場すれば，それが社会現象を起こして政治的関心が高まり，投票行動に反映されて投票率も上がっていいはずなのに，そうはならないわけである。これが政治番組を担当していて，もっとも空しく感じることである。

（3） ビデオ・マレイズ現象

それは政治的無関心層にテレビが入り込んでいないということだろう。無関心な人たちをどう政治に目覚めさせるか，ということが政治の大きな課題だと思う。それをやるには時間がかかるだろう。そこで，新鮮味のある新しい政党が，どれだけ魅力ある政策を掲げ，人気を集め得る要素をもった指導者によって，国民各層に広くアピールすることができるかにかかわっているように思う。

最近マスコミ研究では，「ビデオ・マレイズ」（映像倦怠）が問題になっている。つまり，あまりにも映像情報が多くなり，映像を見ているようで見ていない，知覚しているようで理解していない，という一種の倦怠現象が起こっている。その結果，あまりに頻繁に政治家がテレビに登場すると，ビデオ・マレイ

ズを起こすかもしれないという気もしないではない。

　これからますます映像・メディアが普及するでしょう。その時に「マレイズ現象」が起こると、日本の政治はどうなっていくのか、テレビマンの一人として責任を感じ、非常に心配にもなります。そうしたことにならないように、政治家はテレビを含めた映像・メディアを大いに利用して、自分の信ずるところを国民にアピールし、リードしていってもらいたいものである。そのためには、新しいタイプの個性的で指導力のある政治家の出現が望まれる。

　また他方で、政党も政治家も、そうしたマレイズ現象が起こらないように、国民に関心を抱かせるような、透明でわかりやすい政策を示すことが必要だろう。

第3節　政治とテレビの現状

☞ 1　ネバー・オン・サンデー

(1)　朝の政治討論番組

　日曜日の朝は政治討論番組が目白押しである。7時30分からフジテレビ、9時からNHK、10時からはテレビ朝日系と午前中は「移動する永田町」といった趣である。3つの番組の合計視聴率は関東地区で平均17％前後、高い時には20％に達する。

　「番記者」と呼ばれる新聞、放送記者も早朝からテレビ局まわりを強いられるわけで、多い時には40数名の団体となる。政治家の番組中の発言を翌日の記事にするのだが、最近では、紙面で「政治討論番組で語った」という書き方を敬遠したがる記者が多いのか、放送終了後に会議室やリハーサル室を提供してあらためて記者会見ないし記者懇談の席を設けるケースも多い。記事の表現は「都内で記者と懇談し語った」という体裁になるが、いずれにしてもテレビ発言がもう一度記事になる。

また自局の番組での政治家の発言は，その日のニュース番組でも取り上げるから，1回の発言が数回分の影響力をもつことになる。党内や国会内での発言，動員された聴衆相手の各地での講演と比較して，直接，しかも多数の視聴者＝有権者にメッセージを発信できるわけで，これを政治家がみのがすはずはない。したがって，番組としては，どういう問題意識をもってテーマを取り上げ，どういう切り口で問題点を鮮明にしていくかが問われることになる。番組を利用しようとする政治家と利用されまいとするスタッフとの闘いが毎週繰り返されているといってよい。

（2）映像情報のインパクト

'98年秋のいわゆる「金融国会」の最中，「魔の日曜日」「怒涛の月曜日」などという言い方がなされた。そもそも当時の野中広務官房長官が言い出したものだ。与野党が一週間かけて協議し，やっとまとまりかけて週末を迎えると，日曜日の討論番組で与野党の代表が激突して考え方の違いがあぶりだされる。月曜日の永田町では議論が沸騰する。その繰り返しが1ヶ月近くも続いたのである。テレビスタジオでも物怖じしないいわゆる「政策新人類」と呼ばれる与野党の若手議員の発言が目立った。

確かにテレビ向けの「話法」というものは，国会での議論とは異なって，一般の視聴者を説得できるものでなくてはならない。難解な用語や曖昧な発言をとらえて，わかりやすく伝えていくのはキャスターの任務でもある。新聞であれば「与野党決着へ」と書くところも，話し言葉で絡んだ糸を解きほぐしていこうとすると，相互の矛盾点が露呈することもあるのだ。

さらに，テレビというもののもつ，映像情報のインパクトが加わる。話し手の表情から服の色まで，さまざまな映像情報が視聴者にトータルとして伝わり，個々人がそれにもとづいて価値判断を下す。カメラは執拗に発言者の表情をクローズアップでとらえて印象度を増殖させる。その結果，従来の典型的政治手法であった「玉虫色の決着」などというものが通用しなくなったと，田原総一朗氏もいっている。こうした映像情報によって，討論番組が政治の場に新たな緊張感をもたらしたといえる。

☞ 2 テレビの波及効果

(1) 政治討論番組の本質

ここで重要なのは，政治討論番組の本来の目的を忘れてはならないということである。「魔の日曜日」といわれそれに満足などしてはならないということだ。政治家を追いつめて永田町に緊張感をもたらすことが番組の使命ではない。政治家の実像をいかにわかりやすく視聴者に伝えるかということがもっとも重要な役割なのである。

では，当事者が意図したとおりの情報がストレートに視聴者に伝えられているのであろうか。そこにはテレビならでは，テレビであるからこそ伝わってしまう思いがけない意図せざる情報をオーディエンスに与えているように思うのである。

オーディエンス＝視聴者に関する研究はまだ発展途上にあって，科学的に証明する確たる理論は構築されていないが，ここでは「報道2001」を通じ，有権者にどのようなメッセージが伝えられたのか，2つの事例をあげて参考に供したいと思う。

(2) オーディエンスへのメッセージ

まず，最初の事例は，'98年7月12日に行われた参議院議員選挙である。金融の安定，景気対策のための減税が争点となって，投票率は前回に比べ14ポイント上昇，自民党は47議席と惨敗した。8党派の党首が番組で勢ぞろいしたのは投票日の一週間前，7月5日であった。橋本龍太郎首相（当時）は，財政構造改革と景気対策（選挙対策でもある）のための所得税減税のあいだで悩み揺れ動いていた。放送日の2日前，熊本市における記者会見での「恒久的財政改革」発言を，新聞各紙は「恒久減税を決断」と一斉に報じた。

さて，番組に出演した橋本首相の発言は「所得税は聖域，予断を設けずに議論して，額に汗して働く方々がこれなら公平といっていただく方式を探します」と切り出した。これに対して民主党の菅　直人代表は「ネット減税をやめるのか，やらないのか，はっきりしなければ国民にはわからない」と嚙みつい

た。橋本首相は、「減税は"はじめに数字ありき"でしょうか。あなたは恒久減税といわれた。それはあなたの話です。私は税制をきちんと見直していく。その結果は、恒久的なものだろうと申し上げている」と応酬。

菅氏は「選挙の最中にいわれる以上は、中味のあることをいわないと単なる選挙に対する口先介入だ。民主党は6兆円の恒久減税と具体的に示しています。総理として骨格をきちんと示すべきだ。予断をもたずにということは方針が何もないことだ」と迫った。そして、財源にかかわる議論で橋本首相は「課税最低限を動かせるかといえば、私にはそういう強いことをいえる自信はありません」と答えて発言を終えた。橋本首相が繰り返し述べた「聖域を設けず予断を持たず」のフレーズだけが耳に残った。

この日の橋本首相の出演時間は8時2分から20分間、しかも大阪からの中継であった。自民党と平河クラブが協議して決めた長さだという。7党の党首は1時間30分にわたってスタジオで主張を展開している途中で、大阪からの中継画面にアップで登場した橋本氏の表情は疲労の色が濃く、しかも「ノーメイク」でいかにも不機嫌そうであった。終わるとすぐにイヤホーンをさっとはずす仕草までキューカットに入ってしまった。この時点で「報道2001」の世論調査では、支持政党を決めている人37％、支持政党なしが61％であった。いま、この録画を再チェックしてみて、この20分間が自民党にプラスになったとは到底考えられない。支持政党なしという層に与えた影響は少なくなかったのではないか。

☞ 3 何を伝えられるか

（1） テレビ・メディアと選挙

'99年4月の東京都知事選挙は、テレビ・メディアと政治の姿を浮き彫りにした。統一地方選挙の一つとして注目されていたが、2月1日、当時現職であった青島幸男氏が出馬辞退を表明した直後から大混乱の様相を呈しはじめ、全国の関心を集める戦いとなった。

「報道2001」では、2月7日から5回にわたって候補予定者の政策、考え方

を明らかにし，視聴者にいかにわかりやすく伝えるかを念頭に放送した。まず，制限時間内に各候補予定者が，自分の政策を語り，その後細部にわたって疑問点を正す方式，そして有力6候補の大激論（途中で降板した野末陳平氏も含め），1対5のディベートなど，告示前ではあるが，可能な限り公平に発言の機会をつくるさまざまな試みを行った。「じゃんけんのあとだしではないか」といわれた石原慎太郎氏の出馬表明は3月10日。他候補はすでに番組内で3回対決してからのことであった。そして3月14日と21日の2回だけ石原氏を交えた6人の討論を行うことにした。

　ところがその初回，明石　康氏が番組出演を断ってきた。遊説スケジュールの都合という理由であったが，他の5候補がテレビジェニックであるのに比べて，明石氏は不慣れで東北なまりもあってテレビでは不利と選対が判断したための欠席という話が後になって伝わってきた。この回は明石氏には放送前に質問書を送り，それに文書で回答してもらって番組内で紹介したが，客観的にみても，一人だけ欠席というマイナスは大きかった。

　テレビ・メディアでの論争で候補者は，各人の「違い」を鮮明にしないとその存在感が薄れてしまう。番組としても「あなたが知事になると何が変わるのか」という視点こそが視聴者＝有権者へのもっとも有効な情報提供であると確信して議論を展開しようとした。ところが，共産党の三上　満氏を除いては，主義主張にそれほどの隔たりは，実はなかったのである。そこでどうしたかというと，各候補は自分の得意とする分野に政策を絞り込んでいったのである。回を重ねるごとにその傾向が強くなった。鳩山邦夫氏は「自然との共生」と環境問題，舛添要一氏は介護と福祉，柿沢弘治氏は交通通信インフラの整備，明石氏は世界に通用する国際都市づくり，三上氏は教育環境の改善をそれぞれ前面に押し出して討論が展開されるようになってきた。つまり，都政全般をだれに託すべきか有権者が判定しようとしている時期に，各候補はいわば「シングルイシュー」を主張するという乖離が生じてしまったのである。

　そして，そのタイミングに「遅れてきた大物」石原氏が登場した。石原氏は横田基地返還，都の債券市場創設といったスケールの大きい提言をして，「東

第11章　マス・コミュニケーションと政治ジャーナリズム　235

京から日本を変える」と強調した。確かにいずれの主張も政府を動かさねば実現しない。場合によっては「国とけんか」することも辞さないと決意をみせた。具体的にどうするのかという問いには，ブレーンを集めてこれから知恵を出すと巧みに矛先をかわした。21日の論争では，鳩山，三上両氏が石原氏の過去の著作や発言を引き合いに出して右寄りの体質を攻撃したが，石原氏はまったく動じなかった。選挙結果はご存知の如く，石原氏が2位の鳩山氏に70万票の差をつけ，166万票で当選を果たした。

　知事就任後も石原氏は頻繁にメディアに登場しているが，最近著者との雑談の席で「何でもテレビに出れば良いというものではないな」とぽつりと語った。これは某政治家を評しての発言であったが，石原氏自身テレビ・メディアを熟知している証左でもあると思う。

（2）多様化する21世紀のメディアと政治

　「トークショー・デモクラシー」には当然限界がある。すべてを伝えることなど不可能であり，出演者もテレビだからということで，余分なリップサービスをすることもあろう。実現できない約束をしてしまうことが政治不信に拍車をかけている側面も確かにある。しかし情報を多くの人が共有することは，権力の独走にブレーキをかけることができるはずであるし，政治の世界で行われていることをフツーの人びとにメディアが伝え続けることが，結局は有権者の利益になるであろうことを信じている。

　21世紀に入り，地上波テレビに加えてCS，BS，インターネットとメディアは一層多様化している。そこから得た情報をもとにオーディエンス＝有権者は，行動（投票）する傾向はますます顕著になっていくと考えられる。

第4節　テレビと政治のゆくえ
　　　－テレビ・ニュース研究を振り返って－

☞　1　テレビにおけるニュース研究

（1）テレビ・ニュース研究の問題意識

　近年のテレビ・ニュースは映像技術において格段の進歩をとげながら，こと「政治ニュース」に関しては，さまざまな制約から紋切り型の面に陥りがちである。それにテレビ・ニュースの映像の機能や効果に焦点をあてた実証研究があまりみられない。

　そこでテレビ・ニュースの表現様式の効果に関する諸研究を論点として簡潔に示すと，つぎのようにまとめられる。

　論点1としては，映像表現様式の効果である。統制条件としては，動画vs.「音声」，動画vs.「顔出し」(talking heads)，ビデオテックスvs「顔出し」などである。

　論点2としては，その他表現様式の効果である。統制条件としては，アイテムの長さ，アイテムの配置，ポーズの長さ，ニュース内容の復唱，語りの文法的複雑さなどである。

　論点3としては，媒体間比較である。統制条件としては，映像（テレビ）vs活字（新聞）などである。

　論点4としては，効果測定法がある。統制条件としては，ニュースのどの部分が記憶されているかなどである。

（2）テレビ・ニュースの効果研究

　テレビ・ニュースの表現様式と効果に関する研究は，各表現様式の効果を被験者によるニュース内容の記憶 (retention)，想起 (recall)，あるいは理解 (understanding, completion) によって測定・検証する。各表現様式によるニュースに接触させた後で，被験者にニュース内容についての設問に答えさせ，想

起率・記憶度の有意差を確かめるという方法をとる。

(3) テレビ・ニュースの動画に関する対立した仮説

テレビ・ニュースの動画は，音声と不協和音を起こし，ニュース内容の伝達を阻害する（the distraction effect）。

テレビ・ニュースの動画は，ニュース・アイテムに対する視聴者の関与性を高め，ニュース内容の伝達を促進する。

これらの仮説は，アナウンサーの音声による5W1H的な要素の伝達だけを対象としている。ENGによるニュース映像の臨場感が，ニュースに対する視聴者の関与性を高め，さらに活字では表現できない非言語情報も伝達していると考えられる。

ここでは，ニュース報道に対する視聴者の関与性，ニュース内容の記憶・理解と次元の異なった2つの要素と考え，テレビ・ニュースの映像表現に制約が多い，政治ニュースを素材に検証する。

☞ 2 テレビにおけるニュースの映像表現

(1) テレビ・ニュースの映像表現様式のイノベーション

　白黒16 mmフィルム（昭和30年代）

　カラーフィルム（昭和40年代）

　VTR（＝ENG）（昭和50年代）

カラーフィルムに大きな設備投資が費やされ，各局が自前の映像所をもった。しかし，カラーフィルム時代は10年くらいしか続かなかった。

ENG（Electronic News Gathering System）は，昭和49年，アメリカのフォード大統領訪日に同行した3大ネットワークの取材陣が持ち込んだ。翌年，天皇・皇后両陛下訪米に日本のテレビ局が使用した。

　フィルムとVTR（取材―放送プロセスの比較）

フィルムの場合，現場から現像，編集，そして送出のプロセスを経る。カラー現像は手間と時間がかかり，編集も編集者のカンによる労働集約的作業となる。

VTRの場合，現場から編集・送出と，撮影後ただちに編集室に送られ電子編集されるため，送出し時間の短縮化が図られた。

そしてVTRプラスFPUの場合は，現場から送出，現場でのVTR再生が可能となり，そのまま放送できる。

ENGのメリットとしては，第1に経済性である。フィルムの使い捨てからVTR反復使用が可能となった。第2に，機動性である。VTRにより映像が鮮明になった。ニュースにおける映像表現，現場音の録音が容易になり，現場音が多用されるようになった。第3に，速報性である。VTR 20分間の撮影が可能となり，プロセス・報道が多くなった。

（2） 政治ニュースの制約

具体的に政治ニュースの報道について触れてみたい。通常のニュースと異なりかなりの制約が存在している。すべて慣例に沿ったルール優先の現場である。前例がないのでテレビカメラが入れないこと。国会の権限も強大で，取材許可願いも議長・委員長の裁量に委ねられ，「議事を妨げない範囲」でのみ認められる。カメラ位置などにも制限があり，「紋切り型」の映像になりかねない。

カメラ効果として，政治家はカメラがあると本音をしゃべらない。オーバーな表現をしたがる。新聞記者はこれらを嫌い，カメラを入れない記者だけの懇談などが優先される。

記者クラブと映放クラブがあり，両クラブの利害が対立している。国会内での映像取材制限にも発展し，政治ニュースの映像はワンパターンになりがちである。したがって，テレビのための新しい政治ニュース取材のルール作りが必要である。

☞ 3 テレビ・ニュースに関する調査

（1） 調査の目的と手法

被験者は大学生348名である。最初にニュース映像表現様式を統制し，表現様式の相違が視聴者にもたらす影響を検証する。映像表現様式を，A. 動画

(VTR)，B．静止画（スチール），C．文字（テロップ）の3つに統制。

つぎにテレビ・ニュースの映像表現が視聴者にもたらす効果を2側面から確かめる。①情緒的側面は，ニュース報道に対する視聴者の評価，関与性の喚起。②認知的側面は，ニュース内容の記憶・理解，情報の伝達。記憶・理解の調査においては，音声などの映像表現様式以外の要素はほぼ等価とし，音声による伝達内容の理解度を表現様式間で比較する。

（2） 実証研究の手法

① 実験素材の作成―逗子市池子の米軍住宅建設問題，アキノ・フィリピン大統領来日―

2つのニュースについて，アナウンサーの顔出し部分以外を動画，静止画，文字の3つの映像表現のそれぞれで表現した3つのビデオ・パターンを作成実際には，音声部分はあらたにニュース原稿をリライトした。また，動画はニュースの素材VTRをフジテレビのニュース制作スタッフが作成。その後にアナウンサーの顔出し部分も含めて，スタジオ収録を行った。

これら2つのニュースの他に，映像表現の統制を行っていない実際にオン・エアされた2つのニュース「国会空転」「田中派内紛」を含んだ実験用ビデオを統制した映像様式別に編集。

② 実験手続き

実験素材に接触する前に，被験者のニュース番組視聴頻度，ニュース番組観および一般的な政治的知識に関する設問に答えさせる（政治的知識に関する設問は，各被験者グループの政治的知識を等質化し，ニュース内容の記憶度の調査を有意なものとするため）。

○ 各映像表現様式によるニュースを異なった被験者グループに接触させる

ビデオ・パターン1に接触したグループは，ニュース1＝池子（動画のみ）→ニュース2＝空転国会→ニュース3＝アキノ（動画のみ）→ニュース4＝田中派内紛という4つのニュースを視聴することになる。

○ 各ニュース・アイテム視聴直後に，それぞれのニュース・アイテムの「報道の仕方」についての評価をSD法で答えさせる（情報的側面）。

○全ニュース・アイテム視聴後に，ニュース内容に関連した設問に答えさせる（認知的側面）。

（3） 調査結果

① 調査結果の概要

「アキノ大統領訪日」

ニュース報道の仕方についての評価。SD法によるニュース報道の評価は，ビデオ・パターンによって大きな有意差。動画は，おおまか，曖昧，短い，おもしろい，偏向しているなど。動画は，詳しい，正確，長い，つまらない，公平であるなど。静止画は，両者の中間という結果であった。

各映像パターンごとの評価の有意差については，3つの尺度において優位水準0.1％で有意差。2つの尺度においては有意水準5％で有意差とした。

「逗子市池子のニュース」（映像表現統制）

アキノ訪日のニュースとほぼ同じ評価傾向。動画は，おおまか，曖昧，短い，おもしろいなど。文字は，詳しい，正確，長い，つまらないなど。静止画は，ほぼ両者の中間であった。

公平か，偏向か以外の4つの尺度で，ビデオ・パターンによって評価はかなりの有意差が見出された。画像を統制していない2つのニュース，「空転国会」「田中派内紛」の報道の仕方に対する評価には，ほとんど有意差がみられなかった。同一内容のニュースでも，ニュースの映像表現を変えると，違った印象を与える。

② ニュース内容の理解度

ニュース内容の理解度においては，異なった映像表現間に，顕著な有意差を見出すことはできなかった。映像表現を統制した「池子」「アキノ」の2つのニュースについてみると，ビデオ・パターンによって正解率に1番大きな差が出たのは，「アキノ」の3問目での動画―静止画間の11.8ポイント差であった。しかし，ある映像表現によるニュースが他のパターンよりも正解率が高い。たとえば，動画によるニュースの正解率が他の2つよりも高いなどという，顕著な一般傾向を見出すことはできなかった。動画がニュース内容の理解

を，促進するか阻害するかという点については，今回の調査では確認することができなかった。

☞ 4 テレビ・ニュース研究のゆくえ

（1） 調査の総括から

　テレビ・ニュースにおける動画と文字の機能を考えてみたい。テレビ・ニュースの動画では，アナウンサーやキャスターの音声によって伝達される情報とまったく別の情報である。言語化されていないあるいは言語化不可能な情報を視聴者に提示する。アキノ大統領の場合，それは服装や振る舞いなど人間的なイメージであった。

　テレビ・ニュースの文字では，音声によって表現された情報と重複した情報を伝達，音声情報のある部分を強調する。その結果，動画イコール多義性として，音声との不協和，つまり「おおまか」と「曖昧」があり，もう一方視聴者の関与性の増大から，「おもしろい」と「短い」があらわれる。

　さらに文字イコール音声との重複として，要点の強調，つまり「詳しい」と「正確」があり，もう一方冗長さを付与とした，「つまらない」と「長い」があらわれる。

　ENGでは，テレビ・ニュースが「画によって語る」生身の人間描写を伝達し，ニュースを鑑賞の対象として提示することを可能にした。

（2） テレビ・ニュースの機能と効果に焦点をあてた研究へ

　調査手法についての課題があげられる。実験素材の統制では，実験効果が高いインパクトある動画を選択するために，事前調査によって動画への関心度などを評定させる実験に用いる動画選択の恣意性を減らすことである。

　効果測定法では，動画のもつ多義性を抽出し，インパクトを探るため自由想起法により，被験者にニュース内容を構成させる。あるいは印象の強かった点を叙述させる。事後に要因分析する。

　実験手続きでは，大人数による実験素材視聴―質問紙調査ではなく，少人数さらには被験者の家庭内での視聴などによって実験素材への接触に現実性をも

たせる。

　最後に課題を総括すると、テレビ・ニュースの社会的機能再考があげられる。従来の諸研究では、5W1H的な情報伝達をテレビ・ニュースの第一義的な機能としていた。さまざまなニュースの機能として、ニュース・アイテムの存在への注意喚起（速報性）、ニュース内容についての理解（詳報性）などがあり、鑑賞・娯楽の対象として映像は提供されていた。

　従来の調査では、テレビ・新聞というように異なったメディア、動画と文字という異なった表現様式の優劣を比較しようとしていた。それも言語化可能な情報の伝達の効率性のみを問題にしていた。今後は、テレビ・ニュース固有の媒体特性、映像のもつ独自の機能・効果に焦点をあてた調査研究が必要になってこよう。

索　引

あ 行

アイドマの法則　144
アクセス権　141, 186
アクセプテッド・ペアリング　142
アジテーション　133
アジテーター　133
ENG　210, 212, 238
イエロー・ジャーナリズム　181, 184
意見広告　141
一方的コミュニケーション　19
インフォームド・コンセント　187
ウィーナー, N.　95
受け手調査　35
うわさ　63, 148, 163, 165
影響の流れ　63
映像倦怠　229
SNG　212
SD法　12
エリー研究　64
オズグッド, C. E.　12
オピニオン・リーダー　59, 63, 127
オルポート, G. W.　151
音声の断片化　174

か 行

語りのフォークロア　157
カタルシス　7
カッツ, E.　68, 85
カートライト, D.　37
仮眠効果　11
記号　5
記号環境　7
擬似環境　7, 46, 47, 167
記者クラブ制度　171
議題設定機能　50
機能的要件充足　42, 122-123
強制なき同調　130, 136, 138
強力効果論　46
キリアン, L. M.　164
クーリー, C. H.　13
くちコミュニケーション（くちコミ）
　15, 148
クラッパー, J. T.　41
ケータイ・メディア　118, 122

ケータイ文化　121
欠陥報道　182
言語　1, 6
言語ゲーム　7
言語コミュニケーション　19
現実環境　7, 47, 167
現象学的社会学　22
限定効果論　58, 87
行為　3
効果分析　38
広告　139, 140
公衆　127, 128, 188
口述の語り　158
公平原則　186
広報　20, 145
ゴーデッド, H.　59, 64
コーホート　17
国際コミュニケーション　16
ゴシップ　150
個人間コミュニケーション　13, 15
個人内コミュニケーション　15
コマーシャル・メッセージ(CM)　142
コミュニケーション　5, 10, 11, 13, 98
　──の2段階の流れ仮説　63
コミュニケーション研究　22
コミュニケーション的行為　4, 22
コミュニケーション・ネットワーク
　30, 98, 103, 114
コミュニケーション・プロセス　29
コミュニケーション・メディア　30,
　102, 105, 112, 113
コミュニティ　58
コンピュータ・メディア　118, 123

さ 行

サイバネティックス　95
"sound bite"化　174
CM　20, 143
シブタニ, T.　164
清水幾太郎　149
社会依存モデル　57
社会的行為　22
社会的コミュニケーション　20
社会的相互作用　22
社会的属性　42

シャノン, C. E.　95
集合行動論　40
集団間コミュニケーション　16
集団内コミュニケーション　16
シュラム, W.　14, 27, 32, 188, 190
循環性の反応　40
小規模解釈流言　168
商業宣伝　20, 132
象徴　5, 8
消費社会　138
消費文化　139
情報　3, 93, 94, 105
情報化　97, 100
情報環境　129, 148, 166
情報公開　185
情報社会　97, 100, 101, 105, 109, 129
情報の流れ　62
情報理論　95
ショー, D. L.　50
知る権利　184, 185
信号　5
相互作用論　8, 22
シンボル　1, 6, 8
新薬普及研究　85
ステレオタイプ　46, 48, 49
政治宣伝　20, 132, 133
説得的コミュニケーション　11, 20, 135
宣伝　131, 132
煽動　133
先有傾向　42, 43, 140
相互行為　3, 22
双方向的コミュニケーション　19

た 行

ターナー, R. H.　164
第1次的効果のあるニュース　177
第三者効果　56
大衆説得　130, 135
大衆操作　138
大衆伝達　28, 119
対面的コミュニケーション　20
竹内郁郎　14
脱工業化社会　101
『脱工業化社会の到来』　101
知識　94, 105
知識社会　102, 109
沈黙の螺旋理論　52
ディケーター研究　69
デイビソン, W. P.　56
適正報道　183

デフリュ, M.　57
デマ　148, 150, 156
デマゴギー　150
『デマの心理学』　151
伝説　157
伝達　10
ドゥーブ, L. W.　39
都市伝説　157
富永健一　96

な 行

ナチズム　134
2段階の流れ仮説　59, 68, 87
ノイマン, E. N.　52
ノッキング・コピー　142

は 行

パーソナル・コミュニケーション　13, 16, 113, 148
パーソナル・コンピュータ　30
パーソナル・メディア　112
バーロ, D. K.　29
『パーソナル・インフルエンス』　59, 68
パニック　156
パブリシティ　145
パブリック・リレーションズ　146
早川洋行　163, 165
PR　20, 146
ピープルズ・チョイス　59
比較広告　142
非言語コミュニケーション　19
非言語的シンボル　1
ビデオ・マレイズ　229
ヒトラー, A.　134
『ピープルズ・チョイス』　64
ファシズム　134
フォーク・ナラティヴス　158
フォークロア・伝承　157
フォロワー　68
不均衡報道　183
プライバシー　186
PRIMACY EFFECT　177
ブルーマー, H.　8, 40
ブルンヴァン, J. H.　157
プレスの自由委員会　189
プレハーノフ, G.　134
プロパガンダ　66, 129
ベル, D.　101
ベレルソン, B.　59, 64
報道の自由　184

ホヴランド, C. I.　11, 38, 39
ポストマン, L.　151
ボールロキーチ, S.　57

ま　行

マーケティング　143
マートン, R. K.　33, 84, 136
マス・コミュニケーション　17, 25, 27, 30, 119, 125
　——の一般的活動　30
　——の機能　31
　——の効果分析　38
　——の社会的機能　33
　——の受容過程　35
マス・メディア　89, 118, 122
マッコームズ, M. E.　50
名誉毀損　186
メディア　2
メディア・コミュニケーション　116, 119, 125

メディア・フレーム　111, 117, 124
メンツェル, H.　85

や　行

世論　48, 55, 127
『世論』　46
世論操作　130

ら　行

ラザースフェルド, P. F.　33, 36, 59, 64, 68
ラスウェル, H. D.　28, 31
リーダー　68
リップマン, W.　46, 48
流言　63, 72, 148, 153, 163, 165
流言蜚語　149
流行　72
レーニン, N.　133
ローヴィア研究　84

著者紹介

露木　茂 (つゆき　しげる)
　1940 年　東京都港区生まれ
　　　　　早稲田大学第一政治経済学部経済学科卒業
　　　　　早稲田大学大学院政治学研究科科目履修生修了
　　　　　フジテレビジョン編成局専任局長
　　　　　エグゼクティブ・アナウンサーをへて
　現　在　東京国際大学国際関係学部教授
　専　攻　ジャーナリズム論，社会情報論，メディア社会論
　主　著　『メディアの社会学』（単著），いなほ書房，2000 年
　　　　　『情報社会をみる』（共著），学文社，2000 年
　　　　　『現場からみた放送学』（共著），学文社，1997 年
　　　　　『露木　茂がおハナシします』（単著），扶桑社，1994 年
　　　　　『露木　茂の話の輪は和』（単著），有斐閣，1985 年

仲川秀樹 (なかがわ　ひでき)
　1958 年　山形県酒田市生まれ
　　　　　日本大学法学部新聞学科卒業
　　　　　日本大学大学院文学研究科社会学専攻博士後期課程満期退学
　　　　　日本大学文理学部助手，専任講師，助教授をへて
　現　在　日本大学文理学部教授
　専　攻　マス・コミュニケーション論，集合行動論，メディア文化論
　主　著　『サブカルチャー社会学』（単著），学陽書房，2002 年
　　　　　『情報社会をみる』（共著），学文社，2000 年
　　　　　『人間生活の理論と構造』（共著），学文社，1999 年
　　　　　『現代社会の理論と視角』（共著），学文社，1995 年

マス・コミュニケーション論

2004 年 9 月 10 日　第一版第一刷発行

　　　　　著　者　露木　茂・仲川秀樹
　　　　　発行所　㈱　学　文　社
　　　　　発行者　田 中 千 津 子

　　　　郵便番号　153-0064　東京都目黒区下目黒 3-6-1
　　　　電話（03）3715-1501（代表）振替　00130-9-98842

乱丁・落丁本は，本社にてお取替致します。　印刷／株式会社中央印刷
定価は，カバー，売上カードに表示してあります。　〈検印省略〉

ISBN 4-7620-1341-2